日本の雇用紛争

濱口桂一郎著

労働政策研究・研修機構 編

はしがき

　本書は、2015年6月に公表した労働政策研究報告書No.174『労働局あっせん、労働審判及び裁判上の和解における雇用紛争事案の比較分析』をそのまま第2部として収録するとともに、その研究で用いた労働局あっせん事案の内容分析を第3部とし、併せて法政策の推移を第1部として一冊の書物にしたものである。

　第2部の研究は、2014年6月24日に閣議決定された『「日本再興戦略」改訂2014－未来への挑戦－』において「労働紛争解決手段として活用されている「あっせん」「労働審判」「和解」事例の分析・整理については、本年度中に、労働者の雇用上の属性、賃金水準、企業規模などの各要素と解決金額との関係を可能な限り明らかにする」とされたことを受け、労働政策研究・研修機構において厚生労働省及び裁判所の協力を得て実施した調査研究である。その対象は、労働局あっせんについては、2012年度に4労働局で受理した個別労働関係紛争事案853件であり、労働審判については2013年（暦年）に4地方裁判所で調停または審判で終局した労働審判事案452件であり、裁判上の和解については2013年（暦年）に4地方裁判所で和解で終局した労働関係民事訴訟事案193件である。この研究担当者は、本書の著者である濱口桂一郎（主席統括研究員）と高橋陽子（研究員）の二人であった。

　この研究に当たり、労働審判と裁判上の和解については、上記二人の研究員が裁判所内で、労働関係民事訴訟及び労働審判記録を閲覧の上、持参したパソコンに収集すべきデータを入力するという手法で資料収集を行ったため、第2部で用いている数値化されうるデータ以外に質的データは収集されていない。これに対し、労働局あっせんについては、労働局で受理したあっせん事案の記録（「あっせん申請書」、「あっせん処理票」、「事情聴取票（あっせん）」、「あっせん概要記録票」及び添付書類）について、当事者の個人情報を抹消処理した上で、その提供を受けているため、紛争事案の内容を分類分析するために必要な質的データが得られている。そこで、本書第3部において、紛争の類型化に有用な限りで、できるだけ事案の特徴を明らかにするような形で分析を進めていくこととした。

　この部分は、2012年にJILPT第2期プロジェクト研究シリーズNo.4として

刊行された『日本の雇用終了-労働局あっせん事例から』の全面改訂版と位置づけられる。ただし前回は、2008年度における4労働局のあっせん事案1,144件のうち、過半数の66.1％を占める雇用終了事案（解雇、雇止め、退職勧奨、自己都合退職など756件）を取り上げ、雇用終了理由類型ごとに詳しくその内容を分析したものであったが、今回は雇用終了事案に限らず、全事案853件を対象として分析を行っている。

　本書が、雇用紛争をめぐる諸課題に関心を寄せる多くの方々によって活用されることを期待する。

2016年1月

目　次

第1部　雇用紛争の法政策の推移 …………………………………………… 14
1　労働基準法における紛争解決援助 ………………………………… 14
（1）労働基準法研究会報告………………………………………………… 14
（2）1998年労働基準法改正 ……………………………………………… 15
2　男女雇用機会均等法等における調停 ……………………………… 17
（1）労働基準法研究会報告から婦人少年問題審議会建議まで…… 17
（2）1985年男女雇用機会均等法における調停委員会 ……………… 18
（3）その後の男女雇用機会均等法等における調停 …………………… 19
3　個別労働関係紛争解決促進法 ……………………………………… 21
（1）労使関係法研究会中間報告………………………………………… 21
（2）労使関係法研究会報告 ……………………………………………… 22
（3）労使団体の提言 ……………………………………………………… 24
（4）全国労働委員会連絡協議会の提言………………………………… 25
（5）個別的労使紛争処理問題検討会議報告 …………………………… 25
（6）個別労働関係紛争解決促進法の成立 ……………………………… 27
4　人権擁護法案における調停・仲裁 ………………………………… 28
5　障害者雇用促進法における調停 …………………………………… 29
6　労働審判制度 ……………………………………………………… 30
（1）司法制度改革審議会 ………………………………………………… 30
（2）司法制度改革推進本部労働検討会………………………………… 30
（3）労働審判制度 ………………………………………………………… 32
7　仲裁 ………………………………………………………………… 32

第2部　労働局あっせん、労働審判及び裁判上の和解における
雇用紛争事案の比較分析（労働政策研究報告書No.174） ………… 35
第1章　調査研究の目的・方法と制度の概要 ……………………… 35

第1節　調査研究の目的と方法 ……………………………………… 35
　1　調査研究の目的 ………………………………………………… 35
　2　調査研究の方法 ………………………………………………… 37
　3　調査研究対象事案の範囲 ……………………………………… 40
第2節　各労働紛争解決システムの概要 ………………………… 41
　1　労働局あっせん ………………………………………………… 41
　2　労働審判 ………………………………………………………… 43
　3　裁判上の和解 …………………………………………………… 44

第2章　労働局あっせん、労働審判及び裁判上の和解における雇用紛争事案の比較統計分析 ……………………… 45

　1　労働者の属性 …………………………………………………… 45
　（1）労働者の性別 ………………………………………………… 45
　（2）労働者の雇用形態 …………………………………………… 46
　（3）労働者の勤続年数 …………………………………………… 48
　（4）労働者の役職 ………………………………………………… 50
　（5）労働者の賃金月額 …………………………………………… 52
　2　企業の属性 ……………………………………………………… 55
　（1）企業規模（従業員数） ……………………………………… 55
　（2）労働組合の有無 ……………………………………………… 58
　3　終了区分 ………………………………………………………… 59
　（1）労働局あっせん ……………………………………………… 59
　（2）労働審判 ……………………………………………………… 61
　4　時間的コスト …………………………………………………… 62
　（1）制度利用に係る期間 ………………………………………… 62
　（2）解決に要した期間 …………………………………………… 63
　5　弁護士又は社会保険労務士の利用 …………………………… 66
　6　事案内容 ………………………………………………………… 68
　7　請求金額 ………………………………………………………… 73

（1）請求実額 ……………………………………………… 73
　　（2）月収表示 ……………………………………………… 75
　8　解決内容 …………………………………………………… 77
　9　解決金額 …………………………………………………… 79
　　（1）解決金額 ……………………………………………… 79
　　（2）性別に見た解決金額 ………………………………… 82
　　（3）雇用形態別に見た解決金額 ………………………… 84
　　（4）勤続年数別に見た解決金額 ………………………… 86
　　（5）役職別に見た解決金額 ……………………………… 88
　　（6）賃金月額別に見た解決金額 ………………………… 90
　　（7）企業規模別に見た解決金額 ………………………… 92
　　（8）解決期間別に見た解決金額 ………………………… 94
　　（9）労働審判終了区分と解決金額 ……………………… 96
　　（10）弁護士又は社会保険労務士の利用と解決金額 …… 97
　　（11）事案内容別に見た解決金額 ………………………… 99
　10　月収表示の解決金額 …………………………………… 102
　　（1）月収表示の解決金額 ………………………………… 102
　　（2）性別に見た月収表示の解決金額 …………………… 104
　　（3）雇用形態別に見た月収表示の解決金額 …………… 106
　　（4）勤続年数別に見た月収表示の解決金額 …………… 108
　　（5）役職別に見た月収表示の解決金額 ………………… 110
　　（6）賃金月額別に見た月収表示の解決金額 …………… 111
　　（7）企業規模別に見た月収表示の解決金額 …………… 113
　　（8）解決期間別に見た月収表示の解決金額 …………… 115
　　（9）弁護士又は社会保険労務士の利用と月収表示の解決金額 116
　　（10）事案内容別に見た月収表示の解決金額 …………… 118

第3章　若干の考察 …………………………………………… 120

第3部　日本の雇用紛争の内容分析（労働局あっせん事案から） …… 124
はじめに …………………………………………………………… 124
一　解雇型雇用終了 …………………………………………… 130
Ｉ　労働者の行為 …………………………………………… 131
1　労働者の発言への制裁 ……………………………… 133
（1）年次有給休暇等の取得 ……………………………… 133
（2）その他労働法上の権利行使 ………………………… 134
（3）労働法上以外の正当な権利行使 …………………… 135
（4）社会正義の主張 ……………………………………… 136
（5）前勤務社での権利行使 ……………………………… 137
2　労働条件変更拒否 …………………………………… 138
（1）配置転換・出向拒否 ………………………………… 140
（ⅰ）配置転換（勤務場所）拒否 ……………………… 140
（a）配置転換（勤務場所）に係る変更解約告知 …… 142
（ⅱ）配置転換（職務）拒否 …………………………… 142
（a）配置転換（職務）拒否による解雇等 …………… 143
（b）配置転換（職務）に係る変更解約告知 ………… 144
（ⅲ）出向・転籍拒否 …………………………………… 144
（a）出向・転籍拒否による解雇等 …………………… 144
（2）雇用上の地位変更拒否 ……………………………… 145
（ⅰ）雇用上の地位変更拒否による解雇等 …………… 145
（ⅱ）雇用上の地位変更に係る変更解約告知 ………… 145
（3）降格拒否 ……………………………………………… 146
（ⅰ）降格拒否による解雇等 …………………………… 146
（4）労働条件引下げ拒否 ………………………………… 146
（ⅰ）労働条件引下げ拒否による解雇等 ……………… 146
（ⅱ）労働条件引下げに係る変更解約告知 …………… 148
3　労働条件変更の要求 ………………………………… 149
4　労働者の態度 ………………………………………… 149

（1）業務命令拒否 ……………………………………………… 151
　　　（2）業務遂行態度不良 …………………………………………… 154
　　　（3）職場のトラブル ……………………………………………… 164
　　　（4）顧客とのトラブル …………………………………………… 170
　　　（5）欠勤・休み …………………………………………………… 173
　　　（6）遅刻・早退 …………………………………………………… 177
　　　（7）不平不満の発言 ……………………………………………… 177
　　　（8）相性 …………………………………………………………… 179
　　5　非行 ………………………………………………………………… 179
　　　（1）不正行為 ……………………………………………………… 180
　　　　（ⅰ）情報漏洩 …………………………………………………… 180
　　　　（ⅱ）顧客奪取 …………………………………………………… 181
　　　　（ⅲ）不正経理 …………………………………………………… 181
　　　　（ⅳ）その他 ……………………………………………………… 181
　　　（2）業務上の事故 ………………………………………………… 181
　　　（3）職場の窃盗 …………………………………………………… 183
　　　（4）職場におけるいじめ・セクハラ ………………………… 183
　　　（5）素行不良 ……………………………………………………… 185
　　　（6）その他 ………………………………………………………… 186
　　6　私的な事故 ………………………………………………………… 187
　　7　私生活上の問題 …………………………………………………… 187
　　　（1）結婚 …………………………………………………………… 187
　　　（2）男女関係 ……………………………………………………… 188
　　8　副業 ………………………………………………………………… 188
　Ⅱ　労働者の能力・属性 ………………………………………………… 188
　　1　労働者の能力 ……………………………………………………… 189
　　　（1）具体的な職務能力不足 ……………………………………… 191
　　　（2）職業資格 ……………………………………………………… 194
　　　（3）成果未達成 …………………………………………………… 194

（4）仕事上のミス……………………………………………… 195
　　　（5）一般的能力不足…………………………………………… 198
　　　（6）不向き……………………………………………………… 202
　　2　労働者の傷病………………………………………………… 202
　　　（1）労働災害・通勤災害……………………………………… 203
　　　（2）私傷病……………………………………………………… 204
　　　（3）慢性疾患…………………………………………………… 204
　　　（4）精神疾患…………………………………………………… 207
　　　（5）体調不良…………………………………………………… 211
　　3　労働者の障害………………………………………………… 211
　　　（1）身体障害…………………………………………………… 212
　　　（2）知的障害…………………………………………………… 212
　　　（3）精神障害…………………………………………………… 212
　　4　労働者の年齢・定年………………………………………… 213
　　5　労働者の性的志向…………………………………………… 218
　　6　家族の属性…………………………………………………… 218
　Ⅲ　経営上の理由…………………………………………………… 219
　　1　正社員………………………………………………………… 219
　　2　直用非正規…………………………………………………… 223
　　　（1）期間途中解雇……………………………………………… 223
　　　（2）雇止め……………………………………………………… 224
　　3　派遣…………………………………………………………… 227
　　　（1）期間途中解雇……………………………………………… 227
　　　（2）雇止め……………………………………………………… 228
　　4　内定取消等…………………………………………………… 229
　　　（1）内定取消…………………………………………………… 229
　　　（2）待機………………………………………………………… 230
　　5　表見的整理解雇……………………………………………… 230
　　6　コマからの外し……………………………………………… 231

        7 仕事の無発注 ………………………………………… 231
    Ⅳ 理由不明 ………………………………………………… 231
  二 非解雇型雇用終了 …………………………………………… 236
    Ⅰ 労働条件に起因する非解雇型雇用終了 ………………… 238
      1 労働条件変更 …………………………………………… 239
        （1）配置転換・出向 …………………………………… 239
          （ⅰ）配置転換（勤務場所）………………………… 239
          （ⅱ）配置転換（職務）……………………………… 241
        （2）雇用上の地位変更 ………………………………… 244
        （3）労働条件引下げ …………………………………… 245
          （ⅰ）賃金引下げ …………………………………… 245
          （ⅱ）労働時間短縮に伴う賃金引下げ …………… 247
          （ⅲ）労働時間の延長 ……………………………… 249
          （ⅳ）年休取得拒否 ………………………………… 249
          （ⅴ）社宅退去 ……………………………………… 250
          （ⅵ）通勤手段変更 ………………………………… 250
        （4）休職・自宅待機等 ………………………………… 250
          （ⅰ）休職 …………………………………………… 250
          （ⅱ）自宅待機 ……………………………………… 251
          （ⅲ）労働者からの内定取消 ……………………… 251
      2 労働条件の水準 ………………………………………… 251
        （1）雇用上の地位 ……………………………………… 251
        （2）労働時間 …………………………………………… 252
          （ⅰ）労働時間 ……………………………………… 252
          （ⅱ）休日 …………………………………………… 253
          （ⅲ）夜勤 …………………………………………… 253
          （ⅳ）時間外訓練 …………………………………… 254
        （3）その他 ……………………………………………… 254
          （ⅰ）配置転換希望拒否 …………………………… 254

　　　　（ⅱ）交通事故 ……………………………………………… 254
　　　　（ⅲ）盗難 …………………………………………………… 254
　Ⅱ　職場環境に起因する非解雇型雇用終了 ……………………… 255
　　　（1）直接的な身体的攻撃 ……………………………………… 257
　　　　（ⅰ）経営者、上司、同僚等 ……………………………… 257
　　　　（ⅱ）顧客等第三者 ………………………………………… 260
　　　（2）物理的脅し ………………………………………………… 260
　　2　精神的な攻撃 ……………………………………………………… 261
　　　（1）主に業務に関連した発言 ………………………………… 261
　　　（2）主に業務に関連しない発言 ……………………………… 272
　　3　人間関係からの切り離し ………………………………………… 274
　　　（1）能動的な切り離し ………………………………………… 274
　　　（2）受動的な切り離し ………………………………………… 275
　　4　過大な要求 ………………………………………………………… 276
　　　（1）事実上遂行不可能な要求 ………………………………… 276
　　　（2）心情的に抵抗のある要求・行為 ………………………… 277
　　5　過小な要求 ………………………………………………………… 278
　　　（1）仕事を与えないこと ……………………………………… 278
　　　（2）程度の低い仕事を命じること …………………………… 279
　　6　個の侵害 …………………………………………………………… 279
　　　（1）私的なことに関わる不適切な発言 ……………………… 279
　　　（2）過剰な管理 ………………………………………………… 279
　　7　経済的な攻撃 ……………………………………………………… 280
　　　（1）経済的不利益を与えること ……………………………… 280
　　　（2）労働者の権利を行使させないこと ……………………… 280
　　8　行為不明 …………………………………………………………… 280
Ⅲ　懲戒処分 ………………………………………………………………… 281
Ⅳ　傷病・障害等 …………………………………………………………… 282
　1　精神疾患 ……………………………………………………………… 282

        2 精神障害 ………………………………………………… 283
        3 外国人差別 …………………………………………… 283
      Ⅴ コミュニケーション不全 ………………………………… 283
  三 雇用終了以外の事案 ………………………………………… 284
    Ⅰ 労働条件 ……………………………………………………… 284
      1 労働条件変更 …………………………………………… 284
        （1）配置転換・出向 ………………………………… 284
          （ⅰ）配置転換（勤務場所）………………………… 284
          （ⅱ）配置転換（職務）…………………………… 285
          （ⅲ）出向・転籍 ………………………………… 287
        （2）雇用上の地位変更 ……………………………… 287
        （3）降格 ……………………………………………… 289
        （4）労働条件引下げ ………………………………… 289
          （ⅰ）賃金引下げ ………………………………… 289
          （ⅱ）労働時間短縮に伴う賃金引下げ ………… 292
          （ⅲ）賃金の精算 ………………………………… 293
        （5）休職・自宅待機等 ……………………………… 293
      2 労働条件の水準 ………………………………………… 294
        （1）賃金 ……………………………………………… 294
        （2）労働時間 ………………………………………… 296
          （ⅰ）労働時間 …………………………………… 296
          （ⅱ）休憩時間 …………………………………… 297
          （ⅲ）年次有給休暇 ……………………………… 297
        （3）安全衛生 ………………………………………… 301
      3 その他 …………………………………………………… 301
        （1）健康診断 ………………………………………… 301
        （2）交通費 …………………………………………… 302
        （3）転居 ……………………………………………… 302
        （4）労働者からの借金 ……………………………… 302

（5）求人の虚偽表示 …………………………………… 302
　　　（6）紹介予定派遣 ……………………………………… 302
　　　（7）盗難 ………………………………………………… 303
　　　（8）教育訓練 …………………………………………… 303
　　　（9）食事代 ……………………………………………… 303
　　　（10）交通事故費用 ……………………………………… 303
　　Ⅱ　職場環境 ……………………………………………… 304
　　　1　身体的攻撃 ………………………………………… 304
　　　（1）直接的な身体的攻撃 ……………………………… 304
　　　　（ⅰ）経営者、上司、同僚等 ………………………… 304
　　　　（ⅱ）顧客等第三者 …………………………………… 305
　　　（2）物理的脅し ………………………………………… 305
　　　2　精神的な攻撃 ……………………………………… 305
　　　（1）主に業務に関連した発言 ………………………… 305
　　　（2）主に業務に関連しない発言 ……………………… 309
　　　3　人間関係からの切り離し ………………………… 310
　　　（1）能動的な切り離し ………………………………… 310
　　　4　その他の嫌がらせ ………………………………… 311
　　　5　行為不明 …………………………………………… 311
　　Ⅲ　懲戒処分 ……………………………………………… 312
　　Ⅳ　賠償 …………………………………………………… 312
　四　退職をめぐるトラブル ………………………………… 314
　　　（1）使用者側の退職拒否・希望退職拒否 …………… 314
　　　（2）退職撤回の拒否 …………………………………… 314
　　　（3）退職時期 …………………………………………… 315
　　　（4）賞与 ………………………………………………… 316
　　　（5）退職金等 …………………………………………… 317
　　　（6）退職時の精算 ……………………………………… 320
　　　（7）教育訓練費用 ……………………………………… 321

（8）住宅費 ……………………………………………… 321
　（9）雇用保険 …………………………………………… 321
　（10）社会保険 …………………………………………… 322
○　制度対象外事案 ………………………………………… 322
　（1）賃金不払い ………………………………………… 322
　（2）労働時間性 ………………………………………… 322

第1部
雇用紛争の法政策の推移

　労働法の歴史を遡れば、労働紛争とはまずもって集団紛争であり、個別労働紛争が主戦場となったのはそれほど昔ではない。もちろん労働法以前に遡れば、他の契約と同様雇傭契約をめぐる個別紛争が主であったが、産業化の進展とともに労働運動が発展し、紛争ももっぱら集団的な形をとるようになった。従って労働紛争解決システムの整備も、まずは集団紛争向けの制度が先行した。1926年の労働争議調停法、1946年の労働関係調整法が、「集団的」という形容詞をつけずにただ「労働争議」という言葉で集団紛争を呼んでいることに、20世紀中葉の集団的労使関係全盛時代の意識が窺われる。

　この時期にも労働組合が関わらない紛争がなかったわけではない。ただ、一般的紛争解決手段としての裁判所（における訴訟）以外に、特段個別労働紛争を対象とする制度を設ける必要性が意識されなかったということである。当時の労働委員会の調整事案や不当労働行為事案には、組合員の解雇を発端とした争議が多く見られる。個別紛争は多くが集団紛争の形をとって現れていたのである。

1 労働基準法における紛争解決援助

（1）労働基準法研究会報告

　個別労働紛争解決システムの必要性は、まず労働条件法政策サイドから提起された。

　1969年9月に発足した労働基準法研究会は、1971年6月以来第1小委員会において労働契約・就業規則の問題を検討し、1979年9月に報告を発表した。その中では、まず解雇について、「解雇の有効・無効の判断は本来裁判所に委ねられているのであるが、個々の労働者が訴訟を提起することは実際問題として困難であるため、解雇をめぐる紛争に対して勧告的、調整的機能を有する行政サービスにより簡易迅速な解決を図ることが望まれる」と述べた上で、労働契約をめぐる紛争について、「労働基準監督機関の行使できる行政措置が基本的に行

政監督的、刑事的なものであるので、そのような紛争の調整になじみにくい」一方、「労働者は一般的には訴訟の知識に乏しく、費用・時間も考慮して訴訟に消極的になる」という実情を考慮して、「労働契約をめぐる民事的な紛争の簡易迅速な解決手続について、機構の整備を含めて検討することが必要」と提言した。

具体的には、①企業内に労使で構成される委員会を設置すること、②斡旋・勧告的な機能を持った公的な又は民間の専門員を置くこと、③労働基準監督機関とは別に新たな機関を設けることを提示し、労働委員会制度や裁判制度との関係を含めて十分検討する必要があるとしている。

1985年12月の第1部会報告（労働契約関係）でも、「労働者が労働基準監督機関に申告、相談する場合に民事上の権利救済を望んでいる例が多いが、労働基準監督機関は、本来行政監督的、刑事的措置を行う機関であるので民事上の権利救済については別個に考える必要がある。…労働基準法には抵触しないが就業規則には反するような事案の適正な解決のために、労働契約をめぐる民事的な紛争の簡易迅速な解決手続について、裁判制度等との関係も含めて、十分検討する必要があると考える」と軽く触れるだけで、具体的な動きにはつながらなかった。

1993年5月の労働基準法研究会労働契約等法制部会報告は、労働契約等に関する民事的な問題を含めた相談機能を強化することを提起しつつ、「刑罰法規を背景に最低労働条件、安全衛生の確保を図ることを主としている労働基準監督機関において同時に相談援助を行うことは適当ではない」とし、むしろ弁護士、大学教授等の法律問題に詳しい者を相談員に委嘱することを求めている。また、労働委員会において労働契約等に関する紛争も担当するようにするといった議論についても、迅速な紛争の処理に反するおそれもあるといった指摘をしつつ、さらに検討すべきとしている。

(2) 1998年労働基準法改正

その後、中央労働基準審議会の議論では、1995年5月の段階では、裁判制度のみでは時間、費用の面で不十分であり、また、今後、人事労務管理の個別化が進むと、集団的な処理が有効に機能しない場面も生じるので、これを簡易・

迅速に行うための方策を検討すべきという中間取りまとめが行われたが、1997年7月には事務局から、労働基準行政機関における相談や情報提供の機能を強化すること、紛争発生に至った場合は、当事者から申出があったときは、学識経験者の参画のもとに、当事者への助言、指導及び勧告を行うという案が提示された。労働側は労働委員会の仕組みを活用することを求めたが、同年8月の中間取りまとめでは「将来的には労働条件に関する個別紛争を調整するためのシステムについて総合的に検討すべきものであるが、労働基準監督署に多数の相談が寄せられている現状を考慮し、当面、簡易、迅速、費用が低廉な紛争解決援助の方策の具体化に向け、民間の適切な人材の起用等も含め、議論を深めることとした」となって、当面労働基準行政で実施することに異論は出されなかった。

　結局同年12月の建議でも、「将来的には労働条件に関する紛争を解決するためのシステムについて総合的に検討することが必要」としつつ、「当面の措置として、労働基準監督署における相談、情報提供等の機能を強化し、紛争の発生の予防に努めるとともに、紛争の発生に至った場合に、当事者からの申出を受けて、都道府県労働基準局が労働条件に関する紛争について事実関係及び論点を整理し、助言や指導により、簡易かつ迅速に解決を促すシステムを創設することが必要」と、この方向が是認された。

　こうして、翌1998年2月に労働基準法改正案が国会に提出され、同年9月に成立に至った。これにより労働基準法に第105条の3が追加され、都道府県労働基準局長は、労働条件についての労働者と使用者との間の紛争に関し、当事者の双方又は一方からその解決の援助を求められた場合には、当事者に対して必要な助言又は指導をすることができることとなった。なお、7月の事務局案にあった勧告が建議以降では落ちている。別に助言であろうが指導であろうが勧告であろうが、紛争当事者を拘束するものではないはずであるが、労働基準行政が「勧告」をするということを、労働基準法違反に対する是正勧告との関連で、使用者側が嫌がったためであろう。

　また、その際、広く産業社会の実情に通じ、かつ、労働問題に関し専門的知識を有する者の意見を聴くこととされた。

2 男女雇用機会均等法等における調停

(1) 労働基準法研究会報告から婦人少年問題審議会建議まで

　ここで個別労働関係紛争解決法に進む前に、特定分野に係る個別労働紛争解決システムの先駆的な事例として、男女雇用機会均等法における機会均等調停委員会の経緯を概観しておく。

　労働基準法研究会は第2小委員会で女子労働関係について検討してきたが、1978年11月に報告を取りまとめた。これは日本の男女平等法制立法化の出発点となった記念碑的文書であるが、ここでは専ら男女差別事案に係る個別労働紛争解決システムを構想した部分についてのみ見ていく。

　同報告は、募集、採用から定年、解雇に至るまで雇用の機会と待遇の全般にわたって規制しうる男女平等規定を設けることを求めつつ、その実現手段について、「裁判による民事上の救済では必ずしも迅速な解決が図れない上、労働者個人が訴訟を遂行するには多大な負担を伴う等の問題がある」一方、「行政指導には法的強制力がないことから自ずから限界がある」と指摘し、「司法上の救済だけでなく、迅速かつ妥当な解決を図りうる行政上の救済が必要である」と述べている。そして、具体的には、「行政機関が指導、あっせん、勧告等の方法を十分活用しうるように、これらに法的根拠をもたせる」こととともに、これら弾力的方法により差別が解消されない場合には、最終的に行政機関が是正命令を出すなどにより是正を担保することが必要としていた。

　しかし、その後男女平等法制とそれに伴う労働基準法の女子保護規定をめぐる法政策は苦難の道を歩んでいく。労使の合意がなかなかできない中で、1984年2月に出された婦人少年問題審議会婦人労働部会公益委員のたたき台では、募集・採用は努力義務にとどめつつ、配置・昇進、教育訓練などもすべて差別を禁止しようとするものであったが、実効確保措置としては、企業内における労使の自主的解決で問題が解決しない場合の迅速、簡便な紛争解決のため、「各都道府県ごとに労使の代表を参加させた調停機関を新設し、有効な救済措置がとられるようにする」ことを提起していた。同年3月の建議では、差別禁止の範囲が著しく縮小したが、紛争解決についてはたたき台と変わらず、むしろ労働側から「調停機関では実効性がないので、有効な救済措置（勧告、命令）を

とりうる行政機関を新設すべき」という意見が付されていた。

(2) 1985年男女雇用機会均等法における調停委員会

ところが4月に法案要綱が諮問されると、雇用機会均等調停委員会は公労使三者構成ではなく学識経験者のみからなるものとし、さらに調停の開始要件を「関係当事者の双方又は一方から調停の委託の申請がある場合で他方の当事者の同意を得たとき」と、使用者側に拒否権を与える仕組みとなっていた。この点については当時もいろいろと批判のあったところであるが、法案をまとめるためには必要な妥協であったのであろう。いずれにしろ、1985年5月にようやく成立した男女雇用機会均等法においては、次のような紛争解決システムが設けられた。

まず企業内に労使双方から構成される苦情処理機関を設置して苦情の処理を委ねる等の自主的な解決を図る努力義務を課している（第13条）。また、都道府県婦人少年室長が関係当事者の双方又は一方から解決につき援助を求められた場合に、当該関係当事者に必要な助言、指導又は勧告をすることができることとされている（第14条）。これに加えて第三者機関による紛争処理システムとして、機会均等調停委員会による調停の制度が設けられた（第15条）。

機会均等調停委員会は都道府県婦人少年室に設置され、学識経験者からなる委員3人で組織される。法律上、調停自体は婦人少年室長の権限として構成され、調停委員会に行わせることとされている。調停の対象となる紛争は募集・採用に関するものを除外している。労働契約締結以前の問題であるので調停になじまないという理由からである。重要なのは、調停開始の要件であって、「関係当事者の双方又は一方から調停の申請があった場合において当該紛争の解決のために必要があると認めるとき（関係当事者の一方から調停の申請があった場合にあっては、他の関係当事者が調停を行うことを同意した場合に限る）」とされ、結局相手側が同意しない限り調停にかけることもできないということになってしまった。ほとんど国際司法裁判所並みである。

ちなみに、当時婦人少年局長であった赤松良子氏は、後に『均等法をつくる』の中で、こう回想している。

…強い権限を持った新しい第三者機関を新設できるなら、実にすっきりするが、

それが不可能という現実の中でやっと認められたのがこの調停委員会である。…しかし、前門の虎、後門の狼を克服してもさらに問題はあった。使用者側は建議の段階では公益案を受け入れ（したがって三論併記にならなくて済んだ）、調停委員会設置を認めたものの、手続については細かく注文をつけたのである。特に一方から申請があった際、他方の同意がなければ調停にかけることができないようにすることを主張し、諮問された法律案要綱の中にこのことが明記された。つまり、労働者が調停を望んでも使用者が同意しなければ、調停そのものが始められないという仕組みになったのである。このことが本調停制度に与えた影響は大きく、制度発足後、利用案件が極端に少ないことの原因の一つになったと思われる。…

調停手続については、労使団体からの意見聴取や行政機関への資料提供依頼などが規定され、委員会は調停案を作成してその受諾を勧告することとされているが、1997年改正までに調停が開始された事案は1件にとどまる。実際には柔軟に対応できる婦人少年室長の助言、指導、勧告が活用された。

(3) その後の男女雇用機会均等法等における調停

1997年6月に改正された男女雇用機会均等法は、募集・採用から配置・昇進、教育訓練など、ほとんどすべての雇用ステージで女性であることを理由とする差別を禁止したが、紛争解決システムにおいてもそれまでの相手側の同意という縛りをなくし、女性労働者からの訴えだけで調停を開始することができることになった。もちろん、調停自体任意の制度なのであるから、調停案に合意できなければそれ以上強制することはできないが、少なくともわざわざ法律上に相手側が同意しなければ調停自体開始しないと明記するという状態は解消されることになった。

この段階では男女雇用機会均等法に基づく機会均等調停委員会であったが、後述の個別労働関係紛争解決法が2001年に成立したことに伴って、同法に基づく紛争調整委員会が男女雇用機会均等法に基づく調停を行うことと整理された。制度としては別立てであるが、同一組織が一方ではあっせんを行い、他方では調停を行うということである。

改正法が施行された1999年度以降の件数の推移は以下の通りであるが、実は

2007年度から対象事項が増えている。2006年の男女雇用機会均等法改正により、それまで調停の対象外とされていたセクシュアル・ハラスメントと母性健康管理が対象に含められた。これらはこの時まで既に後述の個別労働紛争解決促進法によるあっせんの対象となっていたのだが、均等法に基づく調停に移されたわけである。

さらにその後、2007年のパートタイム労働法の改正により、2008年度からパート労働者の労働条件等に係る紛争が、2009年の育児・介護休業法の改正により、2010年度から育児・介護休業その他に係る紛争についても、個別労働紛争解決促進法によるあっせんの対象からそれぞれの法律に基づく調停の対象に移った。それぞれの推移は以下の表の通りである。

均等法	相談件数	紛争解決援助申立件数	調停申請受理件数
1999年度	37,305	73	31
2000年度	23,483	98	3
2001年度	19,408	107	5
2002年度	18,182	122	11
2003年度	18,266	157	2
2004年度	19,668	149	3
2005年度	19,724	141	4
2006年度	26,684	166	5
2007年度	29,110	546	62
2008年度	25,478	676	69
2009年度	23,301	599	71
2010年度	23,496	579	75
2011年度	23,303	610	78
2012年度	20,677	504	63
2013年度	21,418	502	51
2014年度	24,893	396	68

パート法	相談件数	紛争解決援助申立件数	調停申請受理件数
2008年度	13,647	0	0
2009年度	5,222	3	0
2010年度	6,307	6	0
2011年度	8,354	1	2
2012年度	7,485	4	0
2013年度	4,646	3	0
2014年度	18,207	2	1

育介法	相談件数	紛争解決援助申立件数	調停申請受理件数
2010年度	143,068	275	21
2011年度	76,918	316	18
2012年度	87,334	226	16
2013年度	55,077	251	8
2014年度	52,796	240	8

3 個別労働関係紛争解決促進法

(1) 労使関係法研究会中間報告

　さて、労働基準行政による個別労働紛争解決援助はあくまでも当面の対応であり、より総合的な立場からそのシステム設計をする必要があった。紛争処理という観点から見て、労働政策の中で総合的な立場に立ちうるものは労使関係法政策である。これまでの労使関係法制は専ら集団的労使関係を扱うものであったが、個別労働者に関わる紛争が増加してくる以上、正面から取り組むべき責任がある。

　労使関係法政策における学識者による政策検討機関としては1959年11月に設置された労使関係法研究会があり、1966年12月には民間部門の労使関係について、1977年9月には公共部門の労使関係について報告をまとめていたが、これらはいずれも政策の提起を含まないものであった。その後、1982年5月には労働委員会における不当労働行為事件の審査迅速化について報告を行い、これは具体的な制度改正の提言を含むものであったが、ほとんど実施されないままであった。

　労使関係法研究会が立法措置につながる検討を始めたのは1990年代も後半になってからである。1997年8月に公表された「我が国の経済社会状況の変化に対応した労使紛争処理のあり方について（中間取りまとめ）」は、「企業の内外において個別労使紛争処理制度を整えることは、労働条件の決定についての労使の対等性を確保するために不可欠である」とその意義を明らかにし、検討の際に考慮すべき要素として、利用の簡易性、窓口サービスとしての包括性、専門的処理能力、紛争への公平な対応、他機関との連携等を挙げ、具体的な処理制度の在り方として次のようなものを提示した。

まず、労使団体が主体となって行うもので、労使の実情に詳しい地域の労使団体等が協力してその解決のために助力することが有益である。次に国の労働行政機関の任務として、事案の内容が判然としない場合への対処として、事案の内容や解決方法を正確に把握し、問題点を的確に整理するためには、労働基準法、男女雇用機会均等法等の労働関係法令全般についての幅広い知識を持った専門的スタッフをそろえた機関が、個々の紛争の特性に応じた解決を図れる体制が望まれるとする。また、全国的斉一的水準のサービスを提供できるようにすることが望ましいとする。ただしこの点については、各都道府県による補完的なサービスの有用性を否定するものではないと断っている。具体的機能としては、様々な紛争について相談を行い、情報提供しつつ事実関係を正確に把握した上で問題点を整理して、労働関係法令違反が発見された場合には法令上の処理機関と連携するという、総合的相談窓口としての機能がまず必要で、それだけでは問題が解決しない場合には当事者の意見を取り持つなどの簡易な調整機能を持つことが求められるとする。

このように労働行政機関による対応を中心に据えながら、その他の機関による対応として、労働委員会、裁判所（民事訴訟、民事調停）にも言及している。

(2) 労使関係法研究会報告

労使関係法研究会はその後、1998年10月に「我が国における労使紛争の解決と労働委員会制度の在り方に関する報告」を取りまとめた。これは膨大なものであり、内容的にも集団的労使関係における労働委員会のあり方に関する分析提言と、個別的労使紛争処理制度に関する分析提言との両方にまたがっている。ここでは後者に限って見ていく。

この報告では、個別的労使紛争処理制度として、情報提供・相談のワン・ストップ・サービス（あらゆる苦情・紛争について相談に応じ、問題点や解決方法・機関等について情報を提供してくれるサービス）及び簡易な斡旋サービスなどを中心とした公的サービスを整えることが求められているとして、6つの選択肢を提示している。

第1は労働委員会活用案で、現行の地方労働委員会に従来の労働争議調整権限と不当労働行為救済権限に加えて個別的労使紛争についての相談、調整機能

を与えるという案である（判定的機能には否定的）。報告はこの案について、これまで労働委員会に蓄積されてきた労使紛争解決に関する知識経験を活用できること、公労使三者構成による調整能力を活用できることなどのメリットを示しながらも、不当労働行為の救済機関というイメージが妨げになる可能性や、特に都道府県レベルで相談・調整に当たる職員を養成し、専門職としてキャリア化できるかどうかに疑問を投げかけ、全国的連携の仕組みが必要であると指摘している。

　第2は雇用関係委員会案で、上の問題を解決するため、現行の労働委員会を国の機関（雇用関係委員会）として大改組し、労働関係上の全ての苦情・紛争についての相談・調整機能をこれに持たせるという案である。この場合、婦人少年室は雇用関係委員会の雇用機会均等部となり、不当労働行為については労使関係部が受け持つことになる。報告はこの案について、地方分権化の流れに逆らう困難さがあるとしている。

　第3は労政主管事務所活用案で、報告は都道府県ごとのサービスの質量の差異を問題点と指摘し、また職員の養成、キャリア化の可能性に疑問を呈している。

　第4は民事調停制度活用案で、現行民事調停制度の中に雇用関係調停制度を設け、調停委員に労使が参画して専門性を持たせるという案である。報告はこの案について、裁判所による権利紛争についての調停サービスであるという機能的限定性を指摘し、権利紛争と利益紛争とを問わず多種多様な苦情・紛争についてサービスを行う別途の制度を用意する必要があるとしている。

　第5は都道府県労働局案で、1998年改正で「当面の措置」として盛り込まれた労働基準法上の紛争解決の援助を発展させ、労働基準、職業安定及び女性少年の3行政機関を統合した都道府県労働局において、主として常勤の職員によって相談・調整を行うという案である。報告はこの案について、司法警察権限及び行政監督権限に裏付けられた労働基準監督機関と労働者・使用者双方に対する苦情・紛争処理のサービス機関とが調和するかという問題点を提起し、疑問を払拭するためにはこれらと組織上明確に区分することが重要としている。

　第6は雇用関係相談センター案で、国民生活センターや消費生活センターを念頭に考案されたもののようである。報告はこれについても、専門的な人材を

どう集めるかを最大の課題としている。

報告は特にどれを選択すべきとは言っておらず、民事調停制度と国の機関と地方の機関のサービスは両立すると述べている。

(3) 労使団体の提言

これに先立ち、日経連と連合もそれぞれ個別労働紛争解決制度について提言を行った。

まず日経連は1998年4月、労働委員会制度在り方検討委員会報告「労働委員会制度の今後の在り方について」において、個別的労使紛争の処理機能を新たに労働委員会に持たせることについては、「公平性確保の観点から、またその解決の力量の点からも使用者としては危惧の念を拭い得ない」とし、「賛成できない」と明言している。また上記労働基準法改正案による労働基準局長の助言指導についても「使用者に対して強力な監督権限を持っている労働基準当局が個別的労使紛争に介入することには問題がある」と批判的であった。

紛争処理制度としては、第一義的には企業内の紛争処理機関により未然防止と自主解決を図るべきとしつつ、企業外部の機関としては「個別の権利義務の存否を判断するのを本分とする裁判制度が利用されるのが本則であり、当事者が調整的解決を求める場合には、既に同じ司法制度内に存置されている民事調停を活用することが適当」とし、必要があれば専門性を確保するために、民事調停制度の中に労使問題の特別調停である「雇用関係調停」の創設を考慮すれば足りるとした。

これに対し連合は同年6月、労働委員会制度のあり方研究会最終まとめ「新しい労使紛争解決システムの研究」を発表し、「労働委員会が集団的あるいは個別的を問わず、あらゆる労使紛争について、簡易、迅速、低廉をモットーとして解決できるように労働委員会制度の拡張と充実が必要」として、次のような構想を提示した。

地方労働委員会に労働相談を担当する労働相談部、個別紛争の調整的処理を行う雇用関係部を創設し、労働相談部には相談員、雇用関係部には調停人と仲裁人を配置し、公労使三者構成の雇用調停委員会及び雇用仲裁所を置く。第1段階として相談員が振り分けを行い、第2段階として調停人による斡旋、調停

を行い、第3段階として三者構成による雇用調停委員会で紛争処理を行う。また当事者双方が仲裁判断を求める場合は仲裁手続を行うという仕組みである。

(4) 全国労働委員会連絡協議会の提言

このように、特に地方労働委員会の活用の是非について労使の見解が対立していたが、その後労働委員会の法律上の位置づけに変化があった。2000年4月に行われた地方分権改革によって、それまで機関委任事務、すなわち国の事務を国の機関たる都道府県知事に行わせるという位置づけであったのが、自治事務、すなわち都道府県自身の事務として処理することになったのである。

こういった状況の中で、労働委員会の全国組織である全国労働委員会連絡協議会は1999年7月から労働委員会制度のあり方に関する検討委員会を設け、2000年7月に報告を取りまとめた。ここでは、「個別的労使関係解決制度のニーズの増大に鑑みれば、労働委員会も地域の実情に応じて積極的な寄与を図ることが望まれている」とし、地労委事務が自治事務化されたこと等に鑑み、地方自治に基づく行政サービスの一環として位置づけ、都道府県ごとに条例、規則などにより実現可能であるとした。具体的には相談と簡易な斡旋を提示している。

自治事務化したことによって、法制化しなくても地方労働委員会が個別労使紛争処理を行えるようになるということが、ここにきて重要な意味を持ってきたわけである。同協議会は同年11月、都道府県知事に対し、地方労働委員会が地方自治に基づく行政サービスの一環として個別的労使紛争解決サービスを実施することについて積極的に検討するに際し、地方労働委員会と都道府県関係部局との連携等の配慮を要望した。また、労働大臣に対しても、個別的労使紛争処理制度の検討に当たって労働委員会の機能を十分考慮に入れることを求めている。

(5) 個別的労使紛争処理問題検討会議報告

労働省も2000年に入り、労働基準、職業安定及び雇用均等の3行政が地方レベルで都道府県労働局に集約されることを踏まえて、いよいよ個別労使紛争処理制度の法制化に踏み出す決意を固め、内部に個別労使紛争処理システムに関するプロジェクトチームを設け、同年3月に報告書をまとめた。そこでは都道

府県労働局に学識経験者による個別労使紛争解決委員会を設け、調停による紛争の解決を図る案を示している。この段階では労働局長による調停案の受諾勧告も含まれていた。

同年9月から公労使三者構成の個別的労使紛争処理問題検討会議が開催された。ここでは労働省の都道府県労働局を活用する素案に加え、連合の地方労働委員会活用案、日経連の民事調停活用案を素材として議論が進められ、同年12月には「個別的労使紛争処理システムの在り方について」と題する報告を行った。

ここでは企業内での自主的解決が基本としつつ、企業外での紛争処理システムとして裁判外紛争処理制度（ADR）の整備が必要とし、具体的にはまず日経連の主張する民事調停制度については、「現行の民事調停のままでは個別的労使紛争に活用しづらい面があるので、現在行われている司法制度改革審議会における議論の中で、民事調停制度が個別的労使紛争においてもより使いやすくなるよう、雇用関係調停部の創設、裁判官の増員、専門性のある調停員の確保等について検討を進め、早急に具体的な制度の整備が行われるよう」提言した。この問題はこれ以降司法制度改革審議会に土俵を移すことになる。

次に労働省の提示した案、すなわち機会均等調停委員会を改組して、都道府県労働局に学識経験者による紛争調停委員会を設け、調停案の作成、受諾勧告を行う案については、特に使用者側から労働基準法等に基づく監督指導権限を持っているので実質的に受諾を強制されるとの懸念が表明され、その結果、当事者間の話し合いを基本とし、両当事者が求めた場合に解決案を提示し、合意成立の見込みがないときは処理を打ち切ること、事務局も監督指導担当者と区別すること、時効中断機能を設けること、必要に応じて労使代表から意見を求めることなどが修正された。

連合の主張する労働委員会活用案については、上記全国労働委員会連絡協議会の報告を踏まえ、「各都道府県において、地方労働委員会のみならず、知事部局を含めて、労政主管事務所の活用も併せ、積極的に検討が行われることが望まれる」とボールを投げる形としたが、「複線的システム実現のためには、地方労働委員会において相談、斡旋等を行うことができる旨を法律上明確にすべき」との労働側の強い意見が付記されている。

(6) 個別労働関係紛争解決促進法の成立

　これを受けて翌2001年1月、厚生労働省は個別労働関係紛争の解決等に関する法律案要綱を作成し、労働政策審議会に諮問した。ここでは都道府県労働局長による情報提供・相談、助言・指導に加え、紛争調整委員会によるあっせんの規定が設けられ、時効の中断も規定された。また、地方公共団体の措置として「情報の提供、相談その他の措置」を講ずる努力義務が規定されている。労働政策審議会では個別的労使紛争処理対策部会を設けて審議し、2月、答申を行った。ここでは労働側の意見として、地方公共団体の施策として地方労働委員会において行う旨明記すべきという点と、機会均等調停委員会の名称を残すべきという点が付記されている。

　厚生労働省は直ちに個別労働関係紛争の解決の促進に関する法律案を作成し、同月国会に提出した。同法案は6月より審議に入り、衆議院における修正で、地方公共団体の施策にあっせんを追加するとともに、地方労働委員会が行う場合には中央労働委員会が必要な助言指導を行う旨の規定が追加され、その後、7月に成立した。

　なお、法案の国会提出の直前、自民党の経済産業部会・中小企業調査会合同会議から申し入れがあり、あっせん申請があった場合、他方当事者が不参加の意思表明をすれば直ちに斡旋を打ち切ることを省令で明記することとされた。

　本法では労働省が当初考えた「調停」ではなく「あっせん」という表現になったが、紛争当事者の双方から求められればあっせん案を作成して提示することとされており、かなり調停に近いあっせんである。一方で、地方公共団体の施策にも国会修正であっせんが追加されたが、そもそも自治事務に対する努力義務であるから、あっせんより強い措置をとることも可能である。同法は2001年10月から施行されており、現在までの実績は下表の通りである。

　なお、2002年11月に社会保険労務士法が改正され、個別労働関係紛争にかかるあっせんについて当事者を代理することができるようになった。

	総合労働相談件数	民事上の個別労働紛争相談件数	助言・指導申出受付件数	あっせん申請受理件数
2001年度	251,545	41,284	714	764
2002年度	625,572	103,194	2,332	3,036
2003年度	734,257	140,822	4,377	5,352
2004年度	823,864	160,166	5,287	6,014
2005年度	907,869	176,429	6,369	6,888
2006年度	946,012	187,387	5,761	6,924
2007年度	997,237	197,904	6,652	7,146
2008年度	1,075,021	236,993	7,592	8,457
2009年度	1,141,006	247,302	7,778	7,821
2010年度	1,130,234	246,907	7,692	6,390
2011年度	1,109,454	256,343	9,590	6,510
2012年度	1,067,210	254,719	10,363	6,047
2013年度	1,050,042	245,783	10,024	5,712
2014年度	1,033,047	238,806	9,471	5,010

4 人権擁護法案における調停・仲裁

　その後、都道府県労働局の紛争調整委員会の業務範囲は変わっていない。上述の通り、2007年度からセクハラと母性健康管理が、2008年度からパートの労働条件が、2010年度から育児・介護休業等が、それぞれ個別労働関係紛争解決促進法に基づくあっせんから、それぞれの法律に基づく調停に移行しただけである。しかし、実は2002年3月に国会に提出された人権擁護法案によって、2003年度からかなり大きな領域が含まれることになっていた。

　人権擁護法案については、その詳細な立法経緯等は省略するが、法務省サイドが検討していた案は、人種、信条、性別、社会的身分、門地、障害、疾病、性的指向を理由とする社会生活における差別的取扱について、調停、仲裁、勧告・公表、訴訟援助の手法により、積極的救済を図ろうとするものであった。この動きを見た厚生労働省は、急遽2001年10月に労働分野における人権救済制度検討会議を開き、同年12月の報告では、労働分野における積極的救済は原則として厚生労働省が担当し、個々の事件の調停・仲裁は都道府県労働局の紛争調整委員会を活用することを提起した。

　これを受けて2002年3月に国会に提出された人権擁護法案では、第5章に労働

関係特別人権侵害を規定し、事業主が労働者の採用又は労働条件その他労働関係に関する事項について人種等を理由としてする不当な差別的取扱いと、労働者に対しその職場において不当な差別的言動等をすることについては、厚生労働大臣が必要な措置を講ずることができるとされた。具体的には同法で人権委員会が担う権限を厚生労働大臣の権限と読み替えた上でこれを都道府県労働局長に委任することができるとし、個別労働関係紛争解決促進法の紛争調整委員会に調整、仲裁を行わせることとしている。ただし勧告とその公表は厚生労働大臣が行うこととされている。

これにより、2001年7月に制定された個別労働関係紛争解決促進法ではあっせんにとどまっていた紛争調整委員会の権限が、調停及び仲裁にまで拡大することになり、かなりの権限拡大となるはずであった。しかし、当時はメディア規制関係の規定をめぐってマスコミや野党が反対して廃案となり、その後は自民党内や右派からの反発で法案を提出できない状態が続き、2012年11月に民主党政権末期に出された人権委員会設置法案には労働関係の規定は含まれておらず、それも翌月の総選挙で廃案となった。

5 障害者雇用促進法における調停

しかし、上記人種等の差別理由のうち障害については、別途障害者差別禁止立法がなされ、紛争調整委員会による調停が行われることになっている。これは、2006年の国連障害者権利条約に端を発するもので、2013年6月に障害者雇用促進法が改正され、事業主は募集・採用から、賃金の決定、教育訓練の実施、福利厚生施設の利用その他の待遇について、障害者であることを理由として不当な差別的取扱をしてはならないこととされた。また詳細は省略するが、障害者特有の規定としていわゆる合理的配慮がある。

この障害者差別に関わる紛争について、男女雇用機会均等法と同様の仕組みで、紛争調整委員会に調停を行わせるという仕組みが設けられている。これらの規定は2016年4月から施行されるので、現時点ではまだ同法に基づく調停は行われていないが、実際に現在行われているあっせんの中には、障害者差別に係る案件もいくつか見られるので、それらが調停に移行するということになろう。

6 労働審判制度

(1) 司法制度改革審議会

さて、国民がより利用しやすい司法制度や国民の司法制度への関与といった課題を審議する目的で、1999年7月司法制度改革審議会の審議が始められた。この審議会の委員にゼンセン同盟会長（当時）の高木剛氏が加わっていたことで、他のメンバーには余り関心のなかったと見られる労働問題がかなりの比重で取り上げられることになった。

2000年12月の中間報告では、専門的知見を要する事件への対応強化という項目で、知的財産権関係事件とともに労働関係事件への対応強化が挙げられている。そこでは、個別労働関係事件については、訴訟に代わる裁判外紛争解決手続の要否、設けるとした場合のその在り方が、また集団的労働関係事件については「事実上の5審制」の解消など、労働委員会の救済命令に対する司法審査の在り方が問題とされ、より抜本的には、労働関係事件に固有の裁判機関、訴訟手続の創設についても言及されている。

2001年6月にまとめられた意見書では、「労働関係事件への総合的な対応強化」いう項目のもと、①労働関係訴訟事件の審理期間をおおむね半減することを目標とし、民事裁判の充実・迅速化に関する方策、法曹の専門性を強化するための方策等を実施すべき、②労働関係事件に関し、民事調停の特別な類型として、雇用・労使関係に関する専門的な知識経験を有する者の関与する労働調停を導入すべき、③労働委員会の救済命令に対する司法審査の在り方、雇用・労使関係に関する専門的な知識経験を有する者の関与する裁判制度の導入の当否、労働関係事件固有の訴訟手続の整備の要否について、早急に検討を開始すべき、との提言がされた。

(2) 司法制度改革推進本部労働検討会

これを受けて、同年12月小泉首相を本部長とする司法制度改革推進本部が設置され、その下の検討会の一つとして労働検討会がおかれた。労働検討会では白熱した審議が行われた。特に焦点となったのは、ヨーロッパ諸国で行われている労使の参審制の導入の可否であった。労働側が労働事件訴訟における労使

の関与を強く主張したのに対し、使用者側と裁判所側はきわめて否定的な姿勢に終始し、賛否両者の溝は深いものがあった。このデッドロックを打開するために学識者委員から「中間的な制度」が提案され、これが労働審判制に育っていくことになる。

　議事録を見ていくと、最初にこれを提起したのは民事訴訟法の春日偉知郎氏である。2003年5月の第19回会合で「訴訟と非訟の中間のようなもの」と発言し、その後何回か断続的な提起があり、7月の第23回会合で口頭でややまとまった形の提案をしている。それは、労使委員と裁判官との合議体で審理すること、相手方には応ずる義務があること、調停だけではなく決定（ある種の裁判）を行うこと、異議があれば訴訟手続きに移行すること、せいぜい3回くらいの期日とすることなど、労働審判制度の特徴が既におおむね現れている。

　次の第24回会合に、春日偉知郎、村中孝史、山川隆一3氏による「中間的な制度の方向性について（メモ）」が提示され、調停・裁定選択型、調停・裁定合体型、調停・裁定融合型、裁定単独型の4案が示された。各側はしばらく逡巡を示していたが、8月の第26回会合で「中間とりまとめ」が行われ、ここで「労働審判」という名称が登場した。「裁判所（注1）における個別労働関係事件（注2）についての簡易迅速な紛争解決手続（注3）として、労働調停制度を基礎としつつ（注4）、裁判官と雇用・労使関係に関する専門的な知識経験を有する者（注5）が当該事件について審理し、合議により、権利義務関係を踏まえつつ事件の内容に即した解決案を決するものとする、新しい制度（以下、全体として「労働審判制度」と仮称する。）（注6）を導入することはどうか。（注7）」という注だらけの一文である。

　この「薄氷を踏む思いでつくったもの」（菅野座長）がベースになり、10月の第29回会合では日弁連の労働法制委員会での意見書案も紹介されて、審判は異議によって失効するが訴訟への移行を工夫するという方向性が示された。そして11月の第30回会合に菅野座長から「労働審判制度（仮称）の制度設計の骨子（案）」が提示され、「解決案に不服のある当事者が一定期間内に異議を申し立てることにより、解決案はその効力を失う」が、「労働審判手続と訴訟手続との適切な連携を図るため、解決案に対して異議が申し立てられた場合には、労働審判の申立てがあった時に訴えの提起があったものとみなす」ことが了承

された。
　こうして意見が集約されて最終的に12月の第31回会合で「労働審判制度（仮称）の概要」に合意した。これを踏まえて司法制度改革推進本部で立案作業が進められ、翌2004年3月、政府は「労働審判法案」を国会に提出し、同年5月に成立に至った。そして2006年4月から施行されている。

(3) 労働審判制度

　以下に、労働局に加え、労働委員会、労政主管部局によるあっせんと比較した労働審判及び労働関係民事訴訟の新受件数の推移を示す。

	労働局あっせん	労働委員会あっせん	労政主管部局あっせん	労働審判（暦年）	労働関係民事訴訟（暦年）
2002年度	3,036	233			
2003年度	5,352	291	1,370		2,433
2004年度	6,014	318	1,298		2,519
2005年度	6,888	294	1,215		2,446
2006年度	6,924	300	1,243	1,055	2,035
2007年度	7,146	375	1,144	1,494	2,246
2008年度	8,457	481	1,047	2,052	2,441
2009年度	7,821	503	1,085	3,468	3,218
2010年度	6,390	397	919	3,375	3,127
2011年度	6,510	393	909	3,586	3,170
2012年度	6,047	338	801	3,719	3,358
2013年度	5,712	376	710	3,678	3,209
2014年度	5,010	319	845	3,416	3,254

7　仲裁

　2003年7月に成立した仲裁法は、裁判外の紛争解決手段（ADR）の拡充・活性化の一環として、国際商事仲裁模範法に沿った内容の新法を制定したもので、仲裁合意の対象紛争については訴訟の提起ができず、これに反して提起された訴訟は、被告の申立てにより却下されるものとした。ただし、消費者と事業者間の仲裁合意及び労働者と使用者間の個別労働関係紛争についての仲裁合意につき、消費者又は労働者の保護のため、特則を設けている。消費者と事業者との

間に成立した仲裁合意に関しては、消費者は消費者仲裁合意を解除することができるという特則であるが、労働紛争については、「当分の間、この法律の施行後に成立した仲裁合意であって、将来において生ずる個別労働関係紛争を対象とするものは、無効」(附則第4条)とされている。紛争発生後の仲裁契約はこれによって影響を受けないし、現に弁護士会の仲裁センター等で活用されている。あくまでも紛争発生前の仲裁合意の問題である。

これは、将来において生ずる個別労働関係紛争について労働契約締結時の合意に委ねることとすると、労使当事者間の情報の質及び量、交渉力の格差から対等の立場での合意が期待しがたく、公正でない仲裁手続きが合意される恐れがあること、また、そのような格差がある中で労働者の裁判を受ける権利の制限にもつながるという問題があることへの懸念によるものである。このような特則が設けられた事情を、司法制度改革推進本部仲裁検討会の資料から見ておく。

2002年11月の第10回会合に出された資料で、「個別労働紛争に関する仲裁について、労働契約の特殊性に配慮して、何らかの規定を設けるべきか」が提起され、更に第11回会合の資料では、3案が提示されている。A案は、個別労働紛争に関する仲裁契約の成立及び効力については、労働契約一般についての規律に委ねることとして、特段の規定を設けないこととするもので、その場合、仲裁契約は主たる契約の契約書とは別個の書面中に記載すること、仲裁契約が記載された書面に労働者が自署することを有効要件とするものである。B案は個別労働紛争に関する仲裁契約は、紛争発生後に締結したもののみを有効とし、将来の争いに関する仲裁契約は無効とするものである。C案は、仲裁契約は契約締結の時期を問わず有効としつつ、将来の争いに関する仲裁契約について次の特例を設けるものである。

(1) 労働者は、労働者自らが仲裁に付する申出をするか、使用者からの仲裁に付する申出に対して仲裁廷から説明を受けた後に本案について仲裁廷の面前で陳述するまでは、いつでも仲裁契約を解除することができるものとする。

(2) 仲裁廷は、使用者が仲裁に付する申出をした場合において、労働者に対し、審問への出頭を求めるときは、仲裁契約の意義、解除権等について記載した書面を送付しなければならないものとする。

(3) 仲裁廷は、使用者が仲裁に付する申出をしたときは、労働者に対し、労働者

が本案について陳述するまでに労働者の面前において,仲裁契約の意義,解除権等について説明しなければならないものとする。
(4) 使用者が仲裁に付する申出をした場合において,仲裁廷が労働者に対し審問への出頭を求めたが,労働者が出頭しなかった場合は,労働者が仲裁契約を解除したものとみなすものとする。
(5) 使用者は,労働者に対し,相当の期間を定めてその期間内に仲裁契約を解除するか否かを確答すべき旨を催告することができるものとし,労働者がその期間内に確答しないときは,仲裁契約を解除したものとみなすものとする。

　同会合では、水口洋介、石嵜信憲の労使各側弁護士、経団連の小島浩氏、連合の高木剛氏、更に厚生労働省労働基準局伊澤監督課長や菅野東大教授(当時)からも意見が述べられ、それを踏まえて翌12月の第12回会合に出された資料では「当面の暫定的な措置として,個別労働関係紛争に関する仲裁契約は,紛争発生後に締結したもののみを有効とし,将来生じる紛争を対象とする仲裁契約は無効とする」とされ、これが法案のもととなった。ちなみに、消費者仲裁についてはこのときに無効構成ではなく解除構成に決まっている。

第2部

労働局あっせん、労働審判及び裁判上の和解における雇用紛争事案の比較分析
(労働政策研究報告書No.174)

第1章 調査研究の目的・方法と制度の概要

第1節 調査研究の目的と方法

1 調査研究の目的

　近年、政府の雇用制度改革の一環として、「予見可能性の高い紛争解決システムの構築」が唱道されている。たとえば、2014年6月24日に閣議決定された『「日本再興戦略」改訂2014－未来への挑戦－』[*1]においては、「雇用制度改革・人材力の強化」という項目の中に、次のような記述がされている。

> ii) 予見可能性の高い紛争解決システムの構築
> 　我が国の雇用慣行がとりわけ諸外国から見て不透明であるとの問題の解消や中小企業労働者の保護、さらには対日直接投資の促進に資するよう、予見可能性の高い紛争解決システムの構築を図る。
> ①「あっせん」「労働審判」「和解」事例の分析
> 　労働紛争解決手段として活用されている「あっせん」「労働審判」「和解」事例の分析・整理については、本年度中に、労働者の雇用上の属性、賃金水準、企業規模などの各要素と解決金額との関係を可能な限り明らかにする。分析結果を踏まえ、活用可能なツールを1年以内に整備する。
> ②透明で客観的な労働紛争解決システムの構築
> 　主要先進国において判決による金銭救済ができる仕組みが各国の雇用システムの実態に応じて整備されていることを踏まえ、今年度中に「あっせん」

[*1] http://www.kantei.go.jp/jp/singi/keizaisaisei/pdf/honbunJP.pdf

等事例の分析とともに諸外国の関係制度・運用に関する調査研究を行い、その結果を踏まえ、透明かつ公正・客観的でグローバルにも通用する紛争解決システム等の在り方について、具体化に向けた議論の場を速やかに立ち上げ、2015年中に幅広く検討を進める。

　また、これに約半年先立つ2013年12月26日付けの産業競争力会議雇用・人材分科会中間整理『「世界でトップレベルの雇用環境・働き方」の実現を目指して』[*2]においては、次のように述べられていた。

5.予見可能性の高い紛争解決システムの構築

　我が国の労働紛争の解決システムは、あっせん、労働審判、訴訟からなるが、ともすれば、「メンバーシップ型」の労働者を念頭に置いた判例法理のみに焦点が当たっているとの指摘がある。言い換えれば、あっせんや労働審判についても、事例が蓄積されてきているが、その分析・整理が十分になされていないことから、日本の雇用慣行が不透明であると誤解を生じさせている。したがって、司法機関の協力を得つつ、訴訟における「和解」も含め、事例の整理・分析が進めば、我が国の紛争解決システム全体が透明化されることになる。

　また、現行法上無効とされている個別労働関係紛争に係る仲裁合意や判決により金銭救済ができる仕組みなどは、中小企業労働者の保護や外国企業による対内直接投資の機運を高めるとの期待もある。

○「労働審判」事例等の分析・整理・公表

・平成18年度から施行されている労働審判制度について、解決事例も蓄積されてきていることから、匿名性に配慮しつつ、その分析・整理を行うことが期待される。また、都道府県労働局で個別労働紛争解決促進法に基づき実施しているあっせん事例や訴訟における「和解」について、匿名性に配慮しつつ、分析・整理を行い、その結果を活用するためのツールを整備する。

---

*2　http://www.kantei.go.jp/jp/singi/keizaisaisei/bunka/koyou/pdf/tyuukanseiri.pdf

○ 透明で客観的な労働紛争解決システムの構築
・あっせん事例の分析等に加え、透明かつ客観的で、グローバルにも通用する労働紛争解決システムを構築する。
・現行仲裁法では、将来において生ずる個別労働関係紛争を対象とする仲裁合意は無効とされているが、労働紛争の仲裁による解決を行っている国も相当数見られる。グローバルに活動している外国企業が日本に投資できるよう、対象者を含め、仲裁合意についての諸外国の関係制度・運用の状況の研究を進める。
・また、主要先進国において判決による金銭救済ができる仕組みが整備されていることを踏まえ、まずは、諸外国の関係制度・運用の状況について、中小企業で働く労働者の保護や、外国企業による対内直接投資等の観点を踏まえながら研究を進める。

このように、個別労働紛争解決システムのうち、都道府県労働局によるあっせん（以下「労働局あっせん」または単に「あっせん」という。）、労働審判及び裁判上の和解についてその事例を分析することが政府の方針とされたことを受け、雇用労働問題を所管する厚生労働省はこれらの調査研究を独立行政法人労働政策研究・研修機構に行わせることとした。本報告書は、その調査研究結果を取りまとめたものである。

2 調査研究の方法

調査研究対象である3つの個別労働紛争解決システムのうち、労働局あっせん事例の調査研究については、労働政策研究・研修機構において先行研究を行っている。すなわち、2008年度に4都道府県労働局において受理したあっせん事案の記録について、当事者の個人情報を抹消処理した上でその提供を受け、統計分析及び内容分析を行った。その研究成果は、『労働政策研究報告書No.123　個別労働関係紛争処理事案の内容分析－雇用終了、いじめ・嫌がらせ、労働条件引下げ及び三者間労務提供関係』（2010年6月）、『労働政策研究報告書No.133　個別労働関係紛争処理事案の内容分析Ⅱ－非解雇型雇用終了、メンタ

ルヘルス、配置転換・在籍出向、試用期間及び労働者に対する損害賠償請求事案』（2011年3月）、『日本の雇用終了－労働局あっせん事例から』（2012年3月）として公表されている。本研究の担当者のうち、濱口桂一郎はこの先行研究の主管担当者であった。

今回の調査研究においても、労働局あっせん事案についてはほぼ同様の調査方法をとることとした。すなわち、前回調査時と同一の4都道府県労働局において、2012年度に受理したあっせん事案の記録について、当事者の個人情報を抹消処理した上でその提供を受け、統計分析を行ったものである。対象を2012年度としたのは、記録の収集を開始した2014年度当初においては前年度末までに受理した事案のすべてが終了するに至っておらず、調査時点で全件処理しうる年度を対象とするためである。

これに対し、労働審判及び裁判上の和解についても、類似の問題意識に基づく先行研究が存在する。労働審判については、東京大学社会科学研究所が2011年10月に公表した『労働審判制度についての意識調査基本報告書』であり、その一般向け刊行物たる菅野和夫・仁田道夫・佐藤岩夫・水町勇一郎編著『労働審判制度の利用者調査』（有斐閣、2013年3月）である。これは労働審判利用者（労働者及び使用者）へのアンケート調査によるもので、その結果は2012年5月20日に関西学院大学で開催された日本労働法学会第123回大会におけるミニシンポジウムにおいてテーマとされ、熱心な討議の対象となった。本研究の担当者のうち、高橋陽子はこの研究に携わり、上記ミニシンポジウムにおいて報告を行っている。しかしながらこの類似先行研究は、アンケート調査であることから、回収率が27.7%にとどまるなど、一定の制約を免れない。今回の調査研究においては、こうした間接的手法ではなく、労働局あっせんと同様の全数調査型の調査研究を行っている。

民事訴訟については、労働政策研究・研修機構の『資料シリーズNo.29　解雇規制と裁判』（2007年5月）所収の神林龍執筆「第3章東京地裁の解雇事件」が、民事訴訟法に基づく閲覧請求により、2000年1月1日から2004年12月31日までに東京地裁で終局した解雇に関わる事件（509件）の分析を行っており、その中には和解で終了した事案も311件含まれている。ただし、刊行論文では161件に対する標準化和解額（和解額／（請求月額・（（和解日-解雇日）/30）））のみが

示されており、和解額そのものは示されていない。これは、他の論文と併せて、神林龍編著『解雇規制の法と経済』（日本評論社、2008年3月）として一般向けに刊行されている。

今回の調査研究においては、上記産業競争力会議の中間整理において既に「司法機関の協力を得つつ」との記述があったことから、労働審判及び裁判上の和解についても司法当局の協力を依頼して全数調査型の調査研究を行うことが予定されていた。

そこで、個人情報の保護と公益性・公共性のある調査とのバランスを確保するために、裁判所の協力の下、調査研究を担当する労働政策研究・研修機構職員が、裁判所内で、労働関係民事訴訟及び労働審判記録を閲覧の上、持参したパソコンに収集すべきデータを入力するという手法で調査を行うこととされた。データ項目は次の通りである。受理日、終了日、労働者の性別、雇用形態、派遣労働者の相手方、役職、入職日、事案発生日、月額賃金、企業規模（従業員数）、労組の有無、弁護士の有無（労働者側、使用者側）、事案の種類、請求内容、請求金額、解決金額、金銭以外の事項、終了区分（調停か審判か）。これらは基本的に数値化されうる情報であり、当事者がどういう言動をしたかといったような質的情報は含まれない。たとえば、事案の種類という項目で入力されるのは普通解雇、懲戒解雇、雇止めといった類型であって、労働局あっせんの先行研究で行ったような事案の内容分析（例えば、使用者側、労働者側いずれにより責任があると考えられる事案なのか（いわゆる勝ち筋事案なのか負け筋事案なのか）による影響の分析）が可能なものではない。もっぱら単純な統計分析に用いることのみを想定した調査項目である。

この方針に基づき、労働政策研究・研修機構の研究担当者は、厚生労働省が選定した4地方裁判所において2013年（暦年）に調停又は審判で終局した労働審判（審判がされた場合には異議が出されずに確定したものをいう。以下同じ。）の記録及び和解で終局した労働関係民事訴訟の記録を閲覧し、持参したパソコンにあらかじめ作成したエクセルファイルに、必要なデータのみを入力し、本調査研究の素材として活用することとした。

3 調査研究対象事案の範囲

　上記の通り、本調査研究は労働審判及び裁判上の和解についても全数調査型で行うものであるが、正確には2013年（暦年）に終局したすべての労働紛争事案を対象としているわけではない。この点について若干詳しく説明しておく。

　本調査研究の対象とすべき個別労働紛争とは、労働組合が関わる集団的労働紛争を含まないことは定義上明らかであるが、さらに排除される/排除すべき紛争類型がある。それは、労働基準法違反等のいわゆる公序違反紛争である。具体的には残業代の支払いを求める紛争等がこれに当たる。この紛争類型の扱いは、労働局あっせんと労働審判及び民事訴訟では異なる。労働局（及び総合労働相談コーナー）においては、相談に来た事案のうち公序紛争に該当するものについては労働基準監督官による監督指導の対象となり、必要があれば是正勧告を行うなり、司法処分を行うといった対応となるので、労働局あっせんにはそもそも入り込んでこない。それに対し、公序紛争であっても民事上の権利義務に関わる事案である限り、裁判所はこれを受理し、紛争処理に当たるべき責務を負っているので、労働審判や民事訴訟にはこの種の公序紛争がかなり含まれることとなる。しかし、これらは雇用終了事案を中心とするいわば純民事紛争とは性格がかなり異なり、同一の基準で分析することは適当ではないと考えられることから、公序紛争のみの事案はすべて対象から外すこととされた。

　ここで問題となるのが、雇用終了等純民事事案を中心としながら、併せて残業代の支払いも請求しているような混合事案である。労働局（及び総合労働相談コーナー）においては、かかる混合事案の場合、残業代の支払いの部分に関しては労働基準監督官の監督指導につなぎ、そちらで是正勧告等の処理を行う一方で、残りの純民事事案の部分のみをあっせん申請させるという処理を行っているので、あっせんに公序紛争が入り込む余地はない。それに対して裁判所においてはそもそも両者含めて受理している以上、混合事案においてその内容を分離して処理することは通常想定されない。従って、本調査研究においても、残業代請求を中心とする公序紛争も副次的に含まれることとならざるを得ない。その状況については、第2章の「6 事案内容」において詳しく分析する。

　なお、事案の件数について、労働審判や裁判上の和解においては、裁判所の

処理案件として1件とされている事案に複数の労働者が関わっているものがいくつかある。これらについては、労働者の属性（性別、雇用形態、勤続年数、役職、賃金月額）を個人単位で集計する必要上、関係労働者ごとに1件として計上している。そのため、裁判所における処理件数とは異なる数値となっている。

　以上の結果、本調査研究の対象とした個別労働紛争事案は、各紛争処理システムごとに以下の通りである。

・労働局あっせん：2012年度に4労働局で受理した個別労働関係紛争事案853件。なお、一部の項目については2008年度の1144件も参照している。
・労働審判：2013年（暦年）に4地方裁判所で調停または審判（異議申立てがないものに限る。）で終局した労働審判事案（司法統計上、「金銭を目的とするもの以外・地位確認（解雇等）」に分類された事件に限る。）452件。
・裁判上の和解：2013年（暦年）に4地方裁判所で和解で終局した労働関係民事訴訟事案（司法統計上、「労働に関する訴え（金銭目的以外）」に分類された事件に限る。）193件。

第2節　各労働紛争解決システムの概要

1　労働局あっせん

　ここで、各労働紛争解決システムの概要を、それぞれの根拠法令の関係規定をもとに簡単に解説しておく。

　まず、労働局あっせんについては、「個別労働関係紛争の解決の促進に関する法律」（平成13年7月11日法律第112号。以下本項において「本法」という。）に基づいて実施されている。

　都道府県労働局長は、個別労働関係紛争について、当事者の双方又は一方からあっせんの申請があった場合において、当該紛争の解決のために必要があると認めるときは、紛争調整委員会にあっせんを行わせるものとされている（第5条第1項）。

　都道府県労働局に、紛争調整委員会が置かれる（第6条）。

委員会によるあっせんは、委員のうち会長が事件ごとに指名する3人のあっせん委員が行う（第12条第1項）。あっせん委員は、当事者間をあっせんし、双方の主張の要点を確かめ、実情に即して事件が解決されるように努めなければならない（同条第2項）。

　あっせん委員は、当事者や参考人から意見を聴取し、事件の解決に必要なあっせん案を作成し、これを当事者に提示することができる（第13第1項）。

　あっせん委員は、あっせんによっては紛争の解決の見込みがないと認めるときには、あっせんを打ち切ることができる（第15条）。

　以下注意すべき点をいくつか挙げる。まず、対象となる個別労働関係紛争である。本法第1条では「労働条件その他労働関係に関する事項についての個々の労働者と事業主との間の紛争（労働者の募集および採用に関する事項についての個々の求職者と事業主との間の紛争を含む。）」と定義しているが、このうち女性労働関係の法規定に係る紛争については、男女雇用機会均等法等の調停の規定の整備に伴い、本法に基づく助言・指導およびあっせんの対象とはならなくなってきた。

　具体的には、本法施行時点（2001年10月）では、当時の男女雇用機会均等法において助言・指導・勧告制度および調停制度の対象となっていた募集・採用・配置・昇進および教育訓練、定年・退職・解雇に係る差別事案のみが本制度の対象外であり、セクシュアルハラスメント事案等は本法の対象であったが、2006年の男女雇用機会均等法改正（2007年4月施行）により、セクシュアルハラスメントおよび母性健康管理措置についても同法の調停の対象に含められ、本法の対象から外された。また、2007年のパート労働法改正（2008年4月施行）により、パート労働者の労働条件等に係る紛争についても同法の調停の対象とされ、本法の対象から外された。さらに、2009年の育児・介護休業法改正（2010年4月施行）により、育児・介護休業その他に係る紛争についても、本法の対象から外されている。このように、職場におけるハラスメント事案という点で共通性を有するセクシュアルハラスメント事案といじめ・嫌がらせ事案が、現行制度上別の取扱いになっていることは、念頭に置かれる必要がある。

　これに対し、労働基準法違反のように、法違反事項を含む紛争については、法律上はあっせんの対象から外れるわけではないが、法令等に基づき指導権限

をもつ機関がそれぞれ行政指導等を実施することが本来の姿であるので、まず行政指導等を行い、その結果紛争原因となった事項が改善され、これにより紛争が解決した場合にはあっせんは行われないこととなり、法違反事項は改善されたものの、それ以外の事項についての紛争がなお残る場合には、行政指導等ののちに、さらにあっせんの対象とする、とされている[*1]。

このように、労働局あっせんの対象には残業代請求等の公序違反型紛争は含まれないこととなるため、前記第1節3で述べたように、労働審判及び裁判上の和解の調査対象についても同様の絞り込みを行うこととされたものである。

あっせんの打切り事由について、同法施行規則第12条は、

一　第六条第二項の通知を受けた被申請人が、あっせんの手続に参加する意思がない旨を表明したとき。
二　第九条第一項の規定に基づき提示されたあっせん案について、紛争当事者の一方又は双方が受諾しないとき。
三　紛争当事者の一方又は双方があっせんの打切りを申し出たとき。
四　法第一四条の規定による意見聴取その他あっせんの手続の進行に関して紛争当事者間で意見が一致しないため、あっせんの手続の進行に支障があると認めるとき。
五　前各号に掲げるもののほか、あっせんによっては紛争の解決の見込みがないと認めるとき。

と規定している。本報告書ではこのうち第一号による打切りを「不参加」として、他の打切りから区別している。

2 労働審判

労働審判は労働審判法（平成16年5月12日法律第45号）に基づいて実施されている。

労働審判は地方裁判所の管轄である（第2条第1項）。裁判所は労働審判官1人と労働審判員2人で組織する労働審判委員会で労働審判手続を行う（第7条）。

[*1] 厚生労働省大臣官房地方課労働紛争処理業務室編『個別労働紛争解決促進法』（労務行政研究所、2001年）p123 〜。

労働審判官は当該地裁の裁判官から指定し（第8条）、労働審判員は労働関係に関する専門的な知識経験を有する者のうちから任命される（第9条第2項）。

労働審判手続について重要なのは、特別の事情がある場合を除き、3回以内の期日において、審理を終結しなければならない（第15条第2項）という規定があることであり、これにより通常の訴訟手続に比べて迅速な解決が図られている。

法律の題名は「審判」となっているが、第1条の目的規定に、「調停の成立による解決の見込みがある場合にはこれを試み、その解決に至らない場合には、労働審判…を行う」とあるとおり、調停による解決を進めることを目指すものとなっている。調停が成立した場合には、裁判上の和解と同一の効力を有する（第29条第2項、民事調停法第16条）。

この調停が成立しない場合の判定的解決としての審判においては、「当事者の権利関係を確認し、金銭の支払、物の引渡しその他の財産上の給付を命じ、その他個別労働関係民事紛争の解決をするために相当と認める事項を定めることができる」（第20条第2項）とされている。こういう審判を受けた当事者は当然不服を抱くことがあり得るので、労働審判の告知を受けた日から2週間以内に裁判所に異議の申立てをすることができ（第21条第1項）、その場合労働審判手続を申し立てた時に裁判所に訴えの提起があったものとみなすことにしている（第22条第1項）。

なお、調停にも審判にも至らないケースとして、労働審判手続を行うことが適当でないと判断した場合のいわゆる第24条終了がある。また、当然当事者による申立ての取下げもあるが、本調査研究においては、対象を調停又は審判で終局したものに限定しているので、これらそれ以外の理由による終了事案は含まれないことになる。

3　裁判上の和解

民事訴訟一般については、民事訴訟法の教科書等を参照されたい。

民事訴訟法第267条は、和解調書の記載は確定判決と同一の効力を有すると規定している。

第2章　労働局あっせん、労働審判及び裁判上の和解における雇用紛争事案の比較統計分析

1　労働者の属性

(1) 労働者の性別

　労働者の性別でみると、労働局あっせんでは、男性に係る案件が457件（53.6%）、女性に係る案件が396件（46.4%）と男性が若干多いがほぼ同水準と言える。この傾向は2008年度（男性56.3%、女性42.6%）と同じだが、2012年度には若干女性の比率が高まっている。

　労働審判では男性に係る案件が310件（68.6%）、女性に係る案件が142件（31.4%）と、労働局あっせんよりも男性の比率が高く、男性が3分の2以上を占めている。この傾向は裁判上の和解ではさらに強まり、男性に係る案件が149件（77.2%）、女性に係る案件が44件（22.8%）と、男性が4分の3以上を占め、女性は2割強となっている。

　このように、労働局あっせんよりも労働審判、労働審判よりも裁判上の和解において、男性の比率が高く、女性の比率が低くなる傾向が見られる。

表1-1-1　労働者の性別（あっせん2012年度）

	件数	%
男	457	53.6
女	396	46.4
計	853	100.0

表1-1-2　労働者の性別（労働審判）

	件数	%
男	310	68.6
女	142	31.4
計	452	100.0

表1-1-3 労働者の性別（和解）

	件数	%
男	149	77.2
女	44	22.8
計	193	100.0

（2）労働者の雇用形態

　労働者の雇用形態で見ると、労働局あっせんでは、正社員が402件（47.1％）、直用非正規が325件（38.1％）、派遣が64件（7.5％）、試用期間が32件（3.8％）、内定が23件（2.7％）、その他（全て「親族」）が7件（0.8％）であった。これを2008年度と比較すると、直用非正規が30.2％から38.1％に大きく増加し、その分正社員が51.0％から47.1％に、派遣が11.5％から7.5％に減少している。

　労働審判では労働局あっせんに比べて正社員の比率が大きく高まり、342件（75.7％）と4分の3以上が正社員であり、直用非正規は95件（21.0％）と2割強にとどまり、派遣は僅か13件（2.9％）となっている。この傾向は裁判上の和解ではさらに強まり、正社員が154件（79.8％）と8割に迫り、直用非正規は37件（19.2％）と2割を下回っている。とりわけ派遣がわずか1件（0.5％）であることは注目に値する。

　このように、雇用形態で見ても正社員、直用非正規、派遣の間に明確な違いがあり、一般的により雇用が安定し処遇の高い正社員ほど労働局あっせんより労働審判、労働審判より訴訟を選択する傾向があるのに対し、より雇用が不安定で処遇が低い非正規労働者ほど、とりわけ直用非正規よりも派遣労働者ほど、訴訟より労働審判、労働審判より労働局あっせんを選択する傾向があることが分かる。

　なお、これを総務省統計局の『就業構造基本調査』（平成24年）における雇用形態の比率と比べると、「正規の職員・従業員」が61.8％（2008年64.4％）、「パート」「アルバイト」「契約社員」「嘱託」の合計が33.7％（2008年30.5％）、「労働者派遣事業所の派遣社員」が2.2％（2008年3.0％）であり、労働局あっせんにおいて直用非正規やとりわけ派遣が全体の雇用形態の比率と比べ利用が多くなっており、労働審判と裁判上の和解において正社員が全体の雇用形態の比率と比べ利用が多くなっている。

表1-2-1-1　労働者の雇用形態（あっせん2012年度）

	件数	%
正社員	402	47.1
直用非正規	325	38.1
派遣	64	7.5
試用期間	32	3.8
内定	23	2.7
その他（親族）	7	0.8
計	853	100.0

表1-2-1-2　労働者の雇用形態（あっせん2008年度）

	件数	%
正社員	583	51.0
直用非正規	345	30.2
派遣	132	11.5
試用期間	75	6.6
その他	4	0.3
不明	5	0.4
計	1144	100.0

表1-2-2　労働者の雇用形態（労働審判）

	件数	%
正社員	342	75.7
直用非正規	95	21.0
派遣	13	2.9
内定	1	0.2
業務委託	1	0.2
計	452	100.0

表1-2-3　労働者の雇用形態（和解）

	件数	%
正社員	154	79.8
直用非正規	37	19.2
派遣	1	0.5
業務委託	1	0.5
計	193	100.0

(2-1) 派遣労働者の相手方

　2012年度にあっせん申請した派遣労働者64件について、派遣元と派遣先のどちらを相手取ってあっせん申請したかを見ると、64件中56件（87.5％）と9割近くが派遣元であるが、派遣先を相手取って申請した事案も8件（12.5％）と一定割合存在している。2008年度には132件中派遣元相手が104件（78.8％）、派遣先相手が28件（21.2％）と、派遣先を相手取ったあっせん申請の割合がさらに高かった。

　これに対し労働審判では、13件中12件（92.3％）が派遣元を相手に申立を行っており、裁判上の和解では派遣元相手に訴訟を提起した1件のみである。

(3) 労働者の勤続年数

　労働者の勤続年数については、精粗2種類の統計を作成した。勤続年数自体の分布状況を見るためには、9つの勤続年数階層に分けたより細かい目盛りの表を用いる。しかし、後のクロス分析用にはやや細かすぎるので、5つの勤続年数階層に分けたより粗い階層区分も用意した。

　まず労働局あっせんでは、1年未満の短期勤続者が41.9％と大変多く、1か月未満の者も1割近いなど、雇用されてすぐに紛争となっているケースが目立つ。長期勤続者も一定程度いるため平均値は4.4年とやや長めとなっているが、中央値は1.7年であり、短期勤続者がより多く利用していることが窺える。

　これに対し労働審判では、1年未満の短期勤続者が33.0％とほぼ3分の1である一方、10年以上の長期勤続者も16.8％とそれほど多くない。平均値は5.5年だが中央値は2.5年であり、勤続年数からすると中程度の労働者が多く利用している。これが裁判上の和解になると、1年未満の短期勤続者が僅か17.7％であるのに対して、10年以上の長期勤続者が31.3％と3分の1近くに及んでおり、相対的に長期勤続の労働者が利用していることが分かる。平均値は9.6年、中央値は4.3年である。

第2部　労働局あっせん、労働審判及び裁判上の和解における雇用紛争事案の比較分析

表1-3-1-1　労働者の勤続年数（あっせん2012年度）

	件数	%
1月未満	73	9.7
1-6月未満	146	19.3
6月-1年未満	98	13.0
1-2年未満	93	12.3
2-3年未満	60	7.9
3-5年未満	81	10.7
5-10年未満	106	14.0
10-20年未満	57	7.5
20年以上	42	5.6
計	756	100.0

表1-3-1-2　労働者の勤続年数（粗）（あっせん2012年度）

	件数	%
1月未満	73	9.7
1月-1年未満	243	32.1
1-5年未満	235	31.1
5-10年未満	106	14.0
10年以上	99	13.1
計	756	100.0

表1-3-2-1　労働者の勤続年数（労働審判）

	件数	%
1月未満	17	3.8
1-6月未満	69	15.3
6月-1年未満	63	13.9
1-2年未満	57	12.6
2-3年未満	40	8.8
3-5年未満	58	12.8
5-10年未満	72	15.9
10-20年未満	44	9.7
20年以上	32	7.1
計	452	100.0

表1-3-2-2 労働者の勤続年数（粗）（労働審判）

	件数	%
1月未満	17	3.8
1月-1年未満	132	29.2
1-5年未満	155	34.3
5-10年未満	72	15.9
10年以上	76	16.8
計	452	100.0

1-3-3-1 労働者の勤続年数（和解）

	件数	%
1月未満	2	1.0
1-6月未満	15	7.8
6月-1年未満	17	8.9
1-2年未満	23	12.0
2-3年未満	16	8.3
3-5年未満	28	14.6
5-10年未満	31	16.1
10-20年未満	29	15.1
20年以上	31	16.1
計	192	100.0

1-3-3-2 労働者の勤続年数（粗）（和解）

	件数	%
1月未満	2	1.0
1月-1年未満	32	16.7
1-5年未満	68	35.4
5-10年未満	30	15.6
10年以上	60	31.3
計	192	100.0

（4）労働者の役職

　労働者の役職については、役職なし、係長・監督級、課長・店長級、部長・工場長級、役員級の5階層に分類した。企業規模が異なれば、役職の比較可能性がどこまであるかには疑問もあり得るが、全体的な傾向を知る上では参考にはなり得ると考えられる。

　労働局あっせんにおける労働者の役職を見ると、95.1％と圧倒的大部分が役

職のない従業員であり、役職者は4.9％に過ぎず、しかもその過半数は係長・監督級であって、相対的に下位階層の労働者によって多く利用されていることが分かる。

これに対して労働審判では、役職なしは87.6％とやや割合が下がり、課長・店長級、部長・工場長級がいずれも4％程度存在している。この傾向は裁判上の和解ではさらに強まり、課長・店長級が6.7％、部長・工場長級が9.8％とかなり多くなり、役員級も4.1％を占める一方で、役職なしは77.2％にとどまっている。

表1-4-1　労働者の役職（あっせん2012年度）

	件数	％
役職なし	811	95.1
係長・監督級	22	2.6
課長・店長級	16	1.9
部長・工場長級	3	0.4
役員級	1	0.1
計	853	100.0

表1-4-2　労働者の役職（労働審判）

	件数	％
役職なし	396	87.6
係長・監督級	9	2.0
課長・店長級	18	4.0
部長・工場長級	20	4.4
役員級	9	2.0
計	452	100.0

表1-4-3　労働者の役職（和解）

	件数	％
役職なし	149	77.2
係長・監督級	4	2.1
課長・店長級	13	6.7
部長・工場長級	19	9.8
役員級	8	4.1
計	193	100.0

(5) 労働者の賃金月額

　労働者の賃金月額は、解決金額に関わる分析を進めていく上で重要なデータである。労働者の賃金の決め方には月給制だけでなく日給制や時給制もあり、非正規労働者の場合時給制が多いが、それらもすべて月収表示に換算して処理している。なお、賃金月額階層は10の階層に分けたやや細かい目盛りの表と、後のクロス分析用の5つの階層に分けたより粗い階層区分の2つを用意した。

　その結果、労働局あっせんでは、労働者の約4割強が賃金月額10万円台であり、3分の1強が20万円台であった。約1割の10万円未満の者も含めれば、全体の85％弱が月額30万円未満という相対的に低賃金層に属している。事業所規模5人以上を対象とする厚生労働省の『毎月勤労統計調査』（平成24年分確報）によれば、労働者全体のきまって支給する給与の平均値は26.16万円であるから、あっせんに関わる労働者の大部分が相対的に低賃金層に属していることになる（なお、特別に支払われた給与を含む現金給与総額の平均値は31.41万円）。なお、平均値は202,556円、中央値は191,000円である。第1四分位数が140,000円、第3四分位数が250,000円であるので、全体の真ん中の半分が14万円から25万円の間にあるということになる。

　これに対して労働審判と裁判上の和解では、労働者の3分の1強が賃金月額20万円台であり、しかもそれより賃金月額の高い労働者、すなわち月額30万円以上と相対的に高賃金層に属する労働者が労働審判では43.1％と半分弱、裁判上の和解では52.9％と半分強にもなる。なお、労働審判の平均値は342,561円、中央値は264,222円、第1四分位数が204,360円、第3四分位数が378,750円なので、全体の真ん中の半分が20万円～38万円の間に入っていることになる。また裁判上の和解の平均値は433,363円、中央値は300,894円、第1四分位数が231,967円、第3四分位数が500,000円なので、全体の真ん中の半分が23万円～50万円の間に入っていることになる。このように、賃金月額で見ても、労働局あっせん、労働審判、訴訟の利用者の間には明確な違いが存在していることが分かる。

表1-5-1-1　賃金月額の分布（あっせん2012年度）

	件数	%
1-5万円未満	4	0.8
5万-10万円未満	44	9.1
10万-20万円未満	196	40.6
20万-30万円未満	163	33.7
30万-40万円未満	52	10.8
40万-50万円未満	14	2.9
50万-100万円未満	10	2.1
100万-200万円未満	-	-
200万-300万円未満	-	-
300万円以上	-	-
計	483	100.0

表1-5-1-2　賃金月額の分布（粗）（あっせん2012年度）

	件数	%
1-10万円未満	48	9.9
10万-20万円未満	196	40.6
20万-50万円未満	229	47.4
50万-100万円未満	10	2.1
100万円以上	-	-
計	483	100.0

表1-5-2-1　賃金月額の分布（労働審判）

	件数	%
1-5万円未満	3	0.7
5万-10万円未満	17	3.8
10万-20万円未満	76	16.8
20万-30万円未満	161	35.6
30万-40万円未満	87	19.2
40万-50万円未満	35	7.7
50万-100万円未満	60	13.3
100万-200万円未満	11	2.4
200万-300万円未満	1	0.2
300万円以上	1	0.2
計	452	100.0

表1-5-2-2 賃金月額の分布（粗）（労働審判）

	件数	%
1-10万円未満	20	4.4
10万-20万円未満	76	16.8
20万-50万円未満	283	62.6
50万-100万円未満	60	13.3
100万円以上	13	2.9
計	452	100.0

表1-5-3-1 賃金月額の分布（和解）

	件数	%
1-5万円未満	-	-
5万-10万円未満	3	1.6
10万-20万円未満	17	8.9
20万-30万円未満	70	36.6
30万-40万円未満	35	18.3
40万-50万円未満	18	9.4
50万-100万円未満	37	19.4
100万-200万円未満	8	4.2
200万-300万円未満	2	1.0
300万円以上	1	0.5
計	191	100.0

表1-5-3-2 賃金月額の分布（粗）（和解）

	件数	%
1-10万円未満	3	1.6
10万-20万円未満	17	8.9
20万-50万円未満	123	64.4
50万-100万円未満	37	19.4
100万円以上	11	5.8
計	191	100.0

2 企業の属性

(1) 企業規模（従業員数）

　労働問題で通常もっともよく用いられる企業属性は従業員数によって表示される企業規模である。労働局あっせんにおいても、あっせん処理票上で事務局側が記入する欄として、労働組合の有無と並んで従業員数の欄があり、多くの事案において数値が記入されている。一方で、労働審判、裁判上の和解いずれの記録においても、従業員数が明示されるようにはなっておらず、原告側や被告側の提出した書証の中に従業員数が記述されている少数の事例を除けば、従業員数は基本的に不明である。例外的に従業員数が記載されているものは、おそらく中小零細企業であるため当該数値を記すことが容易であったのであろうと想定されることから、労働審判と裁判上の和解における従業員数のデータはより少ない方向へのバイアスがかかっていると考えられる。そのため、企業規模（従業員数）については正確な意味での比較分析は不可能であるが、参考資料として記述しておくこととする。なお、企業規模階層は10の階層に分けたやや細かい目盛りの表と、後のクロス分析用の5つの階層に分けたより粗い階層区分の2つを用意した。

　労働局あっせんにかかる企業の従業員数を見ると、中小零細企業が多いという傾向は2008年度と比べても変わりはない。不明を除くパーセンテージで見ると、30人未満で4割強、100人未満で6割強、300人未満で4分の3を超える。中央値は40人である。もっとも、1000人以上の大規模企業がかなり増えており、若干大きい方にシフトしたように見える。

　労働審判と裁判上の和解は上述の通り不明が極めて多いため厳密な比較に耐えうる数値ではないが、不明を除くパーセンテージで見る限り、労働審判利用者の企業規模傾向は労働局あっせんとほとんど変わらないように見える。数値自体は労働局あっせんよりも若干中小零細企業に寄っており（中央値は30人）、おそらくこれは小規模企業ほど従業員数を拾いやすいことによるバイアスによるものと思われるが、そうだとしても30人未満の零細企業が不明を含めた実数値でも66件、14.6％に上ることは、この制度が中小零細企業の労働者によってよく利用されているという傾向を示していると言ってよいであろう。労働審判は

労働者の属性においてはいずれの指標においても労働局あっせんと極めて明確な違いを示しているが、企業属性においては厳密な比較はできないという留保付きではあるが、似たような傾向を示していると言えるのではないかと思われる。

　これに対し、裁判上の和解はさらに従業員数不明の割合が高いため断言することは難しいが、中央値は50人であり、労働局あっせんや労働審判に比べると相対的に大規模企業の割合が高いという傾向は見出しうるように思われる。

表2-1-1-1　企業規模（あっせん2012年度）

	件数	%	不明を除く%
1-9人	142	16.6	20.9
10-29人	143	16.8	21.1
30-49人	67	7.9	9.9
50-99人	78	9.1	11.5
100-149人	36	4.2	5.3
150-199人	17	2.0	2.5
200-299人	35	4.1	5.2
300-499人	35	4.1	5.2
500-999人	31	3.6	4.6
1000人-	95	11.1	14.0
不明	174	20.4	-
計	853	100.0	

表2-1-1-2　企業規模（あっせん2008年度）

	件数	%	不明を除く%
1-9人	183	16.0	19.9
10-29人	230	20.1	25.1
30-49人	120	10.5	13.1
50-99人	133	11.6	14.5
100-149人	65	5.7	7.1
150-199人	30	2.6	3.3
200-299人	39	3.4	4.2
300-499人	49	4.3	5.3
500-999人	26	2.3	2.8
1000人-	43	3.8	4.7
不明	226	19.8	-
計	1144	100.0	

表2-1-1-3　企業規模（粗）（あっせん2012年度）

	件数	%	不明を除く%
1-29人	285	33.4	42.0
30-99人	145	17.0	21.4
100-299人	88	10.3	13.0
300-999人	66	7.7	9.7
1000人-	95	11.1	14.0
不明	174	20.4	-
計	853	100.0	

表2-1-2-1　企業規模（労働審判）

	件数	%	不明を除く%
1-9人	40	8.8	27.8
10-29人	26	5.8	18.1
30-49人	15	3.3	10.4
50-99人	19	4.2	13.2
100-149人	6	1.3	4.2
150-199人	5	1.1	3.5
200-299人	6	1.3	4.2
300-499人	9	2.0	6.3
500-999人	7	1.5	4.9
1000人-	11	2.4	7.6
不明	308	68.1	-
計	452	100.0	

表2-1-2-2　企業規模（粗）（労働審判）

	件数	%	不明を除く%
1-29人	66	14.6	45.8
30-99人	34	7.5	23.6
100-299人	17	3.8	11.8
300-999人	16	3.5	11.1
1000人-	11	2.4	7.6
不明	308	68.1	-
計	452	100.0	

表2-1-3-1　企業規模（和解）

	件数	%	不明を除く%
1-9人	5	2.6	11.9
10-29人	9	4.7	21.4
30-49人	7	3.6	16.7
50-99人	1	0.5	2.4
100-149人	2	1.0	4.8
150-199人	-	-	-
200-299人	5	2.6	11.9
300-499人	-	-	-
500-999人	5	2.6	11.9
1000人-	8	4.1	19.0
不明	151	78.2	-
計	193	100.0	

表2-1-3-2　企業規模（粗）（和解）

	件数	%	不明を除く%
1-29人	14	7.3	33.3
30-99人	8	4.1	19.0
100-299人	7	3.6	16.7
300-999人	5	2.6	11.9
1000人-	8	4.1	19.0
不明	151	78.2	-
計	193	100.0	

(2) 労働組合の有無

　労働組合の有無については、労働局あっせんにおいては、あっせん処理票上で事務局側が記入する欄として存在するため、意味のあるデータを得られるが、労働審判と裁判上の和解においては、労働組合が関わった例外的な事案を除けば書証上にも労働組合の有無を明示するものはほとんどなく、参考程度にもデータが得られない。そのため、ここでは労働局あっせんにおける状況のみを参考のために掲載しておく。

　これを見ると、無組合企業が圧倒的に多いが、有組合企業も意外に多く、組合があるにも関わらず当該個別労働紛争が企業内で解決していない例が一定程度存在しているにも見える。もっとも、あっせん処理票上得られるのは労働組合の有無だけであって、労働者がその組合に加入しているかどうかは（特記さ

れていない限り）不明なので、組合があっても組合員ではない非正規労働者が多いことを示しているとも考えられる。

表2-2　労働組合の有無（あっせん2012年度）

	件数	％
組合有り	118	13.8
組合無し	599	70.2
不明	136	15.9
計	853	100.0

3 終了区分

　終了区分については制度ごとに異なる。労働局あっせんは性質上任意の制度であるので、そもそも入口であっせん申請の相手方が不参加を表明すればそれで終了となる。また、紛争調整委員会があっせんを開始してもいずれかの側があっせん案に合意しなければ不合意として終了となる。また、途中で取り下げるケースも少なくない。

　これに対し、労働審判は取下げやいわゆる第24条終了にならない限りは、両当事者間で調停が成立するか、審判が下されるかのいずれかであり、未解決という結果はない。今回対象としたのは、調停か審判かいずれかの解決がなされた事案である。また、裁判上の和解はそもそも訴訟が提起された事案のうち最終的に和解に至ったもののみを取り出しているので、当然のことながら終了区分は和解のみである。そこで以下では制度ごとに分析を行う。

(1) 労働局あっせん

　労働局あっせんにおいて注目すべきことは、2008年度に比べて2012年度において解決率がかなり上昇していることである。2012年度においてあっせんがどういう結果に終わったかを、2008年度における数値と比べてみると、被申請人の不参加率が42.7％から38.9％に、取下げ率が8.5％から6.3％に、不合意率が18.4％から16.4％にそれぞれ減少し、その結果合意成立に至った比率が30.2％から38.0％へと飛躍的に上昇している。

表3-1-1　終了区分（あっせん2012年度）

	件数	%
合意成立	324	38.0
取下げ等	54	6.3
被申請人の不参加	332	38.9
不合意	140	16.4
制度対象外事案	3	0.4
計	853	100.0

表3-1-2　終了区分（あっせん2008年度）

	件数	%
合意成立	346	30.2
取下げ等	97	8.5
被申請人の不参加	489	42.7
不合意	211	18.4
制度対象外事案	1	0.1
計	1144	100.0

　これを性別に見ると、大変興味深いことに、あっせん申請総数では男性の方が多いのに、合意成立に至ったのは女性の方が多い。男性の合意成立率が32.2％であるのに対して、女性は44.7％と半数近くが合意にたどり着いている。申請人による取下げ、被申請人の不参加、そしてあっせんの結果の不合意のいずれも女性の割合が低く、その分女性の合意成立率を引き上げている。

表3-1-3　性別に見た終了区分（あっせん2012年度）

	男	女	計
合意成立	147(32.2%)	177(44.7%)	324(38.0%)
取下げ等	31(6.8%)	23(5.8%)	54(6.3%)
被申請人の不参加	190(41.6%)	142(35.9%)	332(38.9%)
不合意	87(19.0%)	53(13.4%)	140(16.4%)
制度対象外事案	2(0.4%)	1(0.3%)	3(0.4%)
計	457(100.0%)	396(100.0%)	853(100.0%)

　また雇用形態別に見ると、全体の雇用形態分布に比べて顕著に、非正規労働者の方が合意成立に至っていることがわかる。とりわけ直用非正規にその傾向が強く、45.5％が合意に達している。派遣も40.6％とかなり高い。それに対して正社員の合意成立率は31.3％と極めて低い。

表3-1-4 雇用形態別に見た終了区分（あっせん2012年度）

	正社員	直用非正規	派遣	試用期間	内定	親族	計
合意成立	126 (31.3%)	148 (45.5%)	26 (40.6%)	13 (40.6%)	8 (34.8%)	3 (42.9%)	324 (38.0%)
取下げ等	36 (9.0%)	11 (3.4%)	3 (4.7%)	3 (9.4%)	1 (4.3%)	-	54 (6.3%)
被申請人の不参加	167 (41.5%)	114 (35.1%)	29 (45.3%)	9 (28.1%)	13 (56.5%)	-	332 (38.9%)
不合意	71 (17.7%)	51 (15.7%)	6 (9.4%)	7 (21.9%)	1 (4.3%)	4 (57.1%)	140 (16.4%)
制度対象外事案	2 (0.5%)	1 (0.3%)	-	-	-	-	3 (0.4%)
計	402 (100.0%)	325 (100.0%)	64 (100.0%)	32 (100.0%)	23 (100.0%)	7 (100.0%)	853 (100.0%)

　一方、企業規模によっては終了区分にほとんど差が無いこともわかる。少なくとも合意成立に至る可能性にほとんど差はみられない。あえていえば、100人未満の小規模と1000人以上の大規模では入口で不参加となる比率が高く、100-1000人未満の中規模企業では参加してもあっせんに不合意となる比率が高いという傾向が見られる。

表3-1-5 企業規模別に見た終了区分（あっせん2012年度）

	1-29人	30-99人	100-299人	300-999人	1000人-	不明	計
合意成立	129 (45.3%)	63 (43.4%)	35 (39.8%)	28 (42.4%)	36 (37.9%)	33 (19.0%)	324 (38.0%)
取下げ等	21 (7.4%)	9 (6.2%)	2 (2.3%)	3 (4.5%)	3 (3.2%)	16 (9.2%)	54 (6.3%)
被申請人の不参加	98 (34.4%)	48 (33.1%)	29 (33.0%)	19 (28.8%)	40 (42.1%)	98 (56.3%)	332 (38.9%)
不合意	37 (13.0%)	24 (16.6%)	22 (25.0%)	16 (24.2%)	16 (16.8%)	25 (14.4%)	140 (16.4%)
制度対象外事案	-	1 (0.7%)	-	-	-	2 (1.1%)	3 (0.4%)
計	285 (100.0%)	145 (100.0%)	88 (100.0%)	66 (100.0%)	95 (100.0%)	174 (100.0%)	853 (100.0%)

(2) 労働審判

　労働審判が申し立てられた452件のうち、92.7％に当たる419件において調停が成立し、7.3％に当たる33件では調停が成立しないため審判が言い渡されている。性別や雇用形態による差もほとんど見られない。

表3-2-1 終了区分（労働審判）

	件数	%
調停	419	92.7
審判	33	7.3
計	452	100.0

4 時間的コスト

　ここでは時間的コストを、当該紛争解決制度において要した時間と、当該紛争発生から解決までに要した時間という2種類の指標によって分析する。ただし、3で見たように、労働局あっせんの対象事案には合意成立に至らなかった事案が多数含まれているのに対し、労働審判と裁判上の和解はすべて解決に至った事案であるので、そのまま比較することはできない。従って、ここでは労働局あっせんについては合意成立した事案のみを対象として比較分析する。

(1) 制度利用に係る期間

　制度利用に係る期間は、労働局あっせん、労働審判、裁判上の和解で明確な違いが見られる。すなわち、あっせんに係る期間（あっせん申請受理日から合意成立によるあっせん終了日までの期間）は、1-2月未満が60.8％と圧倒的に多く、1月未満の19.8％を含めれば、8割以上が2か月以内に手続が終了している。平均値は1.6月、中央値は1.4月である。

　一方、労働審判に係る期間（労働審判の申立日から調停または審判による終了日までの期間）は、2-3月未満が43.4％と半数近く、あっせんよりも若干時間がかかっているが、それでもほとんど大部分が6か月以内に手続が終了しており、6か月以上かかっているものはほとんどない。平均値は2.3月、中央値は2.1月である。

　これに対し最終的に和解で解決した訴訟は手続自体にかなり長い期間を要しており、1年以上が40.9％と最も多く、次いで6-12月未満の34.7％であって、短期間に解決したものはほとんどない。平均値は10.8月、中央値は9.3月である。かつてに比べれば裁判期間の短縮化が図られているとはいえ、訴訟を起こせばかなりの長期間となるという傾向は明確に存在している。

表4-1-1　あっせん期間（2012年度）

	件数	%
1月未満	64	19.8
1-2月未満	197	60.8
2-3月未満	49	15.1
3-6月未満	14	4.3
6-12月未満	-	-
1年以上	-	-
計	324	100.0

表4-1-2　労働審判期間

	件数	%
1月未満	1	0.2
1-2月未満	118	26.1
2-3月未満	196	43.4
3-6月未満	131	29.0
6-12月未満	6	1.3
1年以上	-	-
計	452	100.0

表4-1-3　訴訟（和解）期間

	件数	%
1月未満	-	-
1-2月未満	3	1.6
2-3月未満	7	3.6
3-6月未満	37	19.2
6-12月未満	67	34.7
1年以上	79	40.9
計	193	100.0

(2) 解決に要した期間

　時間的コストをより正確に測るためには、労働局あっせん、労働審判、訴訟といった制度の利用自体にかかった期間だけではなく、雇用終了など紛争事案が発生してから問題が解決するまでに要した期間を比較する必要がある。これは上記制度利用に係る期間に加え、紛争が発生してから当該制度を利用するまでにどの程度時間がかかっているかによって決まってくる。

ここでは事案発生日からこれら制度によって解決に至った日までの日数を「解決期間」として各制度について調べるが、それ自体の分布状況を見るための細かい目盛りの表と、後のクロス分析用のより粗い目盛りの表を用意した。

　労働局あっせんにおいては1-2月未満が35.6％、2-3月未満が28.4％で合わせると64.0％となり、あっせんの場合事案発生からそれほど時間をおかずにあっせん申請がされることがほとんどであるため、解決期間も非常に短くなっていることがわかる。平均値は2.9月、中央値は2.1月である。

　これに対し、労働審判の場合3月未満で解決するものも13.7％と一定数存在はするものの、半数近くの44.7％が3-6月未満、3分の1強の36.7％が6-12月未満に分布しており、あっせんよりもかなり長めの期間がかかっている。平均値は6.0月、中央値は5.1月である。

　しかし、それも裁判上の和解における解決期間と比べると極めて短いことが分かる。すなわち、裁判上の和解においては6月未満がわずか7.8％に過ぎず、6-12月未満も31.3％と3分の1に及ばず、半数近くの42.7％が1～2年かかっている。平均値は17.8月、中央値は14.1月である。

表4-2-1-1　解決期間（あっせん2012年度）

	件数	％
1月未満	9	2.8
1-2月未満	113	35.6
2-3月未満	90	28.4
3-4月未満	44	13.9
4-5月未満	26	8.2
5-6月未満	12	3.8
6-7月未満	7	2.2
7-8月未満	2	0.6
8-9月未満	4	1.3
9-12月未満	2	0.6
12-18月未満	6	1.9
18-24月未満	1	0.3
24月以上	1	0.3
計	317	100.0

表4-2-1-2　解決期間（粗）（あっせん2012年度）

	件数	%
2月未満	122	38.5
2-3月未満	90	28.4
3-6月未満	82	25.9
6-12月未満	15	4.7
12-24月未満	7	2.2
24月以上	1	0.3
計	317	100.0

表4-2-2-1　解決期間（労働審判）

	件数	%
1月未満	-	-
1-2月未満	10	2.2
2-3月未満	52	11.5
3-4月未満	63	13.9
4-5月未満	75	16.6
5-6月未満	64	14.2
6-7月未満	53	11.7
7-8月未満	37	8.2
8-9月未満	24	5.3
9-12月未満	52	11.5
12-18月未満	14	3.1
18-24月未満	5	1.1
24月以上	3	0.7
計	452	100.0

表4-2-2-2　解決期間（粗）（労働審判）

	件数	%
2月未満	10	2.2
2-3月未満	52	11.5
3-6月未満	202	44.7
6-12月未満	166	36.7
12-24月未満	19	4.2
24月以上	3	0.7
計	452	100.0

表4-2-3-1　解決期間（和解）

	件数	%
1月未満	-	-
1-2月未満	-	-
2-3月未満	2	1.0
3-4月未満	1	0.5
4-5月未満	4	2.1
5-6月未満	8	4.2
6-7月未満	6	3.1
7-8月未満	11	5.7
8-9月未満	8	4.2
9-12月未満	35	18.2
12-18月未満	53	27.6
18-24月未満	29	15.1
24月以上	35	18.2
計	192	100.0

表4-2-3-2　解決期間（粗）（和解）

	件数	%
2月未満	-	-
2-3月未満	2	1.0
3-6月未満	13	6.8
6-12月未満	60	31.3
12-24月未満	82	42.7
24月以上	35	18.2
計	192	100.0

5　弁護士又は社会保険労務士の利用

　これら紛争解決機関を利用する際に、弁護士や社会保険労務士のような専門職を利用したかどうかをみると、労働局あっせんと労働審判、裁判上の和解で大きな差が見られる。なお、社会保険労務士が労働審判及び訴訟における代理をすることはできないので、後者については弁護士の利用状況のみである。
　まず、あっせん当事者が社会保険労務士や弁護士をどの程度利用しているかを見ると、労使双方とも大部分が利用していない。あえて言えば使用者側がよ

り多く利用しており、社会保険労務士が5％強、弁護士が4％強である。それに対して労働者側が利用することは極めて少なく、いずれも1％未満に留まる。言い換えれば、使用者側の約9割、労働者側の99％近くが、社会保険労務士や弁護士の助けを借りていないことになる。

　この点については労働審判と裁判上の和解はあっせんとの間に明確な対照を示しており、労使双方とも大部分が弁護士を利用している。それでも労働審判では労働者側が弁護士をつけずに本人だけで申立をするケースが1割弱あるが、訴訟では4％ほどに過ぎない。労働審判では9割近く、訴訟では95％以上が労使双方とも弁護士をつけて臨んでおり、これが利用者にとって金銭的コストとなっていることが窺われる。

表5-1-1　社会保険労務士の利用（あっせん2012年度）

	件数	％
労使双方	1	0.1
労働者側	5	0.6
使用者側	45	5.3
双方なし	802	94.0
総計	853	100.0

表5-1-2　弁護士の利用（あっせん2012年度）

	件数	％
労使双方	-	-
労働者側	6	0.7
使用者側	37	4.3
双方なし	810	95.0
総計	853	100.0

表5-2　　弁護士の利用（労働審判）

	件数	％
労使双方	402	88.9
労働者側	8	1.8
使用者側	39	8.6
双方なし	3	0.7
総計	452	100.0

表5-3　弁護士の利用（和解）

	件数	%
労使双方	184	95.3
労働者側	1	0.5
使用者側	8	4.1
双方なし	-	-
総計	193	100.0

6　事案内容

　労働局あっせんにおいては、事案の内容は複数の項目にまたがるものも多いので重複計上となっている。これらのうち、雇用終了に関わるものと労働条件引下げに関わるものをそれぞれ合算し、いじめ・嫌がらせ事案と合わせて大ぐくりで比較すると、雇用終了事案が74.1％、いじめ・嫌がらせ事案が31.3％、労働条件引下げ事案が13.8％となっている。しかし雇用終了事案の内訳を見ると、2008年度から2012年度にかけて、解雇事案が40.2％から29.0％に大きく減少している。普通解雇は28.8％から22.3％に減少し、とりわけ整理解雇が9.1％から4.5％に半減している。これは2008年度がリーマンショックの影響で人員整理が大規模に行われた年であるのに対し、2012年度は既にかなりの景気回復が見られていたことが反映していよう。また雇用終了事案のうち、退職勧奨が8.1％から13.1％へ、自己都合退職が5.6％から17.7％へと増加していることとも考え合わせると、企業行動が解雇から非解雇型雇用終了にシフトしたとも言える。

　近年の継続的な傾向としていじめ・嫌がらせ事案の着実な増加があるが、2008年度の22.7％から2012年度は31.3％と大きく増えている。またこれに伴って、労働者に何らかのメンタルヘルス上の問題がある事案が2008年度の3.0％から2012年度には12.4％と激増している。

　これに対して、労働審判と裁判上の和解においては、事案内容は金銭目的以外の訴えを調査する形で調査設計したこともあり、労働審判で95.8％、裁判上の和解で91.7％と、圧倒的大部分が雇用終了事案となっている。そのうちでも解雇事案の割合が高く（労働審判で75.4％、裁判上の和解で70.5％）、これは相対的に正社員の比率が高いことも反映していると思われる。さらに解雇の内訳

第2部　労働局あっせん、労働審判及び裁判上の和解における雇用紛争事案の比較分析

で見ると、労働局あっせんにおいては2.2％に過ぎない懲戒解雇が、労働審判では15.7％、裁判上の和解では15.0％とかなり高い比率になっていることが注目される。

　なお、労働審判と裁判上の和解においては対象となる金銭目的以外の訴えにおいて併せて残業代請求をしている事案数を計上している。これは、労働局（及び総合労働相談コーナー）においては、相談に来た事案の一部に残業代請求のような公序紛争に該当するもの（混合事案）があれば、その部分は労働基準監督官による監督指導の対象となり、必要があれば是正勧告を行うなり、司法処分を行うといった対応となるので、労働局あっせんにはそもそも入り込んでこないのに対して、公序紛争であっても民事上の権利義務に関わる事案である限り、裁判所はこれを受理し、紛争処理に当たるべき責務を負っているからである。第1章第1節で述べたように、もっぱら不払い残業代の支払いを求めるような請求事案は調査研究対象事案から除かれているが、解雇等雇用終了に対する地位確認を主たる請求としつつ、併せて不払い残業代をも請求しているような混合事案は当然対象となる。かかる混合事案の比率は、労働審判で15.0％、裁判上の和解では15.5％である。

　これら15％に上る混合事案は、解決金額の水準にも何らかの影響を及ぼしている可能性はある。すなわち、雇用終了のみの事案であれば支払われたであろう金額に当該残業代請求に相当する金額が上乗せされて解決金とされている可能性がある。しかしながら、労働審判であれ裁判上の和解であれ、解決金額は性質上内訳のない金額であり、どの部分が雇用終了に相当し、どの部分が不払い残業代に相当するといった切り分けはそもそも不可能である。従って、以下の解決金額の分析においても、残業代請求込みの混合事案を特に別扱いすることなく進めていくが、このような問題が存在していることは念頭に置いておく必要はある。

表6-1-1-1 事案の内容（あっせん2012年度）

	件数	%
普通解雇	190	22.3
整理解雇	38	4.5
懲戒解雇	19	2.2
労働条件引下げ（賃金）	53	6.2
労働条件引下げ（退職金）	25	2.9
労働条件引下げ（その他）	47	5.5
在籍出向	5	0.6
配置転換	45	5.3
退職勧奨	112	13.1
懲戒処分	14	1.6
採用内定取消	24	2.8
雇止め	93	10.9
昇給・昇格	2	0.2
自己都合退職	151	17.7
その他の労働条件	83	9.7
定年等	9	1.1
年齢差別	6	0.7
障害者差別	8	0.9
雇用管理改善その他	3	0.4
労働契約の承継	0	0.0
いじめ・嫌がらせ	267	31.3
教育訓練	2	0.2
人事評価	4	0.5
賠償	15	1.8
メンタルヘルス	106	12.4
休職	47	5.5
計	853	100.0

表6-1-1-2 事案の内容（大ぐくり）（あっせん2012年度）

	件数	%
雇用終了	632	74.1
うち解雇	247	29.0
いじめ・嫌がらせ	267	31.3
労働条件引下げ	118	13.8

(注)「雇用終了」とは、「普通解雇」「整理解雇」「懲戒解雇」「退職勧奨」「採用内定取消」「雇止め」「自己都合退職」「定年等」の8項目である。

表6-1-2-1　事案の内容（あっせん2008年度）

	件数	%
普通解雇	330	28.8
整理解雇	104	9.1
懲戒解雇	26	2.3
労働条件引下げ（賃金）	102	8.9
労働条件引下げ（退職金）	19	1.7
労働条件引下げ（その他）	8	0.7
在籍出向	5	0.4
配置転換	53	4.6
退職勧奨	93	8.1
懲戒処分	8	0.7
採用内定取消	29	2.5
雇止め	109	9.5
昇給・昇格	1	0.1
自己都合退職	64	5.6
その他の労働条件	80	7.0
育児・介護休業等	2	0.2
募集	0	0.0
採用	0	0.0
定年等	1	0.1
年齢差別	0	0.0
障害者差別	3	0.3
雇用管理改善その他	6	0.5
労働契約の承継	0	0.0
いじめ・嫌がらせ	260	22.7
教育訓練	2	0.2
人事評価	12	1.0
賠償	20	1.7
セクハラ	1	0.1
母性健康管理	0	0.0
メンタルヘルス	34	3.0
その他	99	8.7
計	1144	100.0

表6-1-2-2　事案の内容（大ぐくり）（あっせん2008年度）

	件数	%
雇用終了	756	66.1
うち解雇	460	40.2
いじめ・嫌がらせ	260	22.7
労働条件引下げ	128	11.2

表6-2-1　事案の内容（労働審判）

	件数	%
普通解雇	222	49.1
整理解雇	48	10.6
懲戒解雇	71	15.7
労働条件引下げ（賃金）	6	1.3
労働条件引下げ（退職金）	1	0.2
労働条件引下げ（その他）	2	0.4
在籍出向	2	0.4
配置転換	8	1.8
退職勧奨	18	4.0
採用内定取消	4	0.9
雇止め	58	12.8
自己都合退職	4	0.9
定年等	7	1.5
労働契約の承継	1	0.2
計	452	100.0
うち残業代請求	68	15.0

表6-2-2　事案の内容（大ぐくり）（労働審判）

	件数	%
雇用終了	433	95.8
うち解雇	341	75.4
労働条件引下げ	9	2.0

表6-3-1　事案の内容（和解）

	件数	%
普通解雇	88	45.6
整理解雇	19	9.8
懲戒解雇	29	15.0
労働条件引下げ（賃金）	5	2.6
労働条件引下げ（その他）	1	0.5
在籍出向	1	0.5
配置転換	6	3.1
退職勧奨	9	4.7
懲戒処分	3	1.6
採用内定取消	3	1.6
雇止め	17	8.8
自己都合退職	1	0.5
定年等	11	5.7
計	193	100.0
うち残業代請求	30	15.5

第2部　労働局あっせん、労働審判及び裁判上の和解における雇用紛争事案の比較分析

表6-3-2　事案の内容（大ぐくり）（和解）

	件数	%
雇用終了	177	91.7
うち解雇	136	70.5
労働条件引下げ	6	3.1

7 請求金額

(1) 請求実額

　労働局あっせんにおいては、請求金額は50万-100万円未満と100万-200万円未満に集中しており、この両者で4割を超える。もっともそれより低い請求もかなり多い。平均値は1,701,712円、中央値は600,000円である。極端に高額の請求が存在することに影響を受けて、平均値は中央値から大きく乖離している。第1四分位数が300,000円、第3四分位数が1,500,000円なので、平均値は上位4分の1を超える。

　これに対して労働審判と裁判上の和解においては、労働局あっせんにおいて3分の2近くを占める100万円未満の請求が1件も存在しない。すべて100万円以上である。まずここに大きな相違点がある。任意の制度である労働局あっせんにおいては、相手にあっせんを受け入れてもらうために、はじめからかなり低額の請求にとどめるという傾向が窺われる。

　しかしその100万円以上の請求金額の分布状況は、労働審判と裁判上の和解ではかなり異なる。労働審判ではその中でも最も低い階層である100万-200万円未満に3分の1以上が集中しているのに対し、裁判上の和解では分布が高額の方に大きく広がり、500万-1000万円未満に3割強が集まっている。労働審判の請求額の平均値は3,936,294円、中央値は2,600,000円、第1四分位数が1,600,000円、第3四分位数が4,354,000円であるが、和解の請求額の平均値は8,622,570円、中央値は5,286,333円、第1四分位数が3,501,907円、第3四分位数が10,454,703円である。

表7-1-1　請求金額（あっせん2012年度）

	件数	%
1-5万円未満	4	0.6
5万-10万円未満	19	2.7
10万-20万円未満	67	9.6
20万-30万円未満	65	9.3
30万-40万円未満	62	8.9
40万-50万円未満	42	6.0
50万-100万円未満	180	25.9
100万-200万円未満	123	17.7
200万-300万円未満	43	6.2
300万-500万円未満	49	7.0
500万-1000万円未満	26	3.7
1000万-2000万円未満	10	1.4
2000万円以上	6	0.9
計	696	100.0

表7-1-2　請求金額（労働審判）

	件数	%
1-5万円未満	-	-
5万-10万円未満	-	-
10万-20万円未満	-	-
20万-30万円未満	-	-
30万-40万円未満	-	-
40万-50万円未満	-	-
50万-100万円未満	-	-
100万-200万円未満	166	37.5
200万-300万円未満	94	21.2
300万-500万円未満	94	21.2
500万-1000万円未満	63	14.2
1000万-2000万円未満	23	5.2
2000万円以上	3	0.7
計	443	100.0

第2部 労働局あっせん、労働審判及び裁判上の和解における雇用紛争事案の比較分析

表7-1-3 請求金額（和解）

	件数	%
1-5万円未満	-	-
5万-10万円未満	-	-
10万-20万円未満	-	-
20万-30万円未満	-	-
30万-40万円未満	-	-
40万-50万円未満	-	-
50万-100万円未満	-	-
100万-200万円未満	20	12.0
200万-300万円未満	12	7.2
300万-500万円未満	35	21.1
500万-1000万円未満	53	31.9
1000万-2000万円未満	32	19.3
2000万円以上	14	8.4
計	166	100.0

(2) 月収表示

労働者の賃金月額はさまざまであるので、請求金額が当該労働者にとってどれくらいの重みを持った金額であるかを表すためには、それが労働者の賃金月額の何か月分に相当する額であるか（月収表示）で見る必要がある。

労働局あっせんにおいては、やや分散しているが最も多いのが3-4か月分未満であり、請求金額4か月分未満で半数をかなり超える。平均値は11.6か月分であるが、これは極端に高額の請求に影響を受けて高くなっており、中央値は3.3か月分である。第1四分位数は2.0か月分、第3四分位数は6.5か月分である。

これに対して労働審判においては、6-9か月分未満を頂点としてその上方に広く分布しており、9か月分以上で半数を大きく超える。平均値は13.4か月分、中央値は9.9か月分、第1四分位数は6.5か月分、第3四分位数は16.3か月分である。

裁判上の和解はさらに上方に偏って分布しており、1-2年分未満が53.7％と半分を超える。平均値は22.1か月分、中央値は16.7か月分、第1四分位数は13.0か月分、第3四分位数は25.2か月分である。

表7-2-1　月収表示の請求金額（あっせん2012年度）

	件数	%
1月分未満	24	5.8
1-2月分未満	74	17.7
2-3月分未満	52	12.5
3-4月分未満	81	19.4
4-5月分未満	31	7.4
5-6月分未満	16	3.8
6-9月分未満	67	16.1
9-12月分未満	14	3.4
1-2年分未満	38	9.1
2年分以上	20	4.8
計	417	100.0

表7-2-2　月収表示の請求金額（労働審判）

	件数	%
1月分未満	-	-
1-2月分未満	1	0.2
2-3月分未満	4	0.9
3-4月分未満	20	4.5
4-5月分未満	30	6.8
5-6月分未満	23	5.2
6-9月分未満	118	26.6
9-12月分未満	68	15.3
1-2年分未満	123	27.8
2年分以上	56	12.6
計	443	100.0

表7-2-3　月収表示の請求金額（和解）

	件数	%
1月分未満	-	-
1-2月分未満	-	-
2-3月分未満	2	1.2
3-4月分未満	1	0.6
4-5月分未満	2	1.2
5-6月分未満	3	1.8
6-9月分未満	10	6.1
9-12月分未満	10	6.1
1-2年分未満	88	53.7
2年分以上	48	29.3
計	164	100.0

8 解決内容

　労働局あっせんにおいては、「3　終了区分」で見たように、必ずしもすべての事案が解決するわけではなく、被申請人の不参加を始め、申請人による取下げ、あっせん案への不合意など、解決しない事案の方が多い。それに対し、労働審判と裁判上の和解についてはそもそも解決に至った事案のみを調査対象としているのであるから、全件解決となっている。

　ここでは、その解決内容について、次節で詳しく分析する金銭解決以外にどのようなものがあるのかを見ておく。

　まずあっせんについては、終了区分が「合意成立」である324件のうち、合意内容が金銭解決であるのは313件であり、96.6％に上る。撤回・取消、すなわち復職と考えられる解決に合意したものも、4件、1.2％に過ぎないが存在している。この4件について若干詳しく見ておくと、

①：直用非正規の雇止め事案、当該雇止めを撤回するが、今後の更新については別途協議する。
②：正社員の配置転換事案、内務職への復職で解決。
③：正社員の自己都合退職事案、希望退職募集に応募したが認めなかったもの、いったん退職を取り消し、退職時に一時金を支給する。
④：正社員の労働条件引下げ事案、従前業務に戻す。

と、雇用終了を撤回したものは1件のみで、それも一時的なものに過ぎず、雇用終了から恒久的に復職するケースは一つもない。

　労働審判についても、金銭解決が434件、96.0％であり、ほとんどを占める。労働審判で撤回・取消という解決に至った2件の内容を見ると、

①：直用非正規の解雇事案、解決後1年弱雇用するとの調停成立。
②：労働者が退職意思表示を撤回した事案、当該労働者を再雇用するとの調停成立。

と、使用者側からの雇用終了を撤回したものは1件のみで、それも期限付きであり、やはり雇用終了から恒久的に復職するケースは見られない。なお、労働審判の場合、審判で棄却という判断が下されるケースが2件ある。

　裁判上の和解については、金銭解決が174件、90.2％とやや少なく、その分撤回・取消が12件、6.2％とやや増える。もっともそのうち7件は同一事案の共

同原告であって、実質的には6件に過ぎない。
①：（原告7人）：継続雇用制度の不利益変更事案、定年後再雇用を確認することで和解。
②：監督を解任した事案、名誉監督に委嘱することで和解。
③：直用非正規の雇止め事案、1年間契約延長することで和解。
④：出向命令拒否による解雇事案、復職することで和解。
⑤：役員の解任事案、報酬を半分以下にして復職することで和解。
⑥：解雇事案、復職することで和解。

このうち厳密に雇用契約の使用者側からの終了で恒久的に復職したものは2件である。

このように、金銭解決以外の解決内容をやや細かく見ても、十全な意味での復職という解決はほとんど見られず、やはり金銭解決が圧倒的大部分を占めていることに変わりはないと言える。

表8-1-1　解決内容（あっせん2012年度）

	件数	%
金銭解決	313	96.6
撤回・取消	4	1.2
損害賠償取下げ	3	0.9
離職理由の変更	2	0.6
謝罪	1	0.3
その他	1	0.3
計	324	100.0

表8-1-2　解決内容（労働審判）

	件数	%
金銭解決	434	96.0
撤回・取消	2	0.4
損害賠償取下げ	-	-
離職理由の変更	6	1.3
謝罪	-	-
その他	8	1.8
棄却（審判）	2	0.4
計	452	100.0

表8-1-3 解決内容（和解）

	件数	%
金銭解決	174	90.2
撤回・取消	12	6.2
損害賠償取下げ	-	-
離職理由の変更	2	1.0
謝罪	1	0.5
その他	4	2.1
計	193	100.0

9 解決金額

本報告書においてもっとも重要な部分は、以下に詳しく分析する各労働紛争解決制度における解決金額の実態である。ここでは、解決金額の状況を示した後、労働者の属性、企業の属性、制度利用にかかるコスト等さまざまな指標とクロス分析を行い、その実相を明らかにしていく。

(1) 解決金額

労働局あっせんにおける解決金額の分布を見ると、10万-20万円未満に3割近くが集中しており、10万円未満が4分の1強に上ることも含めると、過半数が20万円未満で解決しているという結果になる。平均値は279,681円だが、これは高額の解決金に引っ張られているためで、中央値は156,400円であり、半分近くは15万円以下で解決しているのが実態である。第1四分位数は90,946円、第3四分位数は315,000円である。

2008年度は、金銭解決件数が318件とほぼ同じである中で、やはり10万-20万円未満に4分の1以上が集中し、過半数が20万円未満で解決しているが、平均値が305,694円、中央値が190,000円、第1四分位数が100,000円、第3四分位数が330,000円と、全体としてこの4年間で解決金額が低額の方向にシフトしたという印象を与える。

これに対し、労働審判における解決金額は50万-100万円未満と100万-200万円未満に半分以上が集中し、さらに200万-300万円未満と300万-500万円未満にそれぞれ1割前後分布している。平均値は2,297,119円、中央値は1,100,000円で

あり、半分以上が100万円以上で解決している。第1四分位数が600,000円、第3四分位数が2,400,000円であり、どれも労働局あっせんよりほぼ一桁上の額となっている。やはり労働審判は解決金額の上ではあっせんとは明確に異なっている。

労働審判と裁判上の和解の違いは、前者は解決金額100万円前後に最頻値の山があり、後者は50万円から1000万円に至るまでなだらかな高原状に分布していることであり、言い換えればそれだけ高額の解決がひんぱんに見られるということである。平均値は4,507,660円、中央値は2,301,357円、第1四分位数は900,000円、第3四分位数は5,075,000円と、総じて労働審判における解決金額の2倍ほどの額で解決していると言える。

表9-1-1　解決金額（あっせん2012年度）

	件数	%
1-5万円未満	38	12.1
5万-10万円未満	42	13.4
10万-20万円未満	89	28.4
20万-30万円未満	47	15.0
30万-40万円未満	32	10.2
40万-50万円未満	17	5.4
50万-100万円未満	29	9.3
100万-200万円未満	17	5.4
200万-300万円未満	2	0.6
300万-500万円未満	-	-
500万-1000万円未満	-	-
1000万-2000万円未満	-	-
2000万円以上	-	-
計	313	100.0

表9-1-2　解決金額（あっせん2008年度）

	件数	%
1-5万円未満	33	10.4
5万-10万円未満	43	13.5
10万-20万円未満	84	26.4
20万-30万円未満	45	14.2
30万-40万円未満	48	15.1
40万-50万円未満	18	5.7
50万-100万円未満	29	9.1
100万-200万円未満	14	4.4
200万-300万円未満	2	0.6
300万-500万円未満	1	0.3
500万-1000万円未満	1	0.3
1000万-2000万円未満	-	-
2000万円以上	-	-
計	318	100.0

表9-1-3　解決金額（労働審判）

	件数	%
1-5万円未満	-	-
5万-10万円未満	11	2.5
10万-20万円未満	13	3.0
20万-30万円未満	22	5.1
30万-40万円未満	17	3.9
40万-50万円未満	18	4.1
50万-100万円未満	103	23.7
100万-200万円未満	117	27.0
200万-300万円未満	45	10.4
300万-500万円未満	42	9.7
500万-1000万円未満	27	6.2
1000万-2000万円未満	14	3.2
2000万円以上	5	1.2
計	434	100.0

表9-1-4 解決金額（和解）

	件数	%
1-5万円未満	-	-
5万-10万円未満	1	0.6
10万-20万円未満	10	5.7
20万-30万円未満	1	0.6
30万-40万円未満	3	1.7
40万-50万円未満	4	2.3
50万-100万円未満	25	14.4
100万-200万円未満	36	20.7
200万-300万円未満	21	12.1
300万-500万円未満	27	15.5
500万-1000万円未満	27	15.5
1000万-2000万円未満	9	5.2
2000万円以上	10	5.7
計	174	100.0

（2）性別に見た解決金額

まず労働者の属性と解決金額のクロス分析を行う。

性別に見ると、労働局あっせんにおいては5万円未満で解決している男性の割合が高いことから、一見男性の方が低額で解決しているような印象を受けるが、平均値では男性が289,715円、女性は271,664円、中央値では男性が180,000円、女性が153,190円、第1四分位数では男性が82,046円、女性は100,000円、第3四分位数では男性が360,000円、女性は300,000円であり、若干男性が高めで解決している。

労働審判では、男女とも50万-100万円未満と100万-200万円未満に半分以上集まっている点は同じだが、男性はそれよりも高い200万-300万円未満、300万-500万円未満の階層にもそれぞれ1割以上がおり、相対的にやや高めに分布している。平均値では男性が2,527,821円、女性は1,817,715円、中央値では男性が1,200,000円、女性が1,000,000円、第1四分位数では男性が600,000円、女性は510,000円、第3四分位数では男性が2,535,715円、女性は1,700,000円である。

裁判上の和解では、男女とも50万円から1000万円に至るまでなだらかな高原状に分布しているという点では同じであるが、平均値では男性が4,759,846円、女性は3,739,373円、中央値では男性が2,500,000円、女性は2,200,000円、第

1四分位数では男性が1,000,000円、女性は800,000円、第3四分位数では男性が5,307,088円、女性は4,000,000円であり、労働局あっせんや労働審判と同様、男性の方が高めになっている。

表9-2-1　性別に見た解決金額（あっせん2012年度）

	男	女	計
1-5万円未満	21 (15.1%)	17 (9.8%)	38 (12.1%)
5万-10万円未満	17 (12.2%)	25 (14.4%)	42 (13.4%)
10万-20万円未満	34 (24.5%)	55 (31.6%)	89 (28.4%)
20万-30万円未満	20 (14.4%)	27 (15.5%)	47 (15.0%)
30万-40万円未満	14 (10.1%)	18 (10.3%)	32 (10.2%)
40万-50万円未満	11 (7.9%)	6 (3.4%)	17 (5.4%)
50万-100万円未満	13 (9.4%)	16 (9.2%)	29 (9.3%)
100万-200万円未満	9 (6.5%)	8 (4.6%)	17 (5.4%)
200万-300万円未満	-	2 (1.1%)	2 (0.6%)
300万-500万円未満	-	-	-
500万-1000万円未満	-	-	-
1000万-2000万円未満	-	-	-
2000万円以上	-	-	-
計	139 (100.0%)	174 (100.0%)	313 (100.0%)

表9-2-2　性別に見た解決金額（労働審判）

	男	女	計
1-5万円未満	-	-	-
5万-10万円未満	7 (2.4%)	4 (2.8%)	11 (2.5%)
10万-20万円未満	8 (2.7%)	5 (3.5%)	13 (3.0%)
20万-30万円未満	16 (5.5%)	6 (4.3%)	22 (5.1%)
30万-40万円未満	9 (3.1%)	8 (5.7%)	17 (3.9%)
40万-50万円未満	14 (4.8%)	4 (2.8%)	18 (4.1%)
50万-100万円未満	69 (23.5%)	34 (24.1%)	103 (23.7%)
100万-200万円未満	68 (23.2%)	49 (34.8%)	117 (27.0%)
200万-300万円未満	37 (12.6%)	8 (5.7%)	45 (10.4%)
300万-500万円未満	32 (10.9%)	10 (7.1%)	42 (9.7%)
500万-1000万円未満	16 (5.5%)	11 (7.8%)	27 (6.2%)
1000万-2000万円未満	12 (4.1%)	2 (1.4%)	14 (3.2%)
2000万円以上	5 (1.7%)	-	5 (1.2%)
計	293 (100.0%)	141 (100.0%)	434 (100.0%)

表9-2-3 性別に見た解決金額（和解）

	男	女	計
1-5万円未満	-	-	-
5万-10万円未満	1 (0.8%)	-	1 (0.6%)
10万-20万円未満	8 (6.1%)	2 (4.7%)	10 (5.7%)
20万-30万円未満	1 (0.8%)	-	1 (0.6%)
30万-40万円未満	3 (2.3%)	-	3 (1.7%)
40万-50万円未満	4 (3.1%)	-	4 (2.3%)
50万-100万円未満	15 (11.5%)	10 (23.3%)	25 (14.4%)
100万-200万円未満	28 (21.4%)	8 (18.6%)	36 (20.7%)
200万-300万円未満	14 (10.7%)	7 (16.3%)	21 (12.1%)
300万-500万円未満	21 (16.0%)	6 (14.0%)	27 (15.5%)
500万-1000万円未満	21 (16.0%)	6 (14.0%)	27 (15.5%)
1000万-2000万円未満	7 (5.3%)	2 (4.7%)	9 (5.2%)
2000万円以上	8 (6.1%)	2 (4.7%)	10 (5.7%)
計	131 (100.0%)	43 (100.0%)	174 (100.0%)

（3）雇用形態別に見た解決金額

　雇用形態別に見ると、労働局あっせんにおいては正社員がもっとも解決金額が高く、直用非正規、派遣と雇用が不安定になるほど解決金額も低くなるという傾向が見られる。平均値では、正社員が387,745円、直用非正規が204,198円、派遣が214,817円、中央値では、正社員が220,000円、直用非正規が150,000円、派遣が100,000円、第1四分位数では正社員が100,000円、直用非正規が73,350円、派遣が57,500円、第3四分位数では正社員が500,000円、直用非正規が250,000円、派遣が201,787円である。

　全体として解決金額が高い労働審判や裁判上の和解においても、正社員の方がより高い金額で解決し、直用非正規、派遣と雇用が不安定になるほど金額が低くなるという傾向は見て取れる。例えば労働審判の場合、平均値では正社員が2,667,778円、直用非正規が1,305,175円、派遣が334,828円、中央値では正社員が1,340,375円、直用非正規が645,000円、派遣が228,000円、第1四分位数では正社員が800,000円、直用非正規が300,000円、派遣は75,000円、第3四分位数では正社員が2,835,000円、直用非正規が1,600,000円、派遣が540,000円と明白な違いがある。

　また裁判上の和解の場合でも、平均値では正社員が5,137,511円、直用非正規が2,192,830円、中央値では正社員が2,558,158円、直用非正規が1,150,000円、第

1四分位数では正社員が1,200,000円、直用非正規が350,000円、第3四分位数では正社員が6,040,321円、直用非正規が3,500,000円と、やはり大きな違いがある。

とはいえ、労働局あっせんにおける正社員と労働審判における派遣労働者がほぼ同じ程度の解決金額分布状況になっていることからも窺われるように、利用する紛争解決制度の間の違いの方がより決定的な要因となっていることに変わりはない。

表9-3-1　雇用形態別に見た解決金額（あっせん2012年度）

	正社員	直用非正規	派遣	試用期間	内定	親族	計
1-5万円未満	10 (8.3%)	24 (16.7%)	3 (11.5%)	-	-	1 (33.3%)	38 (12.1%)
5万-10万円未満	12 (10.0%)	18 (12.5%)	9 (34.6%)	2 (16.7%)	-	1 (33.3%)	42 (13.4%)
10万-20万円未満	27 (22.5%)	47 (32.6%)	7 (26.9%)	4 (33.3%)	3 (37.5%)	1 (33.3%)	89 (28.4%)
20万-30万円未満	15 (12.5%)	25 (17.4%)	2 (7.7%)	3 (25.0%)	2 (25.0%)	-	47 (15.0%)
30万-40万円未満	17 (14.2%)	11 (7.6%)	1 (3.8%)	-	3 (37.5%)	-	32 (10.2%)
40万-50万円未満	8 (6.7%)	8 (5.6%)	1 (3.8%)	-	-	-	17 (5.4%)
50万-100万円未満	19 (15.8%)	7 (4.9%)	1 (3.8%)	2 (16.7%)	-	-	29 (9.3%)
100万-200万円未満	10 (8.3%)	4 (2.8%)	2 (7.7%)	1 (8.3%)	-	-	17 (5.4%)
200万-300万円未満	2 (1.7%)	-	-	-	-	-	2 (0.6%)
300万-500万円未満	-	-	-	-	-	-	-
500万-1000万円未満	-	-	-	-	-	-	-
1000万-2000万円未満	-	-	-	-	-	-	-
2000万円以上	-	-	-	-	-	-	-
計	120 (100.0%)	144 (100.0%)	26 (100.0%)	12 (100.0%)	8 (100.0%)	3 (100.0%)	313 (100.0%)

表9-3-2　雇用形態別に見た解決金額（労働審判）

	正社員	直用非正規	派遣	内定	親族	計
1-5万円未満	-	-	-	-	-	-
5万-10万円未満	2 (0.6%)	6 (6.5%)	3 (23.1%)	-	-	11 (2.5%)
10万-20万円未満	6 (1.8%)	5 (5.4%)	2 (15.4%)	-	-	13 (3.0%)
20万-30万円未満	9 (2.8%)	10 (10.8%)	3 (23.1%)	-	-	22 (5.1%)
30万-40万円未満	11 (3.4%)	5 (5.4%)	1 (7.7%)	-	-	17 (3.9%)
40万-50万円未満	7 (2.1%)	10 (10.8%)	1 (7.7%)	-	-	18 (4.1%)
50万-100万円未満	77 (23.6%)	23 (24.7%)	2 (15.4%)	1 (100.0%)	-	103 (23.7%)
100万-200万円未満	99 (30.4%)	16 (17.2%)	1 (7.7%)	-	1 (100.0%)	117 (27.0%)
200万-300万円未満	34 (10.4%)	11 (11.8%)	-	-	-	45 (10.4%)
300万-500万円未満	37 (11.3%)	5 (5.4%)	-	-	-	42 (9.7%)
500万-1000万円未満	26 (8.0%)	1 (1.1%)	-	-	-	27 (6.2%)
1000万-2000万円未満	14 (4.3%)	-	-	-	-	14 (3.2%)
2000万円以上	4 (1.2%)	1 (1.1%)	-	-	-	5 (1.2%)
計	326 (100.0%)	93 (100.0%)	13 (100.0%)	1 (100.0%)	1 (100.0%)	434 (100.0%)

表 9-3-3 雇用形態別に見た解決金額（和解）

	正社員	直用非正規	派遣	業務委託	計
1-5万円未満	-	-	-	-	-
5万-10万円未満	1(0.7%)	-	-	-	1(0.6%)
10万-20万円未満	2(1.4%)	7(20.6%)	1(100.0%)	-	10(5.7%)
20万-30万円未満	-	1(2.9%)	-	-	1(0.6%)
30万-40万円未満	3(2.2%)	-	-	-	3(1.7%)
40万-50万円未満	1(0.7%)	3(8.8%)	-	-	4(2.3%)
50万-100万円未満	20(14.5%)	4(11.8%)	-	1(100.0%)	25(14.4%)
100万-200万円未満	30(21.7%)	6(17.6%)	-	-	36(20.7%)
200万-300万円未満	19(13.8%)	2(5.9%)	-	-	21(12.1%)
300万-500万円未満	19(13.8%)	8(23.5%)	-	-	27(15.5%)
500万-1000万円未満	25(18.1%)	2(5.9%)	-	-	27(15.5%)
1000万-2000万円未満	8(5.8%)	1(2.9%)	-	-	9(5.2%)
2000万円以上	10(7.2%)	-	-	-	10(5.7%)
計	138 (100.0%)	34 (100.0%)	1 (100.0%)	1 (100.0%)	174 (100.0%)

（4）勤続年数別に見た解決金額

　勤続年数別に見ると、労働局あっせんにおいては、勤続1月未満の者は10万円未満が43.8％と解決金額がかなり低く、勤続10年以上になると50万円以上が34.4％とかなり多いが、勤続年数と解決金の間には統計学的にも有意な相関関係が認められる。細かく見ていくと、平均値で見ると、勤続1か月未満では150,577円、勤続1か月-1年未満では241,504円、勤続1-5年未満では263,694円、勤続5-10年未満では261,049円、勤続10年以上では549,535円、中央値で見ると、勤続1か月未満では100,000円、勤続1か月-1年未満では150,000円、勤続1-5年未満では160,000円、勤続5-10年未満では163,298円、勤続10年以上では291,000円と、おおむね勤続年数に応じて解決金額が高まっている。ただし、勤続年数の増加率に対して解決金額の増加率は極めて小さく、10倍長く勤続しても2倍にもならない。

　労働審判においても、勤続年数が長くなるほど解決金額が高くなるという正の相関関係が確認された。平均値で見ると、勤続1か月未満では706,306円、勤続1か月-1年未満では1,634,715円、勤続1-5年未満では1,505,610円、勤続5-10年未満では3,016,127円、勤続10年以上では5,020,102円、中央値で見ると、勤続1か月未満では500,000円、勤続1か月-1年未満では998,934円、勤続1-5年未満では

1,000,000円、勤続5-10年未満では2,000,000円、勤続10年以上では2,580,000円と、若干不規則はあるがおおむね勤続年数に応じて解決金額が高まっている。労働局あっせんに比べると、勤続年数の増加率に対する解決金額の増加率は若干高めであり、10倍長く勤続すると解決金額は2倍を超える。

裁判上の和解では、解決金と勤続年数との間に有意な相関関係は存在しない。平均値で見ると、勤続1か月-1年未満では1,945,408円、勤続1-5年未満では4,742,895円、勤続5-10年未満では5,039,662円、勤続10年以上では5,610,154円、中央値で見ると、勤続1か月-1年未満では800,000円、勤続1-5年未満では2,500,000円、勤続5-10年未満では3,065,000円、勤続10年以上では2,900,000円と、1年未満の短期勤続者は比較的低額(といっても相当の高額ではあるが)で解決しているが、1年以上勤続者については勤続年数との関係はなく、50万円から1000万円にかけて高原状に分布している。

表9-4-1 勤続年数別に見た解決金額(あっせん2012年度)

	1月未満	1月-1年未満	1-5年未満	5-10年未満	10年以上	計
1-5万円未満	6 (18.8%)	11 (10.8%)	11 (13.4%)	3 (6.8%)	2 (6.2%)	33 (11.3%)
5万-10万円未満	8 (25.0%)	17 (16.7%)	9 (11.0%)	3 (6.8%)	5 (15.6%)	42 (14.4%)
10万-20万円未満	8 (25.0%)	29 (28.4%)	23 (28.0%)	18 (40.9%)	6 (18.8%)	84 (28.8%)
20万-30万円未満	5 (15.6%)	17 (16.7%)	10 (12.2%)	9 (20.5%)	4 (12.5%)	45 (15.4%)
30万-40万円未満	3 (9.4%)	11 (10.8%)	9 (11.0%)	6 (13.6%)	2 (6.2%)	31 (10.6%)
40万-50万円未満	1 (3.1%)	5 (4.9%)	7 (8.5%)	-	2 (6.2%)	15 (5.1%)
50万-100万円未満	1 (3.1%)	7 (6.9%)	9 (11.0%)	3 (6.8%)	5 (15.6%)	25 (8.6%)
100万-200万円未満	-	5 (4.9%)	4 (4.9%)	1 (2.3%)	5 (15.6%)	15 (5.1%)
200万-300万円未満	-	-	-	1 (2.3%)	1 (3.1%)	2 (0.7%)
300万-500万円未満	-	-	-	-	-	-
500万-1000万円未満	-	-	-	-	-	-
1000万-2000万円未満	-	-	-	-	-	-
2000万以上	-	-	-	-	-	-
計	32 (100.0%)	102 (100.0%)	82 (100.0%)	44 (100.0%)	32 (100.0%)	292 (100.0%)

表9-4-2　勤続年数別に見た解決金額（労働審判）

	1月未満	1月-1年未満	1-5年未満	5-10年未満	10年以上	計
1-5万円未満	-	-	-	-	-	-
5万-10万円未満	-	5(3.8%)	6(4.0%)	-	-	11(2.5%)
10万-20万円未満	3(17.6%)	5(3.8%)	4(2.6%)	-	1(1.5%)	13(3.0%)
20万-30万円未満	2(11.8%)	12(9.2%)	7(4.6%)	1(1.5%)	-	22(5.1%)
30万-40万円未満	1(5.9%)	1(0.8%)	8(5.3%)	5(7.5%)	2(2.9%)	17(3.9%)
40万-50万円未満	1(5.9%)	7(5.3%)	6(4.0%)	1(1.5%)	3(4.4%)	18(4.1%)
50万-100万円未満	4(23.5%)	36(27.5%)	43(28.5%)	14(20.9%)	6(8.8%)	103(23.7%)
100万-200万円未満	6(35.3%)	42(32.1%)	44(29.1%)	10(14.9%)	15(22.1%)	117(27.0%)
200万-300万円未満	-	10(7.6%)	13(8.6%)	13(19.4%)	9(13.2%)	45(10.4%)
300万-500万円未満	-	6(4.6%)	15(9.9%)	8(11.9%)	13(19.1%)	42(9.7%)
500万-1000万円未満	-	4(3.1%)	3(2.0%)	11(16.4%)	9(13.2%)	27(6.2%)
1000万-2000万円未満	-	1(0.8%)	2(1.3%)	4(6.0%)	7(10.3%)	14(3.2%)
2000万円以上	-	2(1.5%)	-	-	3(4.4%)	5(1.2%)
計	17 (100.0%)	131 (100.0%)	151 (100.0%)	67 (100.0%)	68 (100.0%)	434 (100.0%)

表9-4-3　勤続年数別に見た解決金額（和解）

	1月未満	1月-1年未満	1-5年未満	5-10年未満	10年以上	計
1-5万円未満	-	-	-	-	-	-
5万-10万円未満	-	-	1(1.6%)	-	-	1(0.6%)
10万-20万円未満	2 (100.0%)	5(16.7%)	2(3.2%)	-	1(2.0%)	10(5.8%)
20万-30万円未満	-	1(3.3%)	-	-	-	1(0.6%)
30万-40万円未満	-	2(6.7%)	1(1.6%)	-	-	3(1.7%)
40万-50万円未満	-	1(3.3%)	2(3.2%)	1(3.6%)	-	4(2.3%)
50万-100万円未満	-	7(23.3%)	8(12.7%)	2(7.1%)	8(16.0%)	25(14.5%)
100万-200万円未満	-	4(13.3%)	15(23.8%)	8(28.6%)	9(18.0%)	36(20.8%)
200万-300万円未満	-	5(16.7%)	5(7.9%)	3(10.7%)	8(16.0%)	21(12.1%)
300万-500万円未満	-	1(3.3%)	14(22.2%)	4(14.3%)	8(16.0%)	27(15.6%)
500万-1000万円未満	-	3(10.0%)	8(12.7%)	6(21.4%)	9(18.0%)	26(15.0%)
1000万-2000万円未満	-	1(3.3%)	3(4.8%)	3(10.7%)	2(4.0%)	9(5.2%)
2000万円以上	-	-	4(6.3%)	1(3.6%)	5(10.0%)	10(5.8%)
計	2 (100.0%)	30 (100.0%)	63 (100.0%)	28 (100.0%)	50 (100.0%)	173 (100.0%)

（5）役職別に見た解決金額

　役職別に見ると、どの労働紛争解決制度においても役職なしが圧倒的多数を占めているので、あまり有意な結果は得られないが、特に労働審判や裁判上の和解においては、少ない役職者が相対的に高額の解決金額の方に分布している

第2部　労働局あっせん、労働審判及び裁判上の和解における雇用紛争事案の比較分析

ことは確かである。

表9-5-1　役職別に見た解決金額（あっせん2012年度）

	役職なし	係長・監督級	課長・店長級	計
1-5万円未満	38 (12.8%)	-	-	38 (12.1%)
5万-10万円未満	40 (13.4%)	2 (18.2%)	-	42 (13.4%)
10万-20万円未満	89 (29.9%)	-	-	89 (28.4%)
20万-30万円未満	43 (14.4%)	3 (27.3%)	1 (25.0%)	47 (15.0%)
30万-40万円未満	31 (10.4%)	-	1 (25.0%)	32 (10.2%)
40万-50万円未満	16 (5.4%)	-	1 (25.0%)	17 (5.4%)
50万-100万円未満	27 (9.1%)	2 (18.2%)	-	29 (9.3%)
100万-200万円未満	13 (4.4%)	3 (27.3%)	1 (25.0%)	17 (5.4%)
200万-300万円未満	1 (0.3%)	1 (9.1%)	-	2 (0.6%)
300万-500万円未満	-	-	-	-
500万-1000万円未満	-	-	-	-
1000万-2000万円未満	-	-	-	-
2000万円以上	-	-	-	-
計	298 (100.0%)	11 (100.0%)	4 (100.0%)	313 (100.0%)

表9-5-2　役職別に見た解決金額（労働審判）

	役職なし	係長・監督級	課長・店長級	部長・工場長級	役員級	計
1-5万円未満	-	-	-	-	-	-
5万-10万円未満	11 (2.9%)	-	-	-	-	11 (2.5%)
10万-20万円未満	13 (3.4%)	-	-	-	-	13 (3.0%)
20万-30万円未満	22 (5.8%)	-	-	-	-	22 (5.1%)
30万-40万円未満	17 (4.5%)	-	-	-	-	17 (3.9%)
40万-50万円未満	16 (4.2%)	-	-	1 (5.3%)	1 (12.5%)	18 (4.1%)
50万-100万円未満	99 (25.9%)	-	2 (12.5%)	1 (5.3%)	1 (12.5%)	103 (23.7%)
100万-200万円未満	103 (27.0%)	3 (33.3%)	5 (31.3%)	6 (31.6%)	-	117 (27.0%)
200万-300万円未満	37 (9.7%)	2 (22.2%)	1 (6.3%)	3 (15.8%)	2 (25.0%)	45 (10.4%)
300万-500万円未満	34 (8.9%)	1 (11.1%)	4 (25.0%)	2 (10.5%)	1 (12.5%)	42 (9.7%)
500万-1000万円未満	19 (5.0%)	1 (11.1%)	2 (12.5%)	4 (21.1%)	1 (12.5%)	27 (6.2%)
1000万-2000万円未満	10 (2.6%)	-	1 (6.3%)	2 (10.5%)	1 (12.5%)	14 (3.2%)
2000万円以上	1 (0.3%)	2 (22.2%)	1 (6.3%)	-	1 (12.5%)	5 (1.2%)
計	382 (100.0%)	9 (100.0%)	16 (100.0%)	19 (100.0%)	8 (100.0%)	434 (100.0%)

表9-5-3　役職別に見た解決金額（和解）

	役職なし	係長・監督級	課長・店長級	部長・工場長級	役員級	計
1-5万円未満	-	-	-	-	-	-
5万-10万円未満	1(0.7%)	-	-	-	-	1(0.6%)
10万-20万円未満	10(7.5%)	-	-	-	-	10(5.7%)
20万-30万円未満	1(0.7%)	-	-	-	-	1(0.6%)
30万-40万円未満	3(2.2%)	-	-	-	-	3(1.7%)
40万-50万円未満	4(3.0%)	-	-	-	-	4(2.3%)
50万-100万円未満	22(16.4%)	-	2(15.4%)	1(5.9%)	-	25(14.4%)
100万-200万円未満	27(20.1%)	-	2(15.4%)	7(41.2%)	-	36(20.7%)
200万-300万円未満	16(11.9%)	-	-	2(11.8%)	3(42.9%)	21(12.1%)
300万-500万円未満	22(16.4%)	2(66.7%)	1(7.7%)	1(5.9%)	1(14.3%)	27(15.5%)
500万-1000万円未満	14(10.4%)	1(33.3%)	6(46.2%)	5(29.4%)	1(14.3%)	27(15.5%)
1000万-2000万円未満	6(4.5%)	-	1(7.7%)	-	2(28.6%)	9(5.2%)
2000万円以上	8(6.0%)	-	1(7.7%)	1(5.9%)	-	10(5.7%)
計	134 (100.0%)	3 (100.0%)	13 (100.0%)	17 (100.0%)	7 (100.0%)	174 (100.0%)

（6）賃金月額別に見た解決金額

　賃金月額と解決金額は常識的に見て密接な比例関係にあると考えられ、実際統計学的に正の相関関係は認められるが、その分布はかなり散らばりがある。まず労働局あっせんについてみると、平均値では月収10万円未満が125,632円、10-20万円未満が222,556円、20-50万円未満が383,110円、中央値では月収10万円未満が143,812円、10-20万円未満が150,000円、20-50万円未満が200,000円である。

　次に労働審判についてみると、平均値では月収10万円未満が367,730円、月収10-20万円未満が782,122円、月収20-50万円未満が1,822,010円、月収50-100万円未満が6,097,543円、月収100万円以上が8,158,704円、中央値では月収10万円未満が300,000円、月収10-20万円未満が600,000円、月収20-50万円未満が1,200,000円、月収50-100万円未満が4,000,500円、月収100万円以上が6,000,000円である。この月収別解決金額中央値の数値は、きれいに並んでいる。

　さらに裁判上の和解についてみると、平均値では月収10万円未満が1,086,582円、月収10-20万円未満が2,334,956円、月収20-50万円未満が3,349,966円、月収50-100万円未満が5,692,273円、月収100万円以上が17,864,251円、中央値では月収10万円未満が600,000円、月収10-20万円未

満が807,190円、月収20-50万円未満が2,000,000円、月収50-100万円未満が4,300,000円、月収100万円以上が10,000,000円である。

　このようにいずれの労働紛争解決制度においても賃金月額と解決金額の間にはかなり明確な比例関係は存在するが、同時に各表から窺われるように同じ月収の者であってもその解決金額に相当の散らばりが存在することも明らかである。言い換えれば、その賃金月額に比して相対的に低い解決金額にとどまっているものから、相対的に高い解決金額を得ているものまでさまざまであると言うことを意味する。これらの状況を明らかにするためには、各労働者ごとに、解決金額を賃金月額で除して得た数値、すなわち解決金額が月収何か月分に相当するかを分析することが有用であろうと思われる。この分析は、次の第10節で行う。

表9-6-1　賃金月額別に見た解決金額（あっせん2012年度）（表頭が賃金月額）

	10万円未満	10-20万円未満	20-50万円未満	50-100万円未満	100万円以上	計
1-5万円未満	8 (25.0%)	13 (10.5%)	6 (5.6%)	-	-	27 (10.3%)
5万-10万円未満	2 (6.3%)	20 (16.1%)	13 (12.1%)	-	-	35 (13.3%)
10万-20万円未満	16 (50.0%)	38 (30.6%)	25 (23.4%)	-	-	79 (30.0%)
20万-30万円未満	6 (18.8%)	19 (15.3%)	15 (14.0%)	-	-	40 (15.2%)
30万-40万円未満	-	12 (9.7%)	14 (13.1%)	-	-	26 (9.9%)
40万-50万円未満	-	9 (7.3%)	6 (5.6%)	-	-	15 (5.7%)
50万-100万円未満	-	9 (7.3%)	16 (15.0%)	-	-	25 (9.5%)
100万-200万円未満	-	4 (3.2%)	12 (11.2%)	-	-	16 (6.1%)
200万-300万円未満	-	-	-	-	-	
300万-500万円未満	-	-	-	-	-	
500万-1000万円未満	-	-	-	-	-	
1000万-2000万円未満	-	-	-	-	-	
2000万円以上	-	-	-	-	-	
計	32 (100.0%)	124 (100.0%)	107 (100.0%)	-	-	263 (100.0%)

表9-6-2 賃金月額別に見た解決金額（労働審判）（表頭が賃金月額）

	10万円未満	10-20万円未満	20-50万円未満	50-100万円未満	100万以上	計
1-5万円未満	-	-	-	-	-	-
5万-10万円未満	3(15.0%)	5(6.8%)	3(1.1%)		-	11(2.5%)
10万-20万円未満	3(15.0%)	4(5.5%)	5(1.8%)	1(1.8%)	-	13(3.0%)
20万-30万円未満	3(15.0%)	7(9.6%)	11(4.0%)	1(1.8%)	-	22(5.1%)
30万-40万円未満	4(20.0%)	4(5.5%)	9(3.3%)		-	17(3.9%)
40万-50万円未満	4(20.0%)	4(5.5%)	8(2.9%)	2(3.6%)	-	18(4.1%)
50万-100万円未満	1(5.0%)	33(45.2%)	65(23.7%)	4(7.3%)	-	103(23.7%)
100万-200万円未満	2(10.0%)	9(12.3%)	99(36.1%)	7(12.7%)	-	117(27.0%)
200万-300万円未満	-	6(8.2%)	30(10.9%)	7(12.7%)	2(16.7%)	45(10.4%)
300万-500万円未満	-	1(1.4%)	28(10.2%)	10(18.2%)	3(25.0%)	42(9.7%)
500万-1000万円未満	-	-	11(4.0%)	12(21.8%)	4(33.3%)	27(6.2%)
1000万-2000万円未満	-	-	4(1.5%)	8(14.5%)	2(16.7%)	14(3.2%)
2000万円以上	-	-	1(0.4%)	3(5.5%)	1(8.3%)	5(1.2%)
計	20 (100.0%)	73 (100.0%)	274 (100.0%)	55 (100.0%)	12 (100.0%)	434 (100.0%)

表9-6-3 賃金月額別に見た解決金額（和解）（表頭が賃金月額）

	10万円未満	10-20万円未満	20-50万円未満	50-100万円未満	100万以上	計
1-5万円未満	-	-	-	-	-	-
5万-10万円未満	-	-	1(0.9%)	-	-	1(0.6%)
10万-20万円未満	-	3(21.4%)	5(4.4%)	2(6.1%)	-	10(5.7%)
20万-30万円未満	-	1(7.1%)	-	-	-	1(0.6%)
30万-40万円未満	-	-	3(2.6%)	-	-	3(1.7%)
40万-50万円未満	-	1(7.1%)	3(2.6%)	-	-	4(2.3%)
50万-100万円未満	2(66.7%)	3(21.4%)	19(16.7%)	1(3.0%)	-	25(14.4%)
100万-200万円未満	-	3(21.4%)	25(21.9%)	6(18.2%)	2(20.0%)	36(20.7%)
200万-300万円未満	1(33.3%)	1(7.1%)	15(13.2%)	4(12.1%)	-	21(12.1%)
300万-500万円未満	-	1(7.1%)	22(19.3%)	4(12.1%)	-	27(15.5%)
500万-1000万円未満	-	-	14(12.3%)	11(33.3%)	2(20.0%)	27(15.5%)
1000万-2000万円未満	-	-	4(3.5%)	3(9.1%)	2(20.0%)	9(5.2%)
2000万円以上	-	1(7.1%)	3(2.6%)	2(6.1%)	4(40.0%)	10(5.7%)
計	3 (100.0%)	14 (100.0%)	114 (100.0%)	33 (100.0%)	10 (100.0%)	174 (100.0%)

（7）企業規模別に見た解決金額

　企業規模については、2（1）で見たように、労働審判や裁判上の和解においては従業員数不明の事案が多く、厳密な分析には耐えられないが、それを前提とした上で参考数値として比較分析すると、いくつか興味深い状況が観

察できる。

　まず従業員数データの分布が信頼しうる労働局あっせんについて見ると、大企業になるほど高額で解決しているのではないかという予測は必ずしも正しくないことがわかる。どの規模で見ても10万-20万円未満が最も多くなっており、両側への分布状況もほとんど変わらない。さらに、平均値で見ても、30人未満が282,188円、30-100人未満が318,141円、100-300人未満が199,608円、300-1000人未満が202,401円、1000人以上が234,765円と、100人以上企業の方が相当に低くなっているし、中央値で見ても、30人未満が150,000円、30-100人未満が204,750円、100-300人未満が180,000円、300-1000人未満が140,000円、1000人以上が160,000円と、やはり大規模の方が相対的に低くなっている。

　これは企業規模データが分かるのが全体の3分の1に留まる労働審判でも同様で、企業規模と解決金額の間には相関関係は存在しない。中規模企業に若干高額解決者が多いようにも見えるが、傾向性を導き出すことは不可能であろう。なお、裁判上の和解は企業規模データがさらに限られているが、傾向性を見出すことができないことだけは確かである。

表9-7-1　企業規模別に見た解決金額（あっせん2012年度）

	1-29人	30-99人	100-299人	300-999人	1000人-	計
1-5万円未満	17 (13.6%)	5 (8.3%)	6 (17.1%)	1 (3.8%)	6 (17.1%)	35 (12.5%)
5万-10万円未満	15 (12.0%)	7 (11.7%)	4 (11.4%)	7 (26.9%)	4 (11.4%)	37 (13.2%)
10万-20万円未満	37 (29.6%)	15 (25.0%)	8 (22.9%)	10 (38.5%)	9 (25.7%)	79 (28.1%)
20万-30万円未満	17 (13.6%)	9 (15.0%)	8 (22.9%)	3 (11.5%)	5 (14.3%)	42 (14.9%)
30万-40万円未満	11 (8.8%)	8 (13.3%)	5 (14.3%)	2 (7.7%)	4 (11.4%)	30 (10.7%)
40万-50万円未満	8 (6.4%)	5 (8.3%)	1 (2.9%)	-	3 (8.6%)	17 (6.0%)
50万-100万円未満	12 (9.6%)	6 (10.0%)	3 (8.6%)	2 (7.7%)	3 (8.6%)	26 (9.3%)
100万-200万円未満	8 (6.4%)	5 (8.3%)	-	1 (3.8%)	1 (2.9%)	15 (5.3%)
200万-300万円未満	-	-	-	-	-	-
300万-500万円未満	-	-	-	-	-	-
500万-1000万円未満	-	-	-	-	-	-
1000万-2000万円未満	-	-	-	-	-	-
2000万円以上	-	-	-	-	-	-
計	125 (100.0%)	60 (100.0%)	35 (100.0%)	26 (100.0%)	35 (100.0%)	281 (100.0%)

表9-7-2　企業規模別に見た解決金額（労働審判）

	1-29人	30-99人	100-299人	300-999人	1000人-	計
1-5万円未満	-	-	-	-	-	-
5万-10万円未満	-	-	-	-	1(9.1%)	1(0.7%)
10万-20万円未満	1(1.6%)	-	-	-	-	1(0.7%)
20万-30万円未満	2(3.1%)	2(5.9%)	1(5.9%)	1(6.2%)	1(9.1%)	7(4.9%)
30万-40万円未満	5(7.8%)	-	-	1(6.2%)	1(9.1%)	7(4.9%)
40万-50万円未満	1(1.6%)	1(2.9%)	-	1(6.2%)	-	3(2.1%)
50万-100万円未満	19(29.7%)	6(17.6%)	3(17.6%)	4(25.0%)	2(18.2%)	34(23.9%)
100万-200万円未満	19(29.7%)	7(20.6%)	5(29.4%)	6(37.5%)	2(18.2%)	39(27.5%)
200万-300万円未満	7(10.9%)	3(8.8%)	2(11.8%)	-	2(18.2%)	14(9.9%)
300万-500万円未満	6(9.4%)	6(17.6%)	2(11.8%)	-	2(18.2%)	16(11.3%)
500万-1000万円未満	4(6.2%)	5(14.7%)	2(11.8%)	1(6.2%)	-	12(8.5%)
1000万-2000万円未満	-	3(8.8%)	2(11.8%)	1(6.2%)	-	6(4.2%)
2000万円以上	-	1(2.9%)	-	1(6.2%)	-	2(1.4%)
計	64(100.0%)	34(100.0%)	17(100.0%)	16(100.0%)	11(100.0%)	142(100.0%)

表9-7-3　企業規模別に見た解決金額（和解）

	1-29人	30-99人	100-299人	300-999人	1000人-	計
1-5万円未満	-	-	-	-	-	-
5万-10万円未満	-	-	-	-	-	-
10万-20万円未満	-	-	-	-	2(28.6%)	2(4.9%)
20万-30万円未満	-	-	-	-	-	-
30万-40万円未満	1(7.1%)	-	-	-	-	1(2.4%)
40万-50万円未満	-	-	-	-	1(14.3%)	1(2.4%)
50万-100万円未満	1(7.1%)	1(12.5%)	1(14.3%)	1(20.0%)	-	4(9.8%)
100万-200万円未満	5(35.7%)	-	4(57.1%)	2(40.0%)	1(14.3%)	12(29.3%)
200万-300万円未満	4(28.6%)	2(25.0%)	1(14.3%)	1(20.0%)	-	8(19.5%)
300万-500万円未満	2(14.3%)	3(37.5%)	1(14.3%)	-	2(28.6%)	8(19.5%)
500万-1000万円未満	1(7.1%)	2(25.0%)	-	-	1(14.3%)	4(9.8%)
1000万-2000万円未満	-	-	-	1(20.0%)	-	1(2.4%)
2000万円以上	-	-	-	-	-	-
計	14(100.0%)	8(100.0%)	7(100.0%)	5(100.0%)	7(100.0%)	41(100.0%)

（8）解決期間別に見た解決金額

　一般的には事案が発生してから解決するまでの期間が長ければ長いほど解決金額が高くなるのではないかと予想されるが、労働局あっせん、労働審判、和解のいずれについても、そのような傾向性は認められなかった。もちろん、

第2部 労働局あっせん、労働審判及び裁判上の和解における雇用紛争事案の比較分析

労働局あっせんは比較的短期間に比較的低額での解決に至る傾向があり、和解は比較的長期間に比較的高額での解決に至る傾向があり、労働審判はいずれにおいてもその中間に位置するのであるが、それぞれの労働紛争解決制度内部で個別事案をクロス分析する限り、解決期間と解決金額の間に有意な相関関係は確認されなかった。

たとえば労働局あっせんの場合、平均値で見ても解決期間2月未満で272,130円、2-3月未満で281,761円、3-6月未満で284,883円、中央値で見ても2月未満で150,000円、2-3月未満で150,000円、3-6月未満で200,000円である。また労働審判の場合、平均値で見ても2-3月未満で2,712,985円、3-6月未満で2,667,348円、6-12月未満で1,871,089円、中央値で見ても2-3月未満で1,180,000円、3-6月未満で1,200,000円、6-12月未満で1,025,000円である。さらに裁判上の和解の場合、平均値で見ても6-12月未満で3,886,816円、12-24月未満で4,655,790円、24月以上で4,337,540円、中央値で見ても6-12月未満で2,202,714円、12-24月未満で2,000,000円、24月以上で2,842,800円となっている。

表9-8-1 解決期間と解決金額（あっせん2012年度）

	2月未満	2-3月未満	3-6月未満	6-12月未満	12-24月未満	24月以上	計
1-5万円未満	12 (10.2%)	13 (14.6%)	7 (9.1%)	4 (26.7%)	2 (28.6%)	-	38 (12.4%)
5万-10万円未満	20 (16.9%)	9 (10.1%)	8 (10.4%)	2 (13.3%)	2 (28.6%)	-	41 (13.4%)
10万-20万円未満	38 (32.2%)	25 (28.1%)	23 (29.9%)	2 (13.3%)	-	-	88 (28.7%)
20万-30万円未満	17 (14.4%)	14 (15.7%)	15 (19.5%)	-	-	-	46 (15.0%)
30万-40万円未満	8 (6.8%)	12 (13.5%)	7 (9.1%)	4 (26.7%)	-	1 (100.0%)	32 (10.4%)
40万-50万円未満	6 (5.1%)	5 (5.6%)	4 (5.2%)	-	1 (14.3%)	-	16 (5.2%)
50万-100万円未満	10 (8.5%)	6 (6.7%)	8 (10.4%)	2 (13.3%)	1 (14.3%)	-	27 (8.8%)
100万-200万円未満	6 (5.1%)	4 (4.5%)	5 (6.5%)	1 (6.7%)	1 (14.3%)	-	17 (5.5%)
200万-300万円未満	1 (0.8%)	1 (1.1%)	-	-	-	-	2 (0.7%)
300万-500万円未満	-	-	-	-	-	-	-
500万-1000万円未満	-	-	-	-	-	-	-
1000万-2000万円未満	-	-	-	-	-	-	-
2000万円以上	-	-	-	-	-	-	-
計	118 (100.0%)	89 (100.0%)	77 (100.0%)	15 (100.0%)	7 (100.0%)	1 (100.0%)	307 (100.0%)

表9-8-2　解決期間と解決金額（労働審判）

	2月未満	2-3月未満	3-6月未満	6-12月未満	12-24月未満	24月以上	計
1-5万円未満	-	-	-	-	-	-	-
5万-10万円未満	1(12.5%)	2(3.9%)	3(1.5%)	5(3.2%)	-	-	11(2.5%)
10万-20万円未満	-	2(3.9%)	5(2.5%)	3(1.9%)	3(17.6%)	-	13(3.0%)
20万-30万円未満	-	1(2.0%)	9(4.5%)	10(6.4%)	1(5.9%)	1(33.3%)	22(5.1%)
30万-40万円未満	1(12.5%)	1(2.0%)	7(3.5%)	8(5.1%)	-	-	17(3.9%)
40万-50万円未満	-	3(5.9%)	6(3.0%)	8(5.1%)	1(5.9%)	-	18(4.1%)
50万-100万円未満	4(50.0%)	8(15.7%)	51(25.8%)	37(23.6%)	2(11.8%)	1(33.3%)	103(23.7%)
100万-200万円未満	2(25.0%)	18(35.3%)	52(26.3%)	37(23.6%)	7(41.2%)	1(33.3%)	117(27.0%)
200万-300万円未満	-	4(7.8%)	17(8.6%)	24(15.3%)	-	-	45(10.4%)
300万-500万円未満	-	8(15.7%)	17(8.6%)	15(9.6%)	2(11.8%)	-	42(9.7%)
500万-1000万円未満	-	1(2.0%)	20(10.1%)	6(3.8%)	-	-	27(6.2%)
1000万-2000万円未満	-	1(2.0%)	9(4.5%)	3(1.9%)	1(5.9%)	-	14(3.2%)
2000万円以上	-	2(3.9%)	2(1.0%)	1(0.6%)	-	-	5(1.2%)
計	8 (100.0%)	51 (100.0%)	198 (100.0%)	157 (100.0%)	17 (100.0%)	3 (100.0%)	434 (100.0%)

表9-8-3　解決期間と解決金額（和解）

	2月未満	2-3月未満	3-6月未満	6-12月未満	12-24月未満	24月以上	計
1-5万円未満	-	-	-	-	-	-	-
5万-10万円未満	-	-	-	-	1(1.4%)	-	1(0.6%)
10万-20万円未満	-	-	1(8.3%)	2(3.6%)	2(2.8%)	5(15.2%)	10(5.8%)
20万-30万円未満	-	-	-	1(1.8%)	-	-	1(0.6%)
30万-40万円未満	-	-	-	-	3(4.2%)	-	3(1.7%)
40万-50万円未満	-	-	-	2(3.6%)	1(1.4%)	1(3.0%)	4(2.3%)
50万-100万円未満	-	1(50.0%)	4(33.3%)	5(9.1%)	11(15.5%)	4(12.1%)	25(14.5%)
100万-200万円未満	-	-	1(8.3%)	17(30.9%)	15(21.1%)	3(9.1%)	36(20.8%)
200万-300万円未満	-	-	-	7(12.7%)	10(14.1%)	4(12.1%)	21(12.1%)
300万-500万円未満	-	-	2(16.7%)	8(14.5%)	12(16.9%)	5(15.2%)	27(15.6%)
500万-1000万円未満	-	-	3(25.0%)	8(14.5%)	8(11.3%)	7(21.2%)	26(15.0%)
1000万-2000万円未満	-	-	1(8.3%)	3(5.5%)	2(2.8%)	3(9.1%)	9(5.2%)
2000万円以上	-	1(50.0%)	-	2(3.6%)	6(8.5%)	1(3.0%)	10(5.8%)
計	-	2 (100.0%)	12 (100.0%)	55 (100.0%)	71 (100.0%)	33 (100.0%)	173 (100.0%)

（9）労働審判終了区分と解決金額

　本研究の対象となる労働紛争解決制度のうち、労働局あっせんと裁判上の和解についてはその解決金額はすべて労使当事者双方の合意によるものであるが、労働審判については一部合意によるものではなく労働審判委員会の審

判によるものが含まれている。そこで、労働審判についてのみ、調停による解決金額と審判による解決金額の間に何らかの差が見られるかを検証する。

結論から言えば、そのような格差はまったく見出し得ない。平均値で見ても調停の場合が2,307,569円、審判の場合が2,161,262円、中央値で見ても調停の場合が1,100,000円、審判の場合が1,000,000円であり、低額や高額への分布状況も類似している。

表9-9　終了区分別に見た解決金額（労働審判）

	調停	審判	計
1-5万円未満	-	-	-
5万-10万円未満	9（2.2%）	2（6.5%）	11（2.5%）
10万-20万円未満	13（3.2%）	-	13（3.0%）
20万-30万円未満	18（4.5%）	4（12.9%）	22（5.1%）
30万-40万円未満	16（4.0%）	1（3.2%）	17（3.9%）
40万-50万円未満	18（4.5%）	-	18（4.1%）
50万-100万円未満	96（23.8%）	7（22.6%）	103（23.7%）
100万-200万円未満	110（27.3%）	7（22.6%）	117（27.0%）
200万-300万円未満	39（9.7%）	6（19.4%）	45（10.4%）
300万-500万円未満	42（10.4%）	-	42（9.7%）
500万-1000万円未満	24（6.0%）	3（9.7%）	27（6.2%）
1000万-2000万円未満	13（3.2%）	1（3.2%）	14（3.2%）
2000万円以上	5（1.2%）	-	5（1.2%）
計	403（100.0%）	31（100.0%）	434（100.0%）

（10）弁護士又は社会保険労務士の利用と解決金額

弁護士や社会保険労務士といった専門職の利用状況と解決金額の関係については、労働局あっせんでは大部分が双方利用せずであり、労働審判と裁判上の和解では大部分が双方利用ありであるため、余り有意味な結果は見いだせない。

表9-10-1 社会保険労務士の利用状況別に見た解決金額（あっせん2012年度）

	労使双方	労働者側	使用者側	双方なし	計
1-5万円未満	-	-	3 (7.9%)	35 (12.8%)	38 (12.1%)
5万-10万円未満	-	-	5 (13.2%)	37 (13.6%)	42 (13.4%)
10万-20万円未満	-	-	11 (28.9%)	78 (28.6%)	89 (28.4%)
20万-30万円未満	-	-	1 (2.6%)	46 (16.8%)	47 (15.0%)
30万-40万円未満	-	1 (50.0%)	3 (7.9%)	28 (10.3%)	32 (10.2%)
40万-50万円未満	-	-	5 (13.2%)	12 (4.4%)	17 (5.4%)
50万-100万円未満	-	1 (50.0%)	5 (13.2%)	23 (8.4%)	29 (9.3%)
100万-200万円未満	-	-	5 (13.2%)	12 (4.4%)	17 (5.4%)
200万-300万円未満	-	-	-	2 (0.7%)	2 (0.6%)
300万-500万円未満	-	-	-	-	-
500万-1000万円未満	-	-	-	-	-
1000万-2000万円未満	-	-	-	-	-
2000万円以上	-	-	-	-	-
計	-	2 (100.0%)	38 (100.0%)	273 (100.0%)	313 (100.0%)

表9-10-2 弁護士の利用状況別に見た解決金額（あっせん2012年度）

	労使双方	労働者側	使用者側	双方なし	計
1-5万円未満	-	-	-	38 (13.2%)	38 (12.1%)
5万-10万円未満	-	-	-	42 (14.6%)	42 (13.4%)
10万-20万円未満	-	-	5 (21.7%)	84 (29.2%)	89 (28.4%)
20万-30万円未満	-	-	5 (21.7%)	42 (14.6%)	47 (15.0%)
30万-40万円未満	-	1 (50.0%)	5 (21.7%)	26 (9.0%)	32 (10.2%)
40万-50万円未満	-	1 (50.0%)	1 (4.3%)	15 (5.2%)	17 (5.4%)
50万-100万円未満	-	-	3 (13.0%)	26 (9.0%)	29 (9.3%)
100万-200万円未満	-	-	4 (17.4%)	13 (4.5%)	17 (5.4%)
200万-300万円未満	-	-	-	2 (0.7%)	2 (0.6%)
300万-500万円未満	-	-	-	-	-
500万-1000万円未満	-	-	-	-	-
1000万-2000万円未満	-	-	-	-	-
2000万円以上	-	-	-	-	-
計	-	2 (100.0%)	23 (100.0%)	288 (100.0%)	313 (100.0%)

表9-10-3　弁護士の利用状況別に見た解決金額（労働審判）

	労使双方	労働者側	使用者側	双方なし	計
1-5万円未満	-	-	-	-	-
5万-10万円未満	7(1.8%)	-	3(8.1%)	1(33.3%)	11(2.5%)
10万-20万円未満	10(2.6%)	-	3(8.1%)	-	13(3.0%)
20万-30万円未満	17(4.4%)	-	5(13.5%)	-	22(5.1%)
30万-40万円未満	16(4.1%)	-	1(2.7%)	-	17(3.9%)
40万-50万円未満	14(3.6%)	1(12.5%)	3(8.1%)	-	18(4.1%)
50万-100万円未満	85(22.0%)	5(62.5%)	12(32.4%)	1(33.3%)	103(23.7%)
100万-200万円未満	109(28.2%)	-	7(18.9%)	1(33.3%)	117(27.0%)
200万-300万円未満	42(10.9%)	-	3(8.1%)	-	45(10.4%)
300万-500万円未満	41(10.6%)	1(12.5%)	-	-	42(9.7%)
500万-1000万円未満	27(7.0%)	-	-	-	27(6.2%)
1000万-2000万円未満	13(3.4%)	1(12.5%)	-	-	14(3.2%)
2000万円以上	5(1.3%)	-	-	-	5(1.2%)
計	386 (100.0%)	8 (100.0%)	37 (100.0%)	3 (100.0%)	434 (100.0%)

表9-10-4　弁護士の利用状況別に見た解決金額（和解）

	労使双方	労働者側	使用者側	双方なし	計
1-5万円未満	-	-	-	-	-
5万-10万円未満	1(0.6%)	-	-	-	1(0.6%)
10万-20万円未満	8(4.8%)	-	2(28.6%)	-	10(5.7%)
20万-30万円未満	1(0.6%)	-	-	-	1(0.6%)
30万-40万円未満	3(1.8%)	-	-	-	3(1.7%)
40万-50万円未満	4(2.4%)	-	-	-	4(2.3%)
50万-100万円未満	22(13.3%)	1(100.0%)	2(28.6%)	-	25(14.4%)
100万-200万円未満	35(21.1%)	-	1(14.3%)	-	36(20.7%)
200万-300万円未満	21(12.7%)	-	-	-	21(12.1%)
300万-500万円未満	27(16.3%)	-	-	-	27(15.5%)
500万-1000万円未満	26(15.7%)	-	1(14.3%)	-	27(15.5%)
1000万-2000万円未満	8(4.8%)	-	1(14.3%)	-	9(5.2%)
2000万円以上	10(6.0%)	-	-	-	10(5.7%)
計	166 (100.0%)	1 (100.0%)	7 (100.0%)	-	174 (100.0%)

（11）事案内容別に見た解決金額

　事案の内容別（大ぐくり）で解決金額を見ると、労働局あっせんの場合、雇用終了事案のうち解雇事案は解決金額がやや高めであり、いじめ・嫌がらせ事案がやや低めで解決していることがわかる。解雇事案の解決金額の平均

値は345,866円、中央値は200,000円、第1四分位数が100,000円、第3四分位数が400,000円であるのに対し、いじめ・嫌がらせ事案の場合は平均値が243,930円、中央値が150,000円、第1四分位数が69,400円、第3四分位数が300,000円と、はっきりとした違いが見られる。

　労働審判と裁判上の和解については、いじめ・嫌がらせ事案がなく、大部分が雇用終了事案であるので、ここでは残業代請求事案（正確には、雇用終了等主たる紛争に残業代請求を付加した事案）に何らかの特徴があるかを見る。これは、残業代請求が付加された事案ではその分だけ解決金額が高くなり、全体の傾向に影響を与えているのではないかということも想定されるからである。しかし、分布状況を見る限り労働審判でも裁判上の和解でも全体とほぼ同じように分布している。労働審判について全体と比較しつつ見ると、平均値は2,117,028円と全体の2,297,119円より少し低く、中央値は1,300,000円と全体の1,100,000円より若干高く、第1四分位数は700,000円と全体の600,000円より若干高く、第3四分位数は2,425,000円と全体の2,400,000円とほぼ同じである。また裁判上の和解についてみても、平均値は3,678,182円と全体の4,507,660円よりかなり低く、中央値は2,331,873円と全体の2,301,357円とほぼ同じ、第1四分位数は650,000円と全体の900,000円より低めで、第3四分位数は4,562,500円と全体の5,075,000円よりかなり低い。総じて残業代請求を付加したために全体の解決金額が高めに表示されすぎているという状況は見いだせない。

第2部 労働局あっせん、労働審判及び裁判上の和解における雇用紛争事案の比較分析

表9-11-1 事案の内容(大ぐくり)別に見た解決金額(あっせん2012年度)

	雇用終了	うち解雇	いじめ・嫌がらせ	労働条件引下げ	総計
1-5万円未満	26 (10.2%)	3 (3.0%)	14 (15.7%)	3 (10.0%)	38 (12.1%)
5万-10万円未満	31 (12.2%)	9 (9.0%)	13 (14.6%)	4 (13.3%)	42 (13.4%)
10万-20万円未満	73 (28.6%)	36 (36.0%)	21 (23.6%)	10 (33.3%)	89 (28.4%)
20万-30万円未満	41 (16.1%)	15 (15.0%)	18 (20.2%)	5 (16.7%)	47 (15.0%)
30万-40万円未満	27 (10.6%)	10 (10.0%)	8 (9.0%)	-	32 (10.2%)
40万-50万円未満	15 (5.9%)	8 (8.0%)	3 (3.4%)	5 (16.7%)	17 (5.4%)
50万-100万円未満	24 (9.4%)	10 (10.0%)	8 (9.0%)	2 (6.7%)	29 (9.3%)
100万-200万円未満	17 (6.7%)	8 (8.0%)	3 (3.4%)	1 (3.3%)	17 (5.4%)
200万-300万円未満	1 (0.4%)	1 (1.0%)	1 (1.1%)		2 (0.6%)
300万-500万円未満	-	-	-	-	
500万-1000万円未満	-	-	-	-	
1000万-2000万円未満	-	-	-	-	
2000万円以上	-	-	-	-	
計	255 (100.0%)	100 (100.0%)	89 (100.0%)	30 (100.0%)	313 (100.0%)

表9-11-2 事案の内容(大ぐくり)別に見た解決金額(労働審判)

	雇用終了	うち解雇	労働条件引下げ	総計	うち残業代請求も
1-5万円未満	-	-	-	-	-
5万-10万円未満	10 (2.4%)	5 (1.5%)	1 (11.1%)	11 (2.5%)	-
10万-20万円未満	13 (3.1%)	9 (2.7%)	-	13 (3.0%)	1 (1.5%)
20万-30万円未満	21 (5.0%)	11 (3.4%)	1 (11.1%)	22 (5.1%)	2 (3.0%)
30万-40万円未満	17 (4.1%)	12 (3.7%)	-	17 (3.9%)	1 (1.5%)
40万-50万円未満	17 (4.1%)	12 (3.7%)	-	18 (4.1%)	2 (3.0%)
50万-100万円未満	99 (23.8%)	78 (23.8%)	1 (11.1%)	103 (23.7%)	18 (27.3%)
100万-200万円未満	115 (27.6%)	94 (28.7%)	1 (11.1%)	117 (27.0%)	20 (30.3%)
200万-300万円未満	42 (10.1%)	36 (11.0%)	2 (22.2%)	45 (10.4%)	10 (15.2%)
300万-500万円未満	38 (9.1%)	31 (9.5%)	2 (22.2%)	42 (9.7%)	7 (10.6%)
500万-1000万円未満	26 (6.3%)	24 (7.3%)	-	27 (6.2%)	3 (4.5%)
1000万-2000万円未満	13 (3.1%)	13 (4.0%)	1 (11.1%)	14 (3.2%)	1 (1.5%)
2000万円以上	5 (1.2%)	3 (0.9%)	-	5 (1.2%)	1 (1.5%)
計	416 (100.0%)	328 (100.0%)	9 (100.0%)	434 (100.0%)	66 (100.0%)

表9-11-3　事案の内容（大ぐくり）別に見た解決金額（和解）

	雇用終了	うち解雇	労働条件引下げ	総計	うち残業代請求も
1-5万円未満	-	-		-	-
5万-10万円未満	-	-	1 (20.0%)	1 (0.6%)	-
10万-20万円未満	8 (5.0%)	6 (4.7%)	-	10 (5.7%)	6 (20.0%)
20万-30万円未満	1 (0.6%)	-	-	1 (0.6%)	-
30万-40万円未満	3 (1.9%)	3 (2.3%)	-	3 (1.7%)	-
40万-50万円未満	3 (1.9%)	1 (0.8%)	-	4 (2.3%)	-
50万-100万円未満	23 (14.4%)	19 (14.8%)	1 (20.0%)	25 (14.4%)	3 (10.0%)
100万-200万円未満	36 (22.5%)	32 (25.0%)	-	36 (20.7%)	5 (16.7%)
200万-300万円未満	20 (12.5%)	16 (12.5%)	1 (20.0%)	21 (12.1%)	2 (6.7%)
300万-500万円未満	25 (15.6%)	18 (14.1%)	1 (20.0%)	27 (15.5%)	8 (26.7%)
500万-1000万円未満	24 (15.0%)	22 (17.2%)	1 (20.0%)	27 (15.5%)	3 (10.0%)
1000万-2000万円未満	9 (5.6%)	7 (5.5%)	-	9 (5.2%)	3 (10.0%)
2000万円以上	8 (5.0%)	4 (3.1%)	-	10 (5.7%)	-
計	160 (100.0%)	128 (100.0%)	5 (100.0%)	174 (100.0%)	30 (100.0%)

10 月収表示の解決金額

　9(6)で述べたように、いずれの労働紛争解決制度においても賃金月額と解決金額の間にはかなり明確な比例関係は存在するが、同時に同じ月収の者であってもその解決金額に相当の散らばりが存在することも明らかである。言い換えれば、その賃金月額に比して相対的に低い解決金額にとどまっているものから、相対的に高い解決金額を得ているものまでさまざまである。その状況を明らかにするためには、各労働者ごとに、解決金額を賃金月額で除して得た数値、すなわち解決金額が月収何か月分に相当するかを分析することが有用であろうと思われるので、以下本節では月収表示の解決金額について見ていくこととする。

(1) 月収表示の解決金額

　ここではまず、各労働紛争解決制度別に、解決金額が労働者の賃金月額の何か月分に相当する額であるかを「月分」単位で見ていく。労働局あっせんについては、半数近くの43.6％が1か月分未満であることがわかる。平均値は

1.6か月分であるが、中央値は1.1か月分であり、第1四分位数が0.5か月分、第3四分位数が2.1か月分であるということからすれば、解決金は1か月分強を中心に分布しているのがあっせんの実態ということができる。

これに対して労働審判においては、2-3か月分未満から5-6か月分未満までなだらかに分布し、6-9か月分未満も多数存在している。平均値は6.3か月分、中央値は4.4か月分、第1四分位数が2.6か月分、第3四分位数が7.3か月分であるということからすると、4-5か月分を中心にその前後に広く分布しているのが労働審判の実態と言える。

さらに裁判上の和解についてみると、6-9か月分未満から12-24か月分未満の3階層にそれぞれ15-16％と多くが集まっており、さらに高めの解決がされていることが窺われる。平均値は11.3か月分、中央値は6.8か月分、第1四分位数は2.9か月分、第3四分位数は12.9か月分である。労働審判や裁判上の和解の第1四分位数（それぞれ2.6か月分、2.9か月分）が労働局あっせんの第3四分位数（2.1か月分）よりも高い数値であるという点に、これら制度間の違いがよく示されている。

表10-1-1　月収表示の解決金額（あっせん2012年度）

	件数	％
1月分未満	115	43.6
1-2月分未満	71	26.9
2-3月分未満	33	12.5
3-4月分未満	23	8.7
4-5月分未満	9	3.4
5-6月分未満	5	1.9
6-9月分未満	7	2.7
9-12月分未満	1	0.4
12-24月分未満	-	-
24月分以上	-	-
計	264	100.0

表10-1-2　月収表示の解決金額（労働審判）

	件数	%
1月分未満	32	7.4
1-2月分未満	40	9.2
2-3月分未満	57	13.1
3-4月分未満	63	14.5
4-5月分未満	45	10.4
5-6月分未満	46	10.6
6-9月分未満	77	17.7
9-12月分未満	20	4.6
12-24月分未満	37	8.5
24月分以上	17	3.9
計	434	100.0

表10-1-3　月収表示の解決金額（和解）

	件数	%
1月分未満	12	6.9
1-2月分未満	18	10.4
2-3月分未満	14	8.1
3-4月分未満	12	6.9
4-5月分未満	12	6.9
5-6月分未満	7	4.0
6-9月分未満	27	15.6
9-12月分未満	26	15.0
12-24月分未満	29	16.8
24月分以上	16	9.2
計	173	100.0

(2) 性別に見た月収表示の解決金額

　以下、月収表示の解決金額の分布状況をクロス集計で見ていく。

　まず性別との関係である。労働局あっせんについてみると、金額表示では男性の方が高めの解決をしていたが、月表示で見ると、男性の方が低めで、女性の方が高めであることがわかる。もちろんそれは性別賃金月額の格差によるものではあるが、解決金額を賃金月額の何か月分という風に決めているとすれば、その限りで女性の方が高めに解決されているということでもありうる。具体的な指標を見ると、平均値では男性が1.4か月分、女性は1.8か月分、中央値では

男性が0.9か月分、女性が1.4か月分、第1四分位数では男性が0.5か月分、女性は0.6か月分、第3四分位数では男性が1.7か月分、女性は2.4か月分である。

　労働審判の場合、男女間に差はあまり見られないがやや女性が高めの傾向はある。平均値では男性が6.2か月分、女性は6.4か月分、中央値では男性が4.2か月分、女性は4.8か月分、第1四分位数は男性が2.4か月分、女性は3.0か月分、第3四分位数は男性が7.1か月分、女性は7.8か月分である。裁判上の和解も若干女性の方が高めになっている。平均値では男性が10.3か月分、女性が14.4か月分、中央値では男性が6.3か月分、女性が9.3か月分、第1四分位数は男性が2.9か月分、女性が3.1か月分、第3四分位数は男性が12.0か月分、女性は15.6か月分である。

表10-2-1　性別に見た月収表示の解決金額（あっせん2012年度）

	男	女	計
1月分未満	58（50.4%）	57（38.3%）	115（43.6%）
1-2月分未満	30（26.1%）	41（27.5%）	71（26.9%）
2-3月分未満	12（10.4%）	21（14.1%）	33（12.5%）
3-4月分未満	6（5.2%）	17（11.4%）	23（8.7%）
4-5月分未満	4（3.5%）	5（3.4%）	9（3.4%）
5-6月分未満	2（1.7%）	3（2.0%）	5（1.9%）
6-9月分未満	3（2.6%）	4（2.7%）	7（2.7%）
9-12月分未満	-	1（0.7%）	1（0.4%）
12-24月分未満	-	-	-
24月分以上	-	-	-
計	115（100.0%）	149（100.0%）	264（100.0%）

表10-2-2　性別に見た月収表示の解決金額（労働審判）

	男	女	計
1月分未満	22（7.5%）	10（7.1%）	32（7.4%）
1-2月分未満	33（11.3%）	7（5.0%）	40（9.2%）
2-3月分未満	42（14.3%）	15（10.6%）	57（13.1%）
3-4月分未満	41（14.0%）	22（15.6%）	63（14.5%）
4-5月分未満	23（7.8%）	22（15.6%）	45（10.4%）
5-6月分未満	29（9.9%）	17（12.1%）	46（10.6%）
6-9月分未満	53（18.1%）	24（17.0%）	77（17.7%）
9-12月分未満	15（5.1%）	5（3.5%）	20（4.6%）
12-24月分未満	22（7.5%）	15（10.6%）	37（8.5%）
24月分以上	13（4.4%）	4（2.8%）	17（3.9%）
計	293（100.0%）	141（100.0%）	434（100.0%）

表10-2-3 性別に見た月収表示の解決金額（和解）

	男	女	計
1月分未満	11（ 8.5%）	1（ 2.3%）	12（ 6.9%）
1-2月分未満	13（10.0%）	5（11.6%）	18（10.4%）
2-3月分未満	11（ 8.5%）	3（ 7.0%）	14（ 8.1%）
3-4月分未満	9（ 6.9%）	3（ 7.0%）	12（ 6.9%）
4-5月分未満	11（ 8.5%）	1（ 2.3%）	12（ 6.9%）
5-6月分未満	6（ 4.6%）	1（ 2.3%）	7（ 4.0%）
6-9月分未満	20（15.4%）	7（16.3%）	27（15.6%）
9-12月分未満	18（13.8%）	8（18.6%）	26（15.0%）
12-24月分未満	20（15.4%）	9（20.9%）	29（16.8%）
24月分以上	11（ 8.5%）	5（11.6%）	16（ 9.2%）
計	130（100.0%）	43（100.0%）	173（100.0%）

(3) 雇用形態別に見た月収表示の解決金額

　雇用形態との関係を見ると、労働局あっせんの場合、興味深いことに正社員と直用非正規の間にほとんど差が見られない。具体的な指標で見ると、平均値では正社員も直用非正規も1.7か月分、中央値では正社員が1.1か月分、直用非正規が1.3か月分と後者がやや高いが、第1四分位では正社員も直用非正規も0.6か月分、第3四分位では正社員が2.3か月分、直用非正規は2.2か月分となっており、明確に月収表示解決金額が低い派遣（平均値1.1か月分、中央値0.7か月分）や試用期間（平均値1.4か月分、中央値0.9か月分）と比べると、両者はほぼ同じ程度の月数分で解決していることがわかる。

　これに対し、労働審判ではかなり明確に雇用形態間で違いが現れており、正社員の方が月収表示解決金額が高く、直用非正規の方が低い。派遣はさらに低い。具体的には、平均値では正社員が6.9か月分、直用非正規が4.9か月分、派遣が1.3か月分、中央値では正社員が5.0か月分、直用非正規が3.6か月分、派遣が1.0か月分、第1四分位数では正社員が3.0か月分、直用非正規1.9か月分、派遣0.4か月分、第3四分位数では正社員7.9か月分、直用非正規6.5か月分、派遣2.1か月分である。正社員の第1四分位数と直用非正規の中央値があまり変わらないという点に、両者の間の違いが示されている。

　裁判上の和解でも雇用形態間に違いが見られる。平均値では正社員が12.3か月分、直用非正規が8.2か月分、中央値では正社員が7.0か月分、直用非正規が

5.9か月分、第1四分位数では正社員が3.4か月分、直用非正規が1.1か月分、第3四分位数では正社員が13.8か月分、直用非正規が11.6か月分である。

表10-3-1　雇用形態別に見た月収表示の解決金額（あっせん2012年度）

	正社員	直用非正規	派遣	試用期間	内定	親族	計
1月分未満	40（41.2%）	49（40.5%）	16（66.7%）	7（58.3%）	2（25.0%）	1（50.0%）	115（43.6%）
1-2月分未満	27（27.8%）	32（26.4%）	4（16.7%）	3（25.0%）	5（62.5%）	-	71（26.9%）
2-3月分未満	10（10.3%）	19（15.7%）	2（8.3%）	1（8.3%）	1（12.5%）	-	33（12.5%）
3-4月分未満	10（10.3%）	13（10.7%）	-	-	-	-	23（8.7%）
4-5月分未満	4（4.1%）	3（2.5%）	1（4.2%）	-	-	1（50.0%）	9（3.4%）
5-6月分未満	1（1.0%）	2（1.7%）	1（4.2%）	1（8.3%）	-	-	5（1.9%）
6-9月分未満	5（5.2%）	2（1.7%）	-	-	-	-	7（2.7%）
9-12月分未満	-	1（0.8%）	-	-	-	-	1（0.4%）
12-24月分未満	-	-	-	-	-	-	-
24月分以上	-	-	-	-	-	-	-
計	97（100.0%）	121（100.0%）	24（100.0%）	12（100.0%）	8（100.0%）	2（100.0%）	264（100.0%）

表10-3-2　雇用形態別に見た月収表示の解決金額（労働審判）

	正社員	直用非正規	派遣	内定	業務委託	計
1月分未満	16（4.9%）	10（10.8%）	6（46.2%）	-	-	32（7.4%）
1-2月分未満	23（7.1%）	15（16.1%）	2（15.4%）	-	-	40（9.2%）
2-3月分未満	40（12.3%）	13（14.0%）	4（30.8%）	-	-	57（13.1%）
3-4月分未満	48（14.7%）	13（14.0%）	1（7.7%）	-	1（100.0%）	63（14.5%）
4-5月分未満	36（11.0%）	8（8.6%）	-	1（100.0%）	-	45（10.4%）
5-6月分未満	38（11.7%）	8（8.6%）	-	-	-	46（10.6%）
6-9月分未満	59（18.1%）	18（19.4%）	-	-	-	77（17.7%）
9-12月分未満	17（5.2%）	3（3.2%）	-	-	-	20（4.6%）
12-24月分未満	33（10.1%）	4（4.3%）	-	-	-	37（8.5%）
24月分以上	16（4.9%）	1（1.1%）	-	-	-	17（3.9%）
計	326（100.0%）	93（100.0%）	13（100.0%）	1（100.0%）	1（100.0%）	434（100.0%）

表10-3-3　雇用形態別に見た月収表示の解決金額（和解）

	正社員	直接非正規	派遣	業務委託	計
1月分未満	5 (3.6%)	6 (17.6%)	1 (100.0%)	-	12 (6.9%)
1-2月分未満	13 (9.5%)	4 (11.8%)	-	1 (100.0%)	18 (10.4%)
2-3月分未満	10 (7.3%)	4 (11.8%)	-	-	14 (8.1%)
3-4月分未満	10 (7.3%)	2 (5.9%)	-	-	12 (6.9%)
4-5月分未満	12 (8.8%)	-	-	-	12 (6.9%)
5-6月分未満	6 (4.4%)	1 (2.9%)	-	-	7 (4.0%)
6-9月分未満	21 (15.3%)	6 (17.6%)	-	-	27 (15.6%)
9-12月分未満	23 (16.8%)	3 (8.8%)	-	-	26 (15.0%)
12-24月分未満	22 (16.1%)	7 (20.6%)	-	-	29 (16.8%)
24月分以上	15 (10.9%)	1 (2.9%)	-	-	16 (9.2%)
計	137 (100.0%)	34 (100.0%)	1 (100.0%)	1 (100.0%)	173 (100.0%)

（4）勤続年数別に見た月収表示の解決金額

　勤続年数との関係を見ると、労働局あっせんの場合、おおむね勤続年数が短いほど月収表示解決金額も低くなり、勤続年数が長いほど月収表示解決金額も高めになるという傾向が見られる。平均値で見ると勤続1か月未満では0.9か月分、勤続1か月-1年未満では1.4か月分、勤続1-5年未満では1.5か月分、勤続5-10年未満では2.2か月分、勤続10年以上では2.6か月分、中央値だと勤続1か月未満は0.6か月分、勤続1か月-1年未満では0.9か月分、勤続1-5年未満では1.2か月分、勤続5-10年未満では1.5か月分、勤続10年以上では2.1か月分と、きれいに漸増傾向を示す。ただし、勤続年数の増加率に対して解決金額月表示の増加率は極めて小さく、10倍長く勤続しても2倍にもならない。

　労働審判の場合もほぼ勤続年数に応じて月収表示解決金額が緩やかに逓増するという傾向が見られるが、ほぼすべての枠が埋まっていることからも分かるように、その散らばりは大きい。平均値で見ると勤続1か月未満では3.0か月分、勤続1か月-1年未満では4.8か月分、勤続1-5年未満では4.9か月分、勤続5-10年未満では8.4か月分、勤続10年以上では11.2か月分、中央値だと勤続1か月未満で2.5か月分、勤続1か月-1年未満で4.0か月分、勤続1-5年未満で4.1か月分、勤続5-10年未満で7.5か月分、勤続10年以上で7.1か月分である。

　裁判上の和解の場合も同様で、勤続年数に応じて月収表示解決金額が緩やかに増加するが、その増加率は決して高くない。平均値で見ると勤続1か月-1

年未満で6.9か月分、勤続1-5年未満で10.8か月分、勤続5-10年未満で12.7か月分、勤続10年以上で14.5か月分、中央値では勤続1か月-1年未満で3.0か月分、勤続1-5年未満で6.8か月分、勤続5-10年未満で9.5か月分、勤続10年以上で8.4か月分である。

表10-4-1 勤続年数別に見た月収表示の解決金額（あっせん2012年度）

	1月未満	1月-1年未満	1-5年未満	5-10年未満	10年以上	計
1月分未満	19（61.3%）	46（50.0%）	31（43.7%）	9（25.0%）	10（38.5%）	115（44.9%）
1-2月分未満	9（29.0%）	24（26.1%）	17（23.9%）	11（30.6%）	3（11.5%）	64（25.0%）
2-3月分未満	3（9.7%）	8（8.7%）	15（21.1%）	5（13.9%）	2（7.7%）	33（12.9%）
3-4月分未満	-	6（6.5%）	3（4.2%）	9（25.0%）	5（19.2%）	23（9.0%）
4-5月分未満	-	4（4.3%）	3（4.2%）	-	1（3.8%）	8（3.1%）
5-6月分未満	-	3（3.3%）	-	-	2（7.7%）	5（2.0%）
6-9月分未満	-	1（1.1%）	2（2.8%）	1（2.8%）	3（11.5%）	7（2.7%）
9-12月分未満	-	-	-	1（2.8%）	-	1（0.4%）
12-24月分未満	-	-	-	-	-	-
24月分以上	-	-	-	-	-	-
計	31（100.0%）	92（100.0%）	71（100.0%）	36（100.0%）	26（100.0%）	256（100.0%）

表10-4-2 勤続年数別に見た月収表示の解決金額（労働審判）

	1月未満	1月-1年未満	1-5年未満	5-10年未満	10年以上	計
1月分未満	3（17.6%）	13（9.9%）	10（6.6%）	2（3.0%）	4（5.9%）	32（7.4%）
1-2月分未満	3（17.6%）	12（9.2%）	15（9.9%）	8（11.9%）	2（2.9%）	40（9.2%）
2-3月分未満	4（23.5%）	20（15.3%）	23（15.2%）	6（9.0%）	4（5.9%）	57（13.1%）
3-4月分未満	1（5.9%）	19（14.5%）	26（17.2%）	9（13.4%）	8（11.8%）	63（14.5%）
4-5月分未満	1（5.9%）	18（13.7%）	21（13.9%）	1（1.5%）	4（5.9%）	45（10.4%）
5-6月分未満	3（17.6%）	18（13.7%）	18（11.9%）	4（6.0%）	3（4.4%）	46（10.6%）
6-9月分未満	2（11.8%）	22（16.8%）	23（15.2%）	13（19.4%）	17（25.0%）	77（17.7%）
9-12月分未満	-	2（1.5%）	6（4.0%）	6（9.0%）	6（8.8%）	20（4.6%）
12-24月分未満	-	5（3.8%）	9（6.0%）	15（22.4%）	8（11.8%）	37（8.5%）
24月分以上	-	2（1.5%）	-	3（4.5%）	12（17.6%）	17（3.9%）
計	17（100.0%）	131（100.0%）	151（100.0%）	67（100.0%）	68（100.0%）	434（100.0%）

表10-4-3　勤続年数別に見た月収表示の解決金額（和解）

	1月未満	1月-1年未満	1-5年未満	5-10年未満	10年以上	計
1月分未満	2 (100.0%)	5 (16.7%)	4 (6.3%)	-	1 (2.0%)	12 (7.0%)
1-2月分未満	-	5 (16.7%)	6 (9.5%)	2 (7.4%)	5 (10.0%)	18 (10.5%)
2-3月分未満	-	5 (16.7%)	6 (9.5%)	1 (3.7%)	2 (4.0%)	14 (8.1%)
3-4月分未満	-	3 (10.0%)	5 (7.9%)	2 (7.4%)	2 (4.0%)	12 (7.0%)
4-5月分未満	-	1 (3.3%)	4 (6.3%)	3 (11.1%)	4 (8.0%)	12 (7.0%)
5-6月分未満	-	1 (3.3%)	2 (3.2%)	1 (3.7%)	3 (6.0%)	7 (4.1%)
6-9月分未満	-	5 (16.7%)	8 (12.7%)	3 (11.1%)	10 (20.0%)	26 (15.1%)
9-12月分未満	-	2 (6.7%)	9 (14.3%)	6 (22.2%)	9 (18.0%)	26 (15.1%)
12-24月分未満	-	1 (3.3%)	14 (22.2%)	6 (22.2%)	8 (16.0%)	29 (16.9%)
24月分以上	-	2 (6.7%)	5 (7.9%)	3 (11.1%)	6 (12.0%)	16 (9.3%)
計	2 (100.0%)	30 (100.0%)	63 (100.0%)	27 (100.0%)	50 (100.0%)	172 (100.0%)

(5) 役職別に見た月収表示の解決金額

　役職別に見ると、どの労働紛争解決制度においても役職なしが圧倒的多数を占めているのであまり有意な結果ではないが、役職者の月収表示の解決金額が役職なしと変わらない散らばりを示しており、金額自体では高めであっても月収表示が高めにはなっていないことを示しているようである。

表10-5-1　役職別に見た月収表示の解決金額（あっせん2012年度）

	役職なし	係長・監督級	課長・店長級	計
1月分未満	111 (44.0%)	4 (50.0%)	-	115 (43.6%)
1-2月分未満	67 (26.6%)	1 (12.5%)	3 (75.0%)	71 (26.9%)
2-3月分未満	33 (13.1%)	-	-	33 (12.5%)
3-4月分未満	23 (9.1%)	-	-	23 (8.7%)
4-5月分未満	9 (3.6%)	-	-	9 (3.4%)
5-6月分未満	4 (1.6%)	1 (12.5%)	-	5 (1.9%)
6-9月分未満	4 (1.6%)	2 (25.0%)	1 (25.0%)	7 (2.7%)
9-12月分未満	1 (0.4%)	-	-	1 (0.4%)
12-24月分未満	-	-	-	-
24月分以上	-	-	-	-
計	252 (100.0%)	8 (100.0%)	4 (100.0%)	264 (100.0%)

表10-5-2　役職別に見た月収表示の解決金額（労働審判）

	役職なし	係長・監督級	課長・店長級	部長・工場長級	役員級	計
1月分未満	29 (7.6%)	-	-	1 (5.3%)	2 (25.0%)	32 (7.4%)
1-2月分未満	37 (9.7%)	-	1 (6.2%)	2 (10.5%)	-	40 (9.2%)
2-3月分未満	55 (14.4%)	-	1 (6.2%)	1 (5.3%)	-	57 (13.1%)
3-4月分未満	53 (13.9%)	1 (11.1%)	2 (12.5%)	6 (31.6%)	1 (12.5%)	63 (14.5%)
4-5月分未満	42 (11.0%)	-	2 (12.5%)	1 (5.3%)	-	46 (10.6%)
5-6月分未満	44 (11.5%)	1 (11.1%)	-	1 (5.3%)	-	46 (10.6%)
6-9月分未満	67 (17.5%)	2 (22.2%)	5 (31.2%)	2 (10.5%)	1 (12.5%)	77 (17.7%)
9-12月分未満	14 (3.7%)	3 (33.3%)	2 (12.5%)	1 (5.3%)	-	20 (4.6%)
12-24月分未満	31 (8.1%)	-	1 (6.2%)	2 (10.5%)	3 (37.5%)	37 (8.5%)
24月分以上	10 (2.6%)	2 (22.2%)	2 (12.5%)	2 (10.5%)	1 (12.5%)	17 (3.9%)
計	382 (100.0%)	9 (100.0%)	16 (100.0%)	19 (100.0%)	8 (100.0%)	434 (100.0%)

表10-5-3　役職別に見た月収表示の解決金額（和解）

	役職なし	係長・監督級	課長・店長級	部長・工場長級	役員級	計
1月分未満	10 (7.5%)	-	-	2 (11.8%)	-	12 (6.9%)
1-2月分未満	13 (9.7%)	-	1 (8.3%)	4 (23.5%)	-	18 (10.4%)
2-3月分未満	13 (9.7%)	-	-	1 (5.9%)	-	14 (8.1%)
3-4月分未満	7 (5.2%)	-	1 (8.3%)	3 (17.6%)	1 (14.3%)	12 (6.9%)
4-5月分未満	8 (6.0%)	-	2 (16.7%)	-	2 (28.6%)	12 (6.9%)
5-6月分未満	6 (4.5%)	-	-	1 (5.9%)	-	7 (4.0%)
6-9月分未満	20 (14.9%)	1 (33.3%)	1 (8.3%)	2 (11.8%)	3 (42.9%)	27 (15.6%)
9-12月分未満	20 (14.9%)	1 (33.3%)	4 (33.3%)	-	1 (14.3%)	26 (15.0%)
12-24月分未満	23 (17.2%)	1 (33.3%)	2 (16.7%)	3 (17.6%)	-	29 (16.8%)
24月分以上	14 (10.4%)	-	1 (8.3%)	1 (5.9%)	-	16 (9.2%)
計	134 (100.0%)	3 (100.0%)	12 (100.0%)	17 (100.0%)	7 (100.0%)	173 (100.0%)

(6) 賃金月額別に見た月収表示の解決金額

9 (6) で見たように、賃金月額と解決金額（実額）の間には正の相関関係が存在するが、一方で同程度の月収の者の間で解決金額は大きく異なっていた。このことから、月収表示の解決金額の分布を確認する。また、月収何か月分という決め方では高月収者が高くなりすぎることへの無意識の抑制効果が働くとすると、賃金月額の高い層においては、月収表示の解決金額が低下するという負の相関関係が見いだせるのではないかとも考えられる。

労働局あっせんの場合、平均値では月収10万円未満が2.3か月分、10-20万円

未満が1.6か月分、20-50万円未満が1.5か月分、中央値では月収10万円未満が1.7か月分、10-20万円未満が1.1か月分、20-50万円未満が0.9か月分と、確かに緩やかな反比例関係が認められる。これは、労働局あっせんにおいては、解決金額を決める時に、何か月分というよりも実額タームで考える傾向があることを反映しているように思われる。

しかし労働審判についてみると、平均値では月収10万円未満が5.7か月分、月収10-20万円未満が5.0か月分、月収20-50万円未満が6.0か月分、月収50-100万円未満が9.4か月分、月収100万円以上が6.4か月分、中央値では月収10万円未満が4.9か月分、月収10-20万円未満が4.2か月分、月収20-50万円未満が4.3か月分、月収50-100万円未満が6.5か月分、月収100万円以上が4.1か月分と、最低月収層、最高月収層を除く中間三階層にあってはむしろ、逆に高収入者の方が月収表示の解決金額も高いというあっせんとは逆の結果が見いだされる。これは、労働審判においては、解決金額を決める時に、実額タームよりは何か月分という発想で考える傾向にあることを反映しているのではなかろうか。

さらに裁判上の和解についてみると、平均値では月収10万円未満が11.9か月分、月収10-20万円未満が14.4か月分、月収20-50万円未満が11.5か月分、月収50-100万円未満が9.2か月分、月収100万円以上が12.4か月分、中央値では月収10万円未満が7.0か月分、月収10-20万円未満が4.7か月分、月収20-50万円未満が7.0か月分、月収50-100万円未満が6.7か月分、月収100万円以上が10.0か月分であり、ほとんど何の法則性も見いだせない。

表10-6-1　賃金月額別に見た月収表示の解決金額（あっせん2012年度）

	10万円未満	10-20万円未満	20-50万円未満	50-100万円未満	100万円以上	計
1月分未満	7 (21.9%)	54 (43.5%)	54 (50.5%)	-	-	115 (43.7%)
1-2月分未満	10 (31.2%)	33 (26.6%)	27 (25.2%)	-	-	70 (26.6%)
2-3月分未満	7 (21.9%)	19 (15.3%)	7 (6.5%)	-	-	33 (12.5%)
3-4月分未満	5 (15.6%)	8 (6.5%)	10 (9.3%)	-	-	23 (8.7%)
4-5月分未満	1 (3.1%)	5 (4.0%)	3 (2.8%)	-	-	9 (3.4%)
5-6月分未満	-	2 (1.6%)	3 (2.8%)	-	-	5 (1.9%)
6-9月分未満	1 (3.1%)	3 (2.4%)	3 (2.8%)	-	-	7 (2.7%)
9-12月分未満	1 (3.1%)	-	-	-	-	1 (0.4%)
12-24月分未満	-	-	-	-	-	-
24月分以上	-	-	-	-	-	-
計	32 (100.0%)	124 (100.0%)	107 (100.0%)	-	-	263 (100.0%)

表10-6-2　賃金月額別に見た月収表示の解決金額（労働審判）

	10万円未満	10-20万円未満	20-50万円未満	50-100万円未満	100万円以上	計
1月分未満	1(5.0%)	8(11.0%)	18(6.6%)	5(9.1%)	-	32(7.4%)
1-2月分未満	2(10.0%)	7(9.6%)	24(8.8%)	4(7.3%)	3(25.0%)	40(9.2%)
2-3月分未満	4(20.0%)	8(11.0%)	38(13.9%)	6(10.9%)	1(8.3%)	57(13.1%)
3-4月分未満	2(10.0%)	9(12.3%)	44(16.1%)	6(10.9%)	2(16.7%)	63(14.5%)
4-5月分未満	1(5.0%)	12(16.4%)	30(10.9%)	2(3.6%)	-	45(10.4%)
5-6月分未満	5(25.0%)	13(17.8%)	25(9.1%)	2(3.6%)	1(8.3%)	46(10.6%)
6-9月分未満	3(15.0%)	6(8.2%)	53(19.3%)	13(23.6%)	2(16.7%)	77(17.7%)
9-12月分未満	-	4(5.5%)	11(4.0%)	3(5.5%)	2(16.7%)	20(4.6%)
12-24月分未満	2(10.0%)	6(8.2%)	22(8.0%)	7(12.7%)	-	37(8.5%)
24月分以上	-	-	9(3.3%)	7(12.7%)	1(8.3%)	17(3.9%)
計	20(100.0%)	73(100.0%)	274(100.0%)	55(100.0%)	12(100.0%)	434(100.0%)

表10-6-3　賃金月額別に見た月収表示の解決金額（和解）

	10万円未満	10-20万円未満	20-50万円未満	50-100万円未満	100万円以上	計
1月分未満	-	2(14.3%)	6(5.3%)	2(6.1%)	2(22.2%)	12(6.9%)
1-2月分未満	-	2(14.3%)	12(10.5%)	4(12.1%)	-	18(10.4%)
2-3月分未満	-	1(7.1%)	10(8.8%)	3(9.1%)	-	14(8.1%)
3-4月分未満	-	1(7.1%)	8(7.0%)	3(9.1%)	-	12(6.9%)
4-5月分未満	-	2(14.3%)	9(7.9%)	1(3.0%)	-	12(6.9%)
5-6月分未満	-	1(7.1%)	4(3.5%)	2(6.1%)	-	7(4.0%)
6-9月分未満	2(66.7%)	-	18(15.8%)	5(15.2%)	2(22.2%)	27(15.6%)
9-12月分未満	-	2(14.3%)	16(14.0%)	7(21.2%)	1(11.1%)	26(15.0%)
12-24月分未満	1(33.3%)	2(14.3%)	20(17.5%)	4(12.1%)	2(22.2%)	29(16.8%)
24月分以上	-	1(7.1%)	11(9.6%)	2(6.1%)	2(22.2%)	16(9.2%)
計	3(100.0%)	14(100.0%)	114(100.0%)	33(100.0%)	9(100.0%)	173(100.0%)

(7) 企業規模別に見た月収表示の解決金額

　企業規模については、労働審判や裁判上の和解では従業員数不明が多いため参考数値にとどまる。従業員数データの分布が信頼しうる労働局あっせんについてみると、企業規模の大小と解決金額の月収表示にはほとんど関係がないことがわかる。平均値で見ても、30人未満が1.6か月分、30-100人未満が1.7か月分、100-300人未満が1.3か月分、300-1000人未満が1.4か月分、1000人以上が1.5か月分であるし、中央値で見ても、30人未満が1.0か月分、30-100人未満が1.3か月分、100-300人未満が1.0か月分、300-1000人未満が0.9か月分、1000人以上が1.1か月分という状況である。企業規模データが不完全な労働審判や裁判上の和解も同様である。

表10-7-1　企業規模別に見た月収表示の解決金額（あっせん2012年度）

	1-29人	30-99人	100-299人	300-999人	1000人-	計
1月分未満	47(44.8%)	18(34.0%)	14(46.7%)	15(65.2%)	15(45.5%)	109(44.7%)
1-2月分未満	29(27.6%)	18(34.0%)	8(26.7%)	2(8.7%)	10(30.3%)	67(27.5%)
2-3月分未満	12(11.4%)	7(13.2%)	4(13.3%)	4(17.4%)	3(9.1%)	30(12.3%)
3-4月分未満	8(7.6%)	6(11.3%)	3(10.0%)	-	2(6.1%)	19(7.8%)
4-5月分未満	3(2.9%)	2(3.8%)	1(3.3%)	1(4.3%)	1(3.0%)	8(3.3%)
5-6月分未満	2(1.9%)	1(1.9%)	-	-	1(3.0%)	4(1.6%)
6-9月分未満	3(2.9%)	1(1.9%)	-	1(4.3%)	1(3.0%)	6(2.5%)
9-12月分未満	1(1.0%)	-	-	-	-	1(0.4%)
12-24月分未満	-	-	-	-	-	-
24月分以上未満	-	-	-	-	-	-
計	105 (100.0%)	53 (100.0%)	30 (100.0%)	23 (100.0%)	33 (100.0%)	244 (100.0%)

表10-7-2　企業規模別に見た月収表示の解決金額（労働審判）

	1-29人	30-99人	100-299人	300-999人	1000人-	計
1月分未満	2(3.1%)	1(2.9%)	1(5.9%)	2(12.5%)	2(18.2%)	8(5.6%)
1-2月分未満	4(6.2%)	1(2.9%)	1(5.9%)	-	1(9.1%)	7(4.9%)
2-3月分未満	6(9.4%)	2(5.9%)	2(11.8%)	2(12.5%)	-	12(8.5%)
3-4月分未満	8(12.5%)	4(11.8%)	2(11.8%)	3(18.8%)	1(9.1%)	18(12.7%)
4-5月分未満	7(10.9%)	4(11.8%)	1(5.9%)	2(12.5%)	1(9.1%)	15(10.6%)
5-6月分未満	14(21.9%)	3(8.8%)	-	3(18.8%)	2(18.2%)	22(15.5%)
6-9月分未満	14(21.9%)	8(23.5%)	5(29.4%)	1(6.2%)	4(36.4%)	32(22.5%)
9-12月分未満	3(4.7%)	1(2.9%)	2(11.8%)	1(6.2%)	-	7(4.9%)
12-24月分未満	5(7.8%)	3(8.8%)	2(11.8%)	1(6.2%)	-	11(7.7%)
24月分以上未満	1(1.6%)	7(20.6%)	1(5.9%)	1(6.2%)	-	10(7.0%)
計	64 (100.0%)	34 (100.0%)	17 (100.0%)	16 (100.0%)	11 (100.0%)	142 (100.0%)

表10-7-3　企業規模別に見た月収表示の解決金額（和解）

	1-29人	30-99人	100-299人	300-999人	1000人-	計
1月分未満	-	-	-	1(20.0%)	1(14.3%)	2(4.9%)
1-2月分未満	1(7.1%)	-	-	1(20.0%)	1(14.3%)	3(7.3%)
2-3月分未満	-	-	1(14.3%)	-	1(14.3%)	2(4.9%)
3-4月分未満	1(7.1%)	1(12.5%)	2(28.6%)	-	-	4(9.8%)
4-5月分未満	3(21.4%)	-	3(42.9%)	-	-	6(14.6%)
5-6月分未満	1(7.1%)	-	-	-	1(14.3%)	2(4.9%)
6-9月分未満	3(21.4%)	-	-	1(20.0%)	1(14.3%)	5(12.2%)
9-12月分未満	1(7.1%)	5(62.5%)	-	1(20.0%)	1(14.3%)	8(19.5%)
12-24月分未満	3(21.4%)	2(25.0%)	1(14.3%)	-	1(14.3%)	7(17.1%)
24月分以上未満	1(7.1%)	-	-	1(20.0%)	-	2(4.9%)
計	14 (100.0%)	8 (100.0%)	7 (100.0%)	5 (100.0%)	7 (100.0%)	41 (100.0%)

(8) 解決期間別に見た月収表示の解決金額

解決期間との関係も、解決金額実額の場合と同様、労働局あっせん、労働審判、裁判上の和解いずれについてもほとんど見られない。敢えていえば、労働局あっせんにおいては解決期間の短い方が解決金額が賃金月額1か月分未満である比率がやや高くなっている。

表10-8-1 解決期間別に見た月収表示の解決金額（あっせん2012年度）

	2月未満	2-3月未満	3-6月未満	6-12月未満	12-24月未満	24月以上	計
1月分未満	57 (52.8%)	34 (45.9%)	18 (27.7%)	3 (27.3%)	2 (66.7%)	-	114 (43.5%)
1-2月分未満	27 (25.0%)	18 (24.3%)	22 (33.8%)	2 (18.2%)	-	1 (100.0%)	70 (26.7%)
2-3月分未満	10 (9.3%)	10 (13.5%)	9 (13.8%)	4 (36.4%)	-	-	33 (12.6%)
3-4月分未満	4 (3.7%)	8 (10.8%)	11 (16.9%)	-	-	-	23 (8.8%)
4-5月分未満	4 (3.7%)	1 (1.4%)	3 (4.6%)	-	1 (33.3%)	-	9 (3.4%)
5-6月分未満	3 (2.8%)	1 (1.4%)	-	1 (9.1%)	-	-	5 (1.9%)
6-9月分未満	2 (1.9%)	2 (2.7%)	2 (3.1%)	1 (9.1%)	-	-	7 (2.7%)
9-12月分未満	1 (0.9%)	-	-	-	-	-	1 (0.4%)
12-24月分未満	-	-	-	-	-	-	-
24月分以上	-	-	-	-	-	-	-
計	108 (100.0%)	74 (100.0%)	65 (100.0%)	11 (100.0%)	3 (100.0%)	1 (100.0%)	262 (100.0%)

表10-8-2 解決期間別に見た月収表示の解決金額（労働審判）

	2月未満	2-3月未満	3-6月未満	6-12月未満	12-24月未満	24月以上	計
1月分未満	1 (12.5%)	2 (3.9%)	13 (6.6%)	13 (8.3%)	3 (17.6%)	-	32 (7.4%)
1-2月分未満	-	7 (13.7%)	16 (8.1%)	15 (9.6%)	2 (11.8%)	-	40 (9.2%)
2-3月分未満	4 (50.0%)	4 (7.8%)	28 (14.1%)	18 (11.5%)	2 (11.8%)	1 (33.3%)	57 (13.1%)
3-4月分未満	-	8 (15.7%)	33 (16.7%)	19 (12.1%)	1 (5.9%)	2 (66.7%)	63 (14.5%)
4-5月分未満	2 (25.0%)	5 (9.8%)	19 (9.6%)	17 (10.8%)	2 (11.8%)	-	45 (10.4%)
5-6月分未満	1 (12.5%)	6 (11.8%)	15 (7.6%)	23 (14.6%)	1 (5.9%)	-	46 (10.6%)
6-9月分未満	-	9 (17.6%)	34 (17.2%)	31 (19.7%)	3 (17.6%)	-	77 (17.7%)
9-12月分未満	-	2 (3.9%)	14 (7.1%)	4 (2.5%)	-	-	20 (4.6%)
12-24月分未満	-	5 (9.8%)	15 (7.6%)	14 (8.9%)	3 (17.6%)	-	37 (8.5%)
24月分以上	-	3 (5.9%)	11 (5.6%)	3 (1.9%)	-	-	17 (3.9%)
計	8 (100.0%)	51 (100.0%)	198 (100.0%)	157 (100.0%)	17 (100.0%)	3 (100.0%)	434 (100.0%)

表10-8-3　解決期間別に見た月収表示の解決金額（和解）

	2月未満	2-3月未満	3-6月未満	6-12月未満	12-24月未満	24月以上	計
1月分未満	-	-	1 (8.3%)	3 (5.5%)	4 (5.7%)	4 (12.1%)	12 (7.0%)
1-2月分未満	-	-	2 (16.7%)	3 (5.5%)	9 (12.9%)	4 (12.1%)	18 (10.5%)
2-3月分未満	-	-	1 (8.3%)	4 (7.3%)	6 (8.6%)	3 (9.1%)	14 (8.1%)
3-4月分未満	-	-	2 (16.7%)	5 (9.1%)	4 (5.7%)	1 (3.0%)	12 (7.0%)
4-5月分未満	-	1 (50.0%)	-	4 (7.3%)	7 (10.0%)	-	12 (7.0%)
5-6月分未満	-	-	-	1 (1.8%)	6 (8.6%)	-	7 (4.1%)
6-9月分未満	-	-	-	15 (27.3%)	8 (11.4%)	3 (9.1%)	26 (15.1%)
9-12月分未満	-	-	4 (33.3%)	7 (12.7%)	6 (8.6%)	9 (27.3%)	26 (15.1%)
12-24月分未満	-	-	2 (16.7%)	11 (20.0%)	11 (15.7%)	5 (15.2%)	29 (16.9%)
24月分以上	-	1 (50.0%)	-	2 (3.6%)	9 (12.9%)	4 (12.1%)	16 (9.3%)
計	-	2 (100.0%)	12 (100.0%)	55 (100.0%)	70 (100.0%)	33 (100.0%)	172 (100.0%)

（9）弁護士又は社会保険労務士の利用と月収表示の解決金額

　弁護士や社会保険労務士といった専門職の利用状況と月収表示の解決金額の関係については、労働局あっせんでは大部分が双方利用せずであり、労働審判と裁判上の和解では大部分が双方利用ありであるため、余り有意味な結果は見いだせない。

表10-9-1　社会保険労務士の利用状況別に見た月収表示の解決金額（あっせん2012年度）

	労使双方	労働者側	使用者側	双方なし	計
1月分未満	-	-	9 (29.0%)	106 (45.9%)	115 (43.6%)
1-2月分未満	-	1 (50.0%)	8 (25.8%)	62 (26.8%)	71 (26.9%)
2-3月分未満	-	-	6 (19.4%)	27 (11.7%)	33 (12.5%)
3-4月分未満	-	1 (50.0%)	2 (6.5%)	20 (8.7%)	23 (8.7%)
4-5月分未満	-	-	3 (9.7%)	6 (2.6%)	9 (3.4%)
5-6月分未満	-	-	1 (3.2%)	4 (1.7%)	5 (1.9%)
6-9月分未満	-	-	2 (6.5%)	5 (2.2%)	7 (2.7%)
9-12月分未満	-	-	-	1 (0.4%)	1 (0.4%)
12-24月分未満	-	-	-	-	-
24月分以上	-	-	-	-	-
計	-	2 (100.0%)	31 (100.0%)	231 (100.0%)	264 (100.0%)

表10-9-2 弁護士の利用状況別に見た月収表示の解決金額（あっせん2012年度）

	労使双方	労働者側	使用者側	双方なし	計
1月分未満	-	-	4 (18.2%)	111 (46.1%)	115 (43.6%)
1-2月分未満	-	-	7 (31.8%)	64 (26.6%)	71 (26.9%)
2-3月分未満	-	-	4 (18.2%)	29 (12.0%)	33 (12.5%)
3-4月分未満	-	1 (100.0%)	3 (13.6%)	19 (7.9%)	23 (8.7%)
4-5月分未満	-	-	-	9 (3.7%)	9 (3.4%)
5-6月分未満	-	-	2 (9.1%)	3 (1.2%)	5 (1.9%)
6-9月分未満	-	-	2 (9.1%)	5 (2.1%)	7 (2.7%)
9-12月分未満	-	-	-	1 (0.4%)	1 (0.4%)
12-24月分未満	-	-	-	-	-
24月分以上	-	-	-	-	-
計	-	1 (100.0%)	22 (100.0%)	241 (100.0%)	264 (100.0%)

表10-9-3 弁護士の利用状況別に見た月収表示の解決金額（労働審判）

	労使双方	労働者側	使用者側	双方なし	計
1月分未満	25 (6.5%)	-	6 (16.2%)	1 (33.3%)	32 (7.4%)
1-2月分未満	35 (9.1%)	-	5 (13.5%)	-	40 (9.2%)
2-3月分未満	44 (11.4%)	3 (37.5%)	9 (24.3%)	1 (33.3%)	57 (13.1%)
3-4月分未満	54 (14.0%)	1 (12.5%)	7 (18.9%)	1 (33.3%)	63 (14.5%)
4-5月分未満	43 (11.1%)	1 (12.5%)	1 (2.7%)	-	46 (10.6%)
5-6月分未満	43 (11.1%)	1 (12.5%)	2 (5.4%)	-	46 (10.6%)
6-9月分未満	70 (18.1%)	-	7 (18.9%)	-	77 (17.7%)
9-12月分未満	20 (5.2%)	-	-	-	20 (4.6%)
12-24月分未満	36 (9.3%)	1 (12.5%)	-	-	37 (8.5%)
24月分以上	16 (4.1%)	1 (12.5%)	-	-	17 (3.9%)
計	386 (100.0%)	8 (100.0%)	37 (100.0%)	3 (100.0%)	434 (100.0%)

表10-9-4 弁護士の利用状況別に見た月収表示の解決金額（和解）

	労使双方	労働者側	使用者側	双方なし	計
1月分未満	10 (6.1%)	-	2 (28.6%)	-	12 (6.9%)
1-2月分未満	17 (10.3%)	-	1 (14.3%)	-	18 (10.4%)
2-3月分未満	12 (7.3%)	1 (100.0%)	1 (14.3%)	-	14 (8.1%)
3-4月分未満	12 (7.3%)	-	-	-	12 (6.9%)
4-5月分未満	12 (7.3%)	-	-	-	12 (6.9%)
5-6月分未満	7 (4.2%)	-	-	-	7 (4.0%)
6-9月分未満	26 (15.8%)	-	1 (14.3%)	-	27 (15.6%)
9-12月分未満	26 (15.8%)	-	-	-	26 (15.0%)
12-24月分未満	27 (16.4%)	-	2 (28.6%)	-	29 (16.8%)
24月分以上	16 (9.7%)	-	-	-	16 (9.2%)
計	165 (100.0%)	1 (100.0%)	7 (100.0%)	-	173 (100.0%)

（10）事案内容別に見た月収表示の解決金額

　事案の内容別（大ぐくり）で解決金額見ると、労働局あっせんの場合、雇用終了事案のうち解雇事案においては解決金額の月表示がやや高めであり、いじめ・嫌がらせ事案においてはやや低めであることがわかる。解雇事案の場合、平均値は1.8か月分、中央値は1.4か月分、第1四分位数は0.7か月分、第3四分位数は2.9か月分であるが、いじめ・嫌がらせ事案の場合は、平均値が1.5か月分、中央値が1.0か月分、第1四分位数が0.6か月分、第3四分位数が2.0か月分であり、かなり明確な違いがある。

　労働審判と裁判上の和解については、いじめ・嫌がらせ事案がなく、大部分が雇用終了事案であるので、ここでは残業代請求事案（正確には、雇用終了等主たる紛争に残業代請求を付加した事案）に何らかの特徴があるかを見る。これは、残業代請求が付加された事案ではその分だけ月収表示の解決金額が高くなり、全体の傾向に影響を与えているのではないかということも想定されるからである。分布状況を見る限り労働審判では若干、残業代請求が付加された事案の方が月収表示が高めに出ているようにみえるが、裁判上の和解ではあまり差が見られない。労働審判について全体と比較しつつ見ると、平均値は7.6か月分で全体の6.3か月分よりかなり高く、中央値は5.0か月分と全体の4.4か月分よりやや高め、第1四分位数は3.0か月分と全体の2.6か月分より若干高く、第3四分位数は8.6か月分と全体の7.3か月分よりかなり高い。一方、裁判上の和解についてみると、平均値は11.7か月分と全体の11.3か月分と余り変わらず、中央値は8.2か月分と全体の6.8か月分よりかなり高め、第1四分位数は2.1か月分と全体の2.9か月分より相当低くなり、第3四分位数は18.7か月分と全体の12.9か月分より極端に高い。標本数が少ないこともあり、頑健な傾向を見いだすことはできない。

第2部　労働局あっせん、労働審判及び裁判上の和解における雇用紛争事案の比較分析

表 10-10-1　事案の内容（大ぐくり）別に見た月収表示の解決金額（あっせん2012年度）

	雇用終了	うち解雇	いじめ・嫌がらせ	労働条件引下げ	総計
1 月分未満	86 (39.6%)	33 (37.5%)	32 (46.4%)	11 (39.3%)	115 (43.6%)
1-2 月分未満	59 (27.2%)	25 (28.4%)	18 (26.1%)	10 (35.7%)	71 (26.9%)
2-3 月分未満	29 (13.4%)	9 (10.2%)	8 (11.6%)	4 (14.3%)	33 (12.5%)
3-4 月分未満	21 (9.7%)	12 (13.6%)	5 (7.2%)	1 (3.6%)	23 (8.7%)
4-5 月分未満	9 (4.1%)	5 (5.7%)	4 (5.8%)	1 (3.6%)	9 (3.4%)
5-6 月分未満	5 (2.3%)	2 (2.3%)	-	-	5 (1.9%)
6-9 月分未満	7 (3.2%)	2 (2.3%)	2 (2.9%)	1 (3.6%)	7 (2.7%)
9-12 月分未満	1 (0.5%)	-	-	-	1 (0.4%)
12-24 月分未満	-	-	-	-	-
24 月分以上	-	-	-	-	-
計	217 (100.0%)	88 (100.0%)	69 (100.0%)	28 (100.0%)	264 (100.0%)

表 10-10-2　事案の内容（大ぐくり）別に見た月収表示の解決金額（労働審判）

	雇用終了	うち解雇	労働条件引下げ	総計	うち残業代請求も
1 月分未満	31 (7.5%)	16 (4.9%)	1 (11.1%)	32 (7.4%)	3 (4.5%)
1-2 月分未満	39 (9.4%)	29 (8.8%)	1 (11.1%)	40 (9.2%)	2 (3.0%)
2-3 月分未満	56 (13.5%)	44 (13.4%)	-	57 (13.1%)	11 (16.7%)
3-4 月分未満	58 (13.9%)	44 (13.4%)	4 (44.4%)	63 (14.5%)	7 (10.6%)
4-5 月分未満	44 (10.6%)	37 (11.3%)	-	45 (10.4%)	10 (15.2%)
5-6 月分未満	44 (10.6%)	39 (11.9%)	-	46 (10.6%)	7 (10.6%)
6-9 月分未満	74 (17.8%)	59 (18.0%)	1 (11.1%)	77 (17.7%)	10 (15.2%)
9-12 月分未満	18 (4.3%)	15 (4.6%)	1 (11.1%)	20 (4.6%)	2 (3.0%)
12-24 月分未満	36 (8.7%)	31 (9.5%)	-	37 (8.5%)	12 (18.2%)
24 月分以上	16 (3.8%)	14 (4.3%)	1 (11.1%)	17 (3.9%)	2 (3.0%)
計	416 (100.0%)	328 (100.0%)	9 (100.0%)	434 (100.0%)	66 (100.0%)

表 10-10-3　事案の内容（大ぐくり）別に見た月収表示の解決金額（和解）

	雇用終了	うち解雇	労働条件引下げ	総計	うち残業代請求も
1 月分未満	10 (6.3%)	8 (6.3%)	1 (20.0%)	12 (6.9%)	6 (20.0%)
1-2 月分未満	16 (10.1%)	13 (10.2%)	-	18 (10.4%)	-
2-3 月分未満	13 (8.2%)	11 (8.7%)	-	14 (8.1%)	4 (13.3%)
3-4 月分未満	11 (6.9%)	10 (7.9%)	1 (20.0%)	12 (6.9%)	1 (3.3%)
4-5 月分未満	12 (7.5%)	11 (8.7%)	-	12 (6.9%)	1 (3.3%)
5-6 月分未満	7 (4.4%)	4 (3.1%)	-	7 (4.0%)	-
6-9 月分未満	27 (17.0%)	23 (18.1%)	-	27 (15.6%)	4 (13.3%)
9-12 月分未満	24 (15.1%)	20 (15.7%)	-	26 (15.0%)	3 (10.0%)
12-24 月分未満	25 (15.7%)	18 (14.2%)	3 (60.0%)	29 (16.8%)	8 (26.7%)
24 月分以上	14 (8.8%)	9 (7.1%)	-	16 (9.2%)	3 (10.0%)
計	159 (100.0%)	127 (100.0%)	5 (100.0%)	173 (100.0%)	30 (100.0%)

第3章　若干の考察

　第2章で分析してきた3つの労働紛争解決システムにおける個別労働紛争事案のうち、労働局あっせんは合意成立以外の終了区分（即ち未解決）が多数を占めるが、それを除けば、労働局あっせんで合意が成立した324件中313件、労働審判においては全452件中434件、裁判上の和解においては全193件中174件が金銭解決をしており、いずれにおいても金銭解決が圧倒的多数を占めることに変わりはない。

　しかしながら、この金銭解決の水準において、3つの労働紛争解決システムの間に大きな違いが存在することは、第2章9（1）で示したとおりである。労働局あっせんが10万-20万円未満を山として過半数が20万円未満で解決しているのに対し、労働審判は50万-100万円未満と100万-200万円未満に半分以上が集中し、更に裁判上の和解では50万円から1000万円に至るまでなだらかな高原状に分布している。中央値でみると、労働局あっせんは156,400円、労働審判は1,100,000円、裁判上の和解は2,301,357円である。このような大きな違いはなにゆえにもたらされているのであろうか。

　労働者側の属性で見ると、性別、雇用形態、勤続年数、役職、賃金月額などすべての要素において、労働局あっせん、労働審判、裁判上の和解の間には明確な違いが観察され、それらが相まって解決金額の違いをもたらしているようにみえる。すなわち、性別に見ると、労働局あっせんはほぼ男女同数であるが、労働審判では約7対3であり、裁判上の和解では約8対2と、後者になるほど男性が多くなる。雇用形態で見ると、労働局あっせんは正社員が半数弱であるのに対し労働審判では約4分の3，裁判上の和解では8割近い。勤続年数でみても労働局あっせんでは1年未満の短期勤続者が4割強であるのに対して労働審判ではほぼ3分の1，裁判上の和解では2割弱、逆に10年以上の長期勤続者が前2者では1割強であるのに対して裁判上の和解では3分の1弱である。役職も後者になるほど高位者が多くなる。そしてこれら労働者の諸属性を反映して、賃金月額の分布も後者ほど高くなり、中央値で見ると、労働局あっせんは191,000円、労働審判は264,222円、裁判上の和解は300,894円である。

第2部　労働局あっせん、労働審判及び裁判上の和解における雇用紛争事案の比較分析

　しかしながら、確かに後者ほど賃金月額が高いとは言え、それは解決金額の大きな違いに比べればそれほど大きな違いではない。労働局あっせんに比べて労働審判と裁判上の和解は、賃金月額の中央値ではそれぞれ1.4倍、1.6倍に過ぎないが、解決金額の中央値ではそれぞれ7.0倍、14.7倍に達する。この状況は、第2章10（1）で見た月収表示の解決金額を比較することでさらに明らかとなる。中央値で見ると、労働局あっせんは1.1か月分、労働審判は4.4か月分、裁判上の和解は6.8か月分であり、これが労働者の属性を取り除いた各紛争解決システム間の違いを示している。

　各制度間の格差を説明するもう一つの要素としてそれぞれの手続を利用する際のコストがある。時間的コストを制度利用にかかる期間の中央値で見ると、労働局あっせん1.4月、労働審判2.1月、裁判上の和解9.3月と、労働局あっせんとともに労働審判の迅速ぶりが目立つ。これを解決に要した期間の中央値でみると、労働局あっせん2.1月、労働審判5.1月、裁判上の和解14.1月と、かなり違いが大きくなる。それゆえ、各制度間の解決金額の違いをもたらせているのはこの時間的コストの相違ではないかと想像されるのであるが、実際にこれをクロス分析すると（第2章9（8））、労働局あっせん、労働審判、裁判上の和解のいずれにおいても、解決期間と解決金額の間に相関関係は認められなかった。労働局あっせんは比較的短期間に比較的低額で、裁判上の和解は比較的長期間に比較的高額で、労働審判はいずれにおいてもその中間で解決しているが、それぞれの制度内部では相関していないのである。これは月収表示の解決金額においても同様である。

　もう一つのコスト要因として弁護士や社会保険労務士といった専門職の利用があるが、労働局あっせんにおいては圧倒的大部分が利用なしであり、労働審判と裁判上の和解では圧倒的大部分が利用ありであるため、これはほとんど制度自体にコスト要因が埋め込まれているに等しい。

　このように見てくると、各制度間の解決金額の大きな違いをもたらしている要因としては、以上のような労働者の属性や解決に要するコスト以外の要因が大きいと考えられる。その重要な要素として考えられるのは、とりわけ労働局あっせんにおける参加と合意の任意性ではなかろうか。第2章3で見たように、（2008年度に比べればかなり改善されたとはいえ）相手方の不参加率

は4割近く、あっせんに入っても不合意で終了となる可能性が16.4%と決して低くない。かかる状況下においては、相手方が拒否する可能性がある高い解決金額を追求することよりも、相手方が受け入れる可能性のある比較的低い解決金額で妥協するインセンティブが働くであろう。これに対して、労働審判では調停が成立しない場合には判定的解決としての審判が行われ、それに異議申立があればはじめから提訴したものと見なされるので、申立人が解決内容に不満を抱きながら妥協を余儀なくされる可能性は乏しい。裁判上の和解ももちろん、和解しなければ判決が下されるので、労働局あっせんにおけるような「申立人が不本意な妥協をしないために相手方に逃げられるリスク」を考慮しなくて済む。

　この考察が正しいとすると、労働局あっせんの解決金額は、(労働者の属性その他の要因による部分を除けば) 労働審判や裁判上の和解に比べて、この「逃げられるリスク」分だけディスカウントされている可能性があると考えられる。

　このように各制度間では、解決金額について明確な違いがある一方で、制度利用にかかる期間や解決に要した期間、弁護士等専門職の利用といった利用者のコストについても、労働局あっせん、労働審判、裁判上の和解となるに従って大きくなることも明らかであり、こうした制度の特性について、利用者に対して周知を図り、自らが望む解決制度の利用を促すことが重要ではないかと考えられる。

　また、各制度間において解決金額に明確な違いがある一方で、各制度内においては、たとえば月収表示の解決金額において性別や雇用形態、勤続年数、賃金月額など一定の傾向が見られる要素もあるが、その中でも幅広い分布が見られ、ある一定の要件を満たす場合にはほぼこの水準で解決するといったような形にはなっていないことが確認された。これは、各当事者が具体的にどのような言動を行い、使用者側、労働者側いずれにより責任があると考えられる事案なのか（いわゆる勝ち筋事案なのか負け筋事案なのか）という、本調査研究においては調査対象となっていない事項が紛争の解決に当たっては考慮されているためではないかと考えられる。このため、これら制度における解決金額の水準が具体的にどのように決定されているかについては、こうした点からのさらなる調査研究が必要となるものと考えられる。

第2部 労働局あっせん、労働審判及び裁判上の和解における雇用紛争事案の比較分析

第3部

日本の雇用紛争の内容分析
（労働局あっせん事案から）

はじめに

　この第3部は、2012年3月にJILPT第2期プロジェクト研究シリーズNo.4として刊行された『日本の雇用終了－労働局あっせん事例から』の全面改訂版として位置づけられる。同書は、2008年度における4労働局のあっせん事案1,144件のうち、過半数の66.1％を占める雇用終了事案（解雇、雇止め、退職勧奨、自己都合退職など756件）を取り上げ、雇用終了理由類型ごとに詳しくその内容を分析したものであった。今回、第2部に収録した比較分析のもととなる調査において、前回と同様、2012年度に4労働局で受理したあっせん事案の記録について、当事者の個人情報を抹消処理した上で、その提供を受けた。そこで、今回もこれら記録をもとに、同様の内容分析を行うこととしたものである。ただし、今回は、雇用終了事案に限らず、全事案853件を対象として分析することとした。

　提供を受けた記録は次の通りである。「あっせん申請書」、「あっせん処理票」、「事情聴取票（あっせん）」、「あっせん概要記録票」及び添付書類である。添付書類には、あっせん申請に対して被申請人が提出した「回答書」や、あっせんの結果合意に至った場合における「合意文書」が含まれる。「回答書」は、被申請人があっせんに不参加となった場合でもかなりの割合で提出されており、これによりあっせんが実施されなかった事案においても被申請人の見解をある程度把握することが可能となる。もちろん、これら書類の精粗は実にさまざまであり、一体何が起こったのか事案の全貌がつかみきれないようなものも少なくない。以下では、個別労働紛争の類型化に有用な限りで、できるだけ事案の特徴を明らかにするような形で分析を進めていくこととする。

　今回は雇用終了事案に限らず全事案を対象とするが、その過半が雇用終了事案であることに変わりはなく、その類型化についてもほぼ前回のものを踏

襲している。一方、自己都合退職等非解雇型雇用終了事案や非雇用終了事案については、とりわけこの間いじめ・嫌がらせ事案が増加し、かつこの間に2011年度の6労働局におけるいじめ関連あっせん事案についての内容分析と類型化が行われたことに鑑み（『JILPT資料シリーズNo.154　職場のいじめ・嫌がらせ・パワーハラスメントの実態－個別労働紛争解決制度における2011年度のあっせん事案を対象に－』）、同報告書における類型化をほぼそのまま使うこととした。

以下に、紛争類型ごとの件数を一覧にしておく。

分類	件数
解雇型雇用終了	446
労働者の行為	214
労働者の発言	16
年次有給休暇等の取得	1
その他労働法上の権利行使	4
労働法上以外の正当な権利行使	4
社会正義の主張	6
前勤務社での権利行使	1
労働条件変更拒否	26
配置転換・出向拒否	7
配置転換（勤務場所）拒否	1
配置転換（勤務場所）拒否による解雇等	0
配置転換（勤務場所）に係る変更解約告知	1
配置転換（職務）拒否	5
配置転換（職務）拒否による解雇等	3
配置転換（職務）に係る変更解約告知	2
出向・転籍拒否	1
出向・転籍拒否による解雇等	1
出向・転籍に係る変更解約告知	0
雇用上の地位変更拒否	2
雇用上の地位変更拒否による解雇等	1
雇用上の地位変更に係る変更解約告知	1
降格拒否	1
降格拒否による解雇等	1
降格拒否に係る変更解約告知	0
労働条件引下げ拒否	12
労働条件引下げ拒否による解雇等	7
労働条件引下げに係る変更解約告知	5
労働条件変更の要求	4
労働者の態度	142
業務命令拒否	16

		業務遂行態度不良	52
		職場のトラブル	30
		顧客とのトラブル	14
		欠勤・休み	18
		遅刻・早退	2
		不平・不満の発言	6
		相性	4
	労働者の非行		26
		不正行為	5
		情報漏洩	2
		顧客奪取	1
		不正経理	1
		その他	1
		業務上の事故	6
		職場の窃盗	2
		職場におけるいじめ・セクハラ	7
		素行不良	2
		その他	4
	私的な事故		1
	私生活上の問題		2
		結婚	1
		男女関係	1
	副業		1
労働者の能力・属性			125
	労働者の能力		60
		具体的な職務能力不足	15
		職業資格	2
		成果未達成	5
		仕事上のミス	14
		一般的能力不足	21
		不向き	3
	労働者の傷病		32
		労働災害・通勤災害	5
		私傷病	2
		慢性疾患	9
		精神疾患	15
		体調不良	1
	労働者の障害		6
		身体障害	3
		知的障害	1
		精神障害	2
	労働者の年齢・定年		25
	労働者の性的志向		1

第3部　日本の雇用紛争の内容分析（労働局あっせん事案から）

		家族の属性		1
	経営上の理由			75
		正社員		26
		直用非正規		28
			期間途中解雇	14
			雇止め	14
		派遣		9
			期間途中解雇	5
			雇止め	4
		内定取消等		9
			内定取消	5
			待機	4
		表見的整理解雇		1
		コマからの外し		1
		仕事の無発注		1
	理由不明			32
非解雇型雇用終了				205
	労働条件に起因する非解雇型雇用終了			71
		労働条件変更		58
			配置転換・出向	24
			配置転換（勤務場所）	12
			配置転換（職務）	12
			雇用上の地位変更	5
			労働条件引下げ	25
			賃金引下げ	9
			労働時間短縮に伴う賃金引下げ	11
			労働時間の延長	2
			年休取得拒否	1
			社宅退去	1
			通勤手段変更	1
			休職・自宅待機等	4
			休職	1
			自宅待機	2
			労働者からの内定取消	1
		労働条件の水準		13
			雇用上の地位	1
			労働時間	9
			労働時間	6
			休日	1
			夜勤	1
			時間外訓練	1
			その他	3
			配置転換希望拒否	1

127

				交通事故	1
				盗難	1
		職場環境に起因する非解雇型雇用終了			124
			身体的攻撃		17
				直接的な身体的攻撃	15
				経営者、上司、同僚等	14
				顧客等第三者	1
				物理的脅し	2
			精神的な攻撃		74
				主に業務に関連した発言	60
				主に業務に関連しない発言	14
			人間関係からの切り離し		8
				能動的な切り離し	2
				受動的な切り離し	6
			過大な要求		8
				事実上遂行不可能な要求	4
				心理的に抵抗のある要求・行為	4
			過小な要求		5
				仕事を与えないこと	4
				程度の低い仕事を命じること	1
			個の侵害		3
				私的なことに関わる不適切な発言	2
				過剰な管理	1
			経済的な攻撃		3
				経済的な不利益を与えること	1
				労働者の権利を行使させないこと	2
			行為不明		6
		懲戒処分に起因する非解雇型雇用終了			4
		傷病・障害等に起因する非解雇型雇用終了			4
			精神疾患		2
			精神障害		1
			外国人差別		1
		コミュニケーション不全に起因する非解雇型雇用終了			2
雇用終了以外の事案					153
	労働条件				102
		労働条件変更			50
			配置転換・出向		16
				配置転換（勤務場所）	5
				配置転換（職務）	7
				出向・転籍	4
			雇用上の地位変更		6
			降格		1
			労働条件引下げ		22

			賃金引下げ	16
			労働時間短縮に伴う賃金引下げ	5
			賃金の精算	1
		休職・自宅待機等		5
	労働条件の水準			41
		賃金		8
		労働時間		31
			労働時間	6
			休憩時間	2
			年次有給休暇	23
		安全衛生		2
	その他			11
		健康診断		1
		交通費		1
		転居		1
		労働者からの借金		1
		求人の虚偽表示		1
		紹介予定派遣		2
		盗難		1
		教育訓練		1
		食事代		1
		私的交通事故費用		1
職場環境				38
	身体的攻撃			8
		直接的な身体的攻撃		6
			経営者、上司、同僚等	5
			顧客等第三者	1
		物理的脅し		2
	精神的な攻撃			23
		主に業務に関連した発言		16
		主に業務に関連しない発言		7
	人間関係からの切り離し			2
		能動的な切り離し		2
		受動的な切り離し		0
	その他の嫌がらせ			2
	行為不明			3
懲戒処分				2
賠償				11
退職をめぐるトラブル				46
	使用者側の退職拒否・希望退職拒否			2
	退職撤回の拒否			1
	退職時期			6
	賞与			7

退職金等	17
退職時の精算	7
教育訓練費用	1
住宅費	1
雇用保険	3
社会保険	1
制度対象外事案	3
賃金不払い	2
労働時間性	1

　個別労働紛争の第1の類型は解雇型雇用終了事案である。解雇型とは、雇用終了という帰結が使用者の意図するところであり、その目的を達するために行われる雇用契約の一方的解約告知である解雇を典型例としつつ、有期労働契約（派遣労働契約を含む）の雇止め（労働者側が更新を期待しているにもかかわらず使用者側が意図的に更新を拒否すること）や、内定取消、定年退職や退職勧奨事案の一部も含む概念である。これの反対概念は非解雇型雇用終了事案であり、自己都合退職を典型例としつつ、退職勧奨の一部を含む。退職勧奨事案を解雇型に分類するか非解雇型に分類するかは、事案の内容に応じて判断している。

　解雇型雇用終了事案は2012年度には全部で446件であり、全853件のうち52.3％と半分強を占める。2008年度には解雇型雇用終了事案が672件と全1144件の58.7％であったのに比べると、若干割合が減少している。その主たる原因は、経営上の理由による解雇型雇用終了が2008年度の211件（18.4％）から2012年度には75件（8.8％）に激減したことである。

一　解雇型雇用終了

　解雇型雇用終了事案446件を、ここでは大きく3類型に分ける。第1は労働者の行為を理由とするものであり、214件と全体の25.1％を占める。2008年度には297件（26.0％）であったので、ほとんど割合は変わっていない。これは、使用者側から見れば雇用終了に値する「非違行為」と判断されたものであるが、労働者側から見れば正当な発言への制裁であったり、労働条件変更拒否への制裁であるなど、不当性が高く意識される類型を含むものであることに注意

が必要である。

なお第2の類型は労働者の能力・属性を理由とするものであり、125件と全体の14.7％を占める。2008年度には137件（12.0％）であったので若干割合が増えている。第3の類型は経営上の理由によるもので、上述の通り2008年度の211件（18.4％）から2012年度には75件（8.8％）に激減している。

I　労働者の行為

はじめに、214件と全個別労働紛争事案の25.1％、解雇型雇用終了事案の48.0％を占める労働者の行為が何らかの意味で使用者の発意による雇用終了の原因となっている事案を分析していく。労働者の「行為」には、労働者のさまざまな発言や行動が含まれうるが、ここではそれらを、一般的に雇用終了の理由とするには客観的合理性が乏しいと考えられる類型から、一般的に客観的合理性を有すると考えられる類型に至る形で、次のように類型化し、順次分析を行っていく。

まず、もっとも客観的合理性に欠ける可能性が高い類型の行為に係る解雇型雇用終了事案として、権利行使や社会正義といった労働者の「発言」への制裁としての解雇型雇用終了事案がある。

次に、解雇型雇用終了の理由である行為が、使用者側からのイニシアティブによる労働条件変更に対する労働者側のネガティブな反応であるような類型がある。これは、労働条件を維持したいという発言を労働法上の権利行使と捉えれば、労働者の発言に対する制裁としての解雇型雇用終了という面があるが、他の側面から見れば労働条件変更が労働者側の拒否によって雇用終了という本来使用者側も望んでいなかった結果をもたらしてしまった事案類型とみることもできる。そしてそれらを労働条件変更の提示の仕方によって分類すると、使用者側の一方的な労働条件変更→労働者側の拒否→使用者による雇用終了と推移する労働条件変更拒否への制裁タイプと、使用者側からの労働条件変更と雇用終了の選択の提示→労働者側の変更拒否→使用者による雇用終了と推移する変更解約告知タイプに分けられる。また、変更される労働条件としては、配置転換（勤務場所に係るもの、職務に係るもの）、出向・

転籍、雇用上の地位の変更、降格、これら以外の一般的労働条件の引下げに分けられる。なお、労働条件に係る発言という意味では共通であるが、やや異なるタイプとして、労働者側からの労働条件変更要求を理由とする解雇型雇用終了事案もある。

　これらの中にも、労働条件変更の原因が労働者の「態度」にあるような事例がみられるが、労働条件変更といった中間形態をとることなく、直接「態度」を理由にした雇用終了に至っているケースが、142件（16.6％）と全解雇型雇用終了事案の中で最も多くなっている。2008年度にも168件（14.7％）と高い比率を占めていた。他に分類されるが遠因が「態度」にあるものも含めれば、「態度」を理由にした解雇型雇用終了事案の比率は極めて高いものになるであろう。ここでは、使用者側から見た「態度」の不良性を次のように分類して分析している。①業務命令拒否、②業務遂行態度不良、③職場のトラブル、④顧客とのトラブル、⑤欠勤・休み、⑥遅刻・早退、⑦不平不満の発言、⑧相性。

　「行為」を理由とする解雇型雇用終了のうち、労働法学でも解雇の正当な理由の典型例として挙げられるのが「非違行為（非行）」である。実際、あっせん事案の中には、裁判所にもっていっても解雇が認められそうなケースがいくつかある。しかしながら、概念的には確かに「非行」に該当するとは言っても、それが直ちに解雇を正当化するまでの悪質性を有するかという観点からは、かなり疑問のあるケースも多く見られ、その意味では「非行」に至らない「態度」との差は相対的なものに過ぎないともいえる。ここでは、非違行為の内容を、①不正行為、②業務上の事故、③職場の窃盗、④職場におけるいじめ・セクハラ、⑤素行不良、⑥その他、に分類して分析する。

　使用者の目からは同様に「非行」に含まれるであろうケースのうち、次の3種類については労働関係における非違行為とはいいがたい面があるために独立した項目とした。第1は私的な事故であり、第2は私生活上の問題である。会社の業務と関係のない事由が解雇型雇用終了の理由として堂々と示されていることは、日本の職場の実態として特筆するに値するであろう。第3は副業である。これは、近年労働契約法や労働時間法、労災補償法など労働法の各分野で問題意識が持たれてきていることもあり、件数は少ないが注目しておきたい。

第3部　日本の雇用紛争の内容分析（労働局あっせん事案から）

1　労働者の発言への制裁

　まず、もっとも客観的合理性に欠ける可能性が高い類型の「行為」に係る解雇型雇用終了事案として、権利行使や社会正義といった労働者の「発言」への制裁としての解雇型雇用終了事案がある。

　ここで「発言」（voice）とは、アメリカの経済学者アルバート・ハーシュマンが提示した概念で、組織や集団の成員がその組織や集団の運営に対して不満や問題意識を抱いた際に、組織や集団の内部でその不満を述べたり、問題を提起したり、改善策を訴えたりするといった内部解決型の行動を指す。それに対し、不満や問題意識を抱いた成員がそれを内部で発言するのではなく、組織や集団を脱退して、別のルートで解決を探ろうとすることを「退出」（exit）という[*1]。この「発言－退出」モデルは、政治から経済まで社会のさまざまな局面に応用されることが可能な概念枠組みであるが、職場における労働者の行動様式にも応用することが可能であり、とりわけ個別労働紛争の原因となる労働者の行為を概念化する上で有用であると考えられる。

　労働者の「発言」といっても、その内容はさまざまである。ここではそれを大きく当該労働者本人の何らかの権利行使にかかわるものと必ずしも本人の権利にかかわるものではなくより広い意味での社会正義にかかわるものに分け、前者を労働法上の権利行使にかかわるものと労働法以外の権利行使にかかわるものに分け、さらにその前者を年次有給休暇等の取得を理由とするものと、その他労働法上の権利行使をしたことが原因となった解雇型雇用終了に分けて、あわせて4つの類型を析出し、さらに当該使用者に対する発言ではなく、前勤務先会社において権利行使型の発言をしたことが解雇型雇用終了の理由となっているやや特殊なケースを加えて計5類型とした。これらに含まれる事案は全部で16件（1.9％）である。2008年度には28件（2.4％）であった。

（1）年次有給休暇等の取得

　労働者としての権利行使に係る解雇型雇用終了事案のうちもっとも典型的なのは、法律で認められた年次有給休暇の権利を行使したことを理由とする

[*1]　アルバート・ハーシュマン『離脱・発言・忠誠―企業・組織・国家における衰退への反応』（矢野修一訳）ミネルヴァ書房。

ものである。2008年度には育児休業取得を理由とするものを含めて6件あったが、2012年度は1件のみである。なお、育児休業取得を理由とする解雇等の不利益取扱いは、2010年4月に施行された2009年の改正育児・介護休業法により、それまでの一般的なあっせんの対象から女性労働関係の調停の対象に移行している。

・20015（正女）普通解雇・いじめ（10万円で解決）（製造、10-29人、無）
　前々から工場長は「有休は冠婚葬祭のみ」といい、有休申請する人はいなかったが、病気で6日間入院したため会社はやむなく有休を認めた。その後通院時にも有休を使いたいというと、欠勤にせよと言われたが、監督署に相談し、結局申請人だけが有休を使えるようになった。そのため上履きが捨てられる、傘を壊されるなど会社ぐるみのいじめが始まり、休日出勤で内職の仕事をしていると疑われ、社長から解雇を通告された。会社側によると、仕事上で就業規則違反の行為があり、本来もっと前に懲戒解雇すべきであった。

(2) その他労働法上の権利行使
　その他の労働法上の権利行使を理由とする解雇型雇用終了事案のうち、労働契約の明示と雇用保険への加入を要求して雇止めされた有期契約労働者のケースと、応募条件の不整合を指摘して内定を取り消された派遣労働者のケースは、これら非正規労働者が労働法上の権利を行使することが困難な雇用の不安定さを強いられていることを示している。

・30003・30023（試女）懲戒解雇（取下げ、離職理由の変更）（他サービス、50-99人、無）
　申請人によれば、パワハラが酷い者がおり、職場の問題点を社長に上げることを専務に提案し、会議室や各部署の調整を行ったところ、申請人がいるから職場が乱れると言われ、許可なく社内で集会する行為があり、職場秩序を乱したとして懲戒解雇を通告された。会社側によれば、これは複数の社員の結託により発生した事件で、申請人らによる他の従業員を排除する動きがあり、電話による半脅迫的言動により社員に恐怖を与えるなど常識を超えた

行為である。

・30153（非女）雇止め（37.5万円で解決）（卸小売、100-149人、無）
　有期契約の自動更新を繰り返してきたのに突然雇止めされ、理由を説明しないが、前回更新時に労働契約の明示と雇用保険への加入を要求し、加入しないと断言されたことが原因と申請人は考えている。会社側によれば、指導に対して反抗的であったためであり、偶然タイミングが合った。

・30161（派男）（対派元）内定取消（不参加）（情報通信、不明、無）
　派遣先の職場見学に行く前に雇用条件通知書を受け取り、応募条件の不整合を指摘したが取り合ってくれなかった。派遣元に提出した応募書類を同意なく渡され、プライバシーの侵害と感じた。その後、派遣先から断られたので今回は見送りますと電話があった。会社側は、申請人と雇用関係にないと主張。

(3) 労働法上以外の正当な権利行使
　これらに対し、必ずしも労働法上の権利行使ではないが、一般的には正当な労働者個人の権利行使とみられる抗議に対する制裁として解雇型雇用終了が行われた事案として4件ある。もっともその全てが取下げないし不参加の終了区分であり、使用者側の言い分が明らかではないので、実際にどこまで労働者側の言い分が正当なものであったかは明らかではない。

・20123（正男）退職勧奨・賃金引下げ（取下げ）（生活娯楽、1-9人、無）
　利用客から暴行を受けた際警察に被害届を出したことを理由に、支配人から宿直回数減少などの不利益対応を受け、社長と話し合ったが「最悪クビにする。今までの条件で働けると思うな」と脅された。

・30178（非女）普通解雇・いじめ（不参加）（製造、不明、無）
　室の責任者からいわれのない言葉の暴力を受け、会長に相談したところ、一方的に申請人に非があるように言われ解雇された。

・30436（派女）（対派元）退職勧奨・いじめ（取下げ）（他サービス、50-99人、不明）
　派遣先における業務手順の矛盾を指摘し、目安箱に投稿したところ、業務につかずに待機するよう指示され、ケアレスミスを理由に執拗な退職勧奨を受け、耐えかねて離職した。

・30455（非女）退職勧奨・いじめ（不参加）（運輸、1-9人、無）
　先輩からパワハラを受け、会社に相談したところ、経営不振を理由に退職を促された。

(4) 社会正義の主張
　以上のような労働者個人の権利というよりも、より一般的な社会正義を主張したことに対する制裁に属するのは次の6件である。もっとも、これらも打切りの1件を除けば全て会社側不参加であって、労働者側の主張のどこまでが真実であるか否かは必ずしも明らかではない。しかしながら、もし仮に事実であるならば、これらは一般的には公益通報者保護法にいう「通報対象事実が生じ、またはまさに生じようとしていると思料する場合」における「当該労務提供先等に対する公益通報」（第3条第1項）に該当する可能性もあり、その場合かかる公益通報をしたことを理由とする解雇は無効であるはずである。

・10088（正男）普通解雇（不参加）（金融、不明、不明）
　打合せのための理事会と称して理事と職員たちが宿泊ゴルフしていることを新聞社に匿名で告発したことが会社に発覚し、諭旨解雇された。

・10100（正男）退職勧奨（不参加）（他サービス、不明、不明）
　総務課長として勤務。業務次長の横領を発見報告したが社長から処分がなく、社長に話すと気に入らなければ辞めてもらうしかないと言われた。その後無断欠勤と休暇を繰り返している。

・10105（正女）普通解雇（打切り）（医療福祉、1-9人、無）
　理事長による利用者（障害者）への虐待を行政や警察の事情聴取に話したところ、スパイ扱いされ、解雇を通告された。会社側によれば、利用者に不必要に近づき、主観的な行動をとっていたため、就業規則違反として解雇した。

・20101（正女）普通解雇（不参加）（医療福祉、10-29人、無）
　施設長が障害者である職員にパワハラしていることを代表者に訴えた同僚が解雇されたことに抗議したところ、解雇を通告された。

・30395（非女）雇止め・いじめ・メンヘル（不参加）（生活娯楽、不明、無）
　マネージャからの家庭内問題等の発言で心療内科でうつと診断されたほか、ストレスによる腸炎と診断され、その後「社長に意見したり、社内の不正を黙ることができないなら、意見が合わないので、本日で契約期間満了」と言われた。

・40039（非男）雇止め（不参加）（医療福祉、10-29人、無）
　入所者の待遇があまりにも悪いので理事長らに申し出たら、突然雇止めされた。

(5) 前勤務社での権利行使
　自社に対する権利行使ではなく、他社（前勤務社）において権利行使したことが解雇型雇用終了の理由とされた事案も1件ある。「発言」をするような労働者は望ましくないという価値観が窺われる事案である。

・30268（内男）内定取消（不参加）（医療福祉、200-299人、無）
　採用内定を受けた後、呼び出されて、以前勤めていた病院で病院相手に裁判をし、和解を申し出たことを持ち出して一方的に内定を取り消してきた。

　なお、非解雇型雇用終了事案の中の職場環境に起因するものに、「労働者の権利を行使させないこと」を原因として退職を余儀なくされた事案が2件ある。労働災害に健康保険を使うよう指示されたことへの抗議（10083）や子どもを健康保険の被扶養者から外すよう求められたこと（20104）である。

2　労働条件変更拒否

　次に、雇用終了の理由である行為が、使用者側からのイニシアティブによる労働条件変更に対する労働者側のネガティブな反応であるような類型がある。ここでは、労働条件という言葉を賃金労働時間のような一般的労働条件に限らず、労働者にとって有利であったり不利であったりしうるさまざまな雇用条件まで含めて幅広く捉えている。具体的には、勤務場所に係る配置転換、職務に係る配置転換、出向・転籍、雇用上の地位の変更、降格、そしてこれら以外の一般的労働条件の引下げの6つに分けて分析した。雇用上の地位の変更は、典型的には正社員から非正規労働者への身分変更などが該当するが、必ずしもこれに該当しなくても、これに類するような雇用上の地位の変更を含めている。

　この類型は、労働条件を維持したいという発言を労働法上の権利行使と捉えれば、労働者の発言に対する制裁としての雇用終了という面があり、それゆえにここで分析するわけであるが、他の側面から見れば労働条件変更が労働者側の拒否によって雇用終了という本来使用者側も望んでいなかった結果をもたらしてしまった事案類型とみることもできる。その意味では、労働条件変更と雇用終了の二つの領域が交錯する分野ということもできる。

　その交錯の仕方を使用者側による労働条件変更の提示の仕方によって分類すると、使用者側の一方的な労働条件変更→労働者側の拒否→使用者による雇用終了という形で推移する労働条件拒否への制裁タイプと、使用者側からの労働条件変更と雇用終了の選択の提示→労働者側の変更拒否→使用者による雇用終了という形で推移する変更解約告知タイプに分けられる。

　変更解約告知とは、一言でいえば、労働条件の変更を受け入れるか、さもなければ雇用契約を解除するかという選択を労働者に迫ることである。もともとドイツ法の概念として認識されていたが、2005年のスカンジナビア航空事件（東京地決平7.4.13労判675-13）を契機として、日本の労働法学界でも盛んに議論されるようになった。ただ、基本的には、これは雇用契約において雇用労働条件が厳格に規定されており、使用者による一方的変更の余地が乏しいドイツなどで発達した法理であって、就業規則の不利益変更法理によって広範かつ柔軟な労働条件の変更が認められている日本では適用の余地はあ

第3部　日本の雇用紛争の内容分析（労働局あっせん事案から）

まりない、というのが、一般的な認識であるように思われる。

　2007年の労働契約法の制定に至る検討の過程においては、2005年の労働契約法研究会報告にみられるように、変更解約告知制度を実定法上に導入することを提唱する動きもあったが、三者構成の労働政策審議会においてはほとんど議論になることもなく課題から落とされ、現在に至るまでなお主として講学上の概念であり続けている。ところが、労働局あっせん事案のように中小零細企業が中心の事案においては、意外なことにこの変更解約告知に近い形態のものが多々みられる。これは、裁判所に持ち込まれる労働関係紛争の多くが大企業や中堅企業中心で、日本型の雇用法理がかなり浸透しているのに対して、中小零細企業ではかえってそれ以前の古典的な労働関係が強く残っており、そのためある面で欧米型に近いともいえる変更解約告知のような現象がみられるのではないかとも解釈できる。

　この二種類のほかに、労働条件変更と雇用終了が交錯する形態としては、労働条件変更を理由とする自己都合退職があり、二の非解雇型雇用終了事案の中の労働条件に起因する非解雇型雇用終了事案において分析する。これは、労働法学上は準解雇事案とも呼ばれるものである。

　2008年度には分析対象としなかった雇用終了以外の事案も含めた2012年度におけるその内訳は以下のとおりである。2012年度における労働条件変更拒否への制裁としての解雇型雇用終了事案（労働条件変更要求を除く）は全部で22件（2.6%）（うち解雇等が13件（1.5%）、変更解約告知が9件（1.1%））であり、労働条件変更を理由とする非解雇型雇用終了事案の58件（6.8%）や、雇用終了以外の労働条件変更事案の50件（5.9%）に比べるとかなり少ない。2008年度には解雇型が51件（4.5%）、非解雇型が40件（3.5%）であったのに比べると、非解雇型が著しく増えたことが分かる。

労働条件変更	解雇等	変更解約告知	自己都合退職	雇用終了以外	計
配置転換（勤務場所）	0	1	12	5	18
配置転換（職務）	3	2	12	7	24
出向・転籍	1	0	0	4	5
雇用上の地位変更	1	1	5	6	13
降格	1	0	0	1	2
労働条件引下げ	7	5	25	22	59
休職・自宅待機	0	0	4	5	9
計	13	9	58	50	130

(1) 配置転換・出向拒否

(i) 配置転換（勤務場所）拒否

　配置転換のうち勤務場所の変更に係るものは、労働法の原理論からすれば雇用契約締結時に勤務場所の変更があり得る旨の明示ないし黙示の合意があったか否かによってその可否が定まるはずであるが、日本の最高裁の判例法理は就業規則の規定を根拠に、正社員には極めて広範にその義務を認めてきていることは周知のとおりである。有名な東亜ペイント事件判決（最二小判昭61.7.14労判477-6）は、「上告会社の労働協約および就業規則には、上告会社は業務上の都合により従業員に転勤を命ずることができる旨の定めがあり、現に上告会社では、全国に十数か所の営業所等を置き、その間において従業員、特に営業担当者の転勤を頻繁に行つており、被上告人は大学卒業資格の営業担当者として上告会社に入社したもので、両者の間で労働契約が成立した際にも勤務地を大阪に限定する旨の合意はなされなかったという前記事情の下においては、上告会社は個別的同意なしに被上告人の勤務場所を決定し、これに転勤を命じて労務の提供を求める権限を有するものというべきである」と述べ、「転勤、特に転居を伴う転勤は、一般に、労働者の生活関係に少なからぬ影響を与えずにはおかないから、使用者の転勤命令権は無制約に行使することができるものではなく、これを濫用することの許されないことはいうまでもない」と言いつつ、「当該転勤命令につき業務上の必要性が存しない場合又は業務上の必要性が存する場合であっても、当該転勤命令が他の不当な動機・目的をもってなされたものであるとき若しくは労働者に対し通常甘受すべき程度を著しく超える不利益を負わせるとき等、特段の事情の存する場合でない限りは、当該転勤命令は権利の濫用になるものではない」と権利濫用の範囲を著しく縮小している。

　かつては男女異なる雇用管理を前提にして、大阪への転勤を命じられた独身女性に対して「勤務の場所は、被雇用者である債権者にとってその当時および将来の生活上極めて重要な意義を有するものであることは言うまでもないから、…特に勤務場所について明示的に限定する旨の合意がなされたことの疎明資料のない本件においても、…債権者の勤務場所を和歌山市とする旨

の暗黙の合意がなされていたものと推認するのが相当」(ブック・ローン事件、神戸地決昭54.7.12労判325-20)と、男性であれば考えられないような判決も見られたが、職場の男女平等が進む中で判例法理も男性並みとなり、共働きの女性に対しても仕事優先の判断が行われるようになり、ケンウッド事件(最三小判平12.1.28労判774-7)では、夫と共働きで三歳児を保育所に送り迎えしていた女性労働者にそれを困難とする目黒区から八王子への異動を命じ、拒否したことを理由に懲戒解雇した事案について、東亜ペイント事件判決の一般論を引きつつ、その「不利益は、必ずしも小さくはないが、なお通常甘受すべき程度を著しく超えるとまではいえない」としている。

このような場所的な配置転換の受け入れ義務の高さ等をもって、正社員とパート労働者などの非正規労働者との処遇格差の根拠となりうるものと考えたのが、水町勇一郎の『パートタイム労働の法律政策』(有斐閣)である。企業からの拘束(残業、配転、勤務時間外活動の制約、勤務時間の決定・休暇取得の際の労働者の自由度のなさなど)の度合いが正社員よりも小さい労働者を想定すると、低賃金を補う「負の効用」として勤務時間・勤務条件の自由度などのメリットを享受しており、このような低拘束・低賃金の就労形態を合理的な行動の結果として選択しているのであるから、低い賃金を受け取るのも合理的である、という経済学における「補償賃金の理論」が、法的にも十分な正当性をもつたものと考えられるとし、これを「同一義務(労務給付義務プラス付随義務)同一賃金原則」として提起している。

ところが、労働局あっせん事案を見ると、このような雇用形態による義務の格差が必ずしも明確にあるかどうか疑わしい面もある。2012年度には配置転換(勤務場所)拒否による解雇型雇用終了事案は正社員の1件しかないが、自己都合退職事案や雇用終了以外の事案では正社員のみならず非正規労働者の配置転換(勤務場所)が相当数見られる。これは2008年度事案でも見られる傾向である。そして、正社員に係る事案についても、必ずしも配置転換それ自体の必要性によるものというよりは、当該労働者の「態度」が根本原因となっていて、それに対する対応として本来予定されていない措置として配置転換が行われ、紛争となるケースが多いようにも思われる。

(a) 配置転換（勤務場所）に係る変更解約告知

・20163（正男）退職勧奨・配置転換（不参加）（宿泊飲食、30-49人、無）
　社長からいきなり遠方の店に異動するか退職せよと言われ、「辞めろ、退職届をもってこい」と怒鳴るので「辞めさせていただきます」と言わざるを得なかった。会社側によれば、パートのタイムカードを不正打刻するなど勤務態度が悪く、本来即刻解雇だと説明した。

(ii) 配置転換（職務）拒否

　配置転換のうち職務の変更に係るものは、とりわけ日本の判例法理においては考え得る最大限に至るまで広範にその義務が認められているものといえる。すなわち、最高裁は日産自動車村山工場事件（最一小判平1.12.7労判554-6）において、「上告人らと…被上告人との間において、上告人らを機械工以外の職種には一切就かせないという趣旨の職種限定の合意が明示又は黙示に成立したものとまでは認めることができず、上告人らについても、業務運営上必要がある場合には、その必要に応じ、個別的同意なしに職種の変更等を命令する権限が被上告人に留保されていたとみるべきであるとした原審の認定判断は、…正当として是認することができ」ると述べ、「他の職種には一切就かせない」とまで合意していなければ、デフォルトルールは職種限定なしであると明確に宣言している。

　配置転換（勤務場所）に係る法理が、近年ワーク・ライフ・バランスの要請等もあり徐々に変化しつつあるのとは対照的に、配置転換（職務）に係る法理にはほとんど変化の兆しは見られない。近年はむしろ、アナウンサーやタクシー運転手、児童指導員のような典型的ジョブ型職種についても職種限定合意を認めない判決が出されている（九州朝日放送事件（最一小判平10.9.10労判757-20）、古賀タクシー事件（福岡高判平11.11.2労判790-76）、東京サレジオ学園事件（東京高判平15.9.24労判864-34））。逆に、職種限定合意を前提として客室乗務員に変更解約告知を認めたスカンジナビア航空事件（東京地決平7.4.13労判675-13）に対しては、労働法学者から批判が集中した。

企業に配置転換の権限があるかどうかという問題と裏腹の関係にあるのが、配置転換の義務があるかどうかという問題である。最高裁は片山組事件（最一小判平10.4.9労判736-15）において、バセドウ病のために建設現場作業に従事できなくなった現場監督について、「労働者が職種や業務内容を特定せずに労働契約を締結した場合においては、現に就業を命じられた特定の業務について労務の提供が十全にはできないとしても…当該労働者が配置される現実的可能性があると認められる他の業務について労務の提供をすることができ、かつ、その提供を申し出ているならば、なお債務の本旨に従った履行の提供がある」と判示し、配置転換の義務を認めている。労働者に職務を維持する権利を認めない代わりに、職務変更による雇用維持の権利を認めるという考え方は、現在に至るまで全く変わっていないといえる。

　これに対し、労働局あっせん事案においては、中小零細企業が大部分であることもあり、このような職務転換と雇用維持とのつながりはあまり見られず、勤務場所の転換の場合と同様に、労働者の「態度」を原因とする措置として用いられているケースが目立つ。配置転換（職務）拒否への制裁5件中、正社員は3件、非正規労働者が2件であり、配置転換（職務）に起因する自己都合退職12件中、正社員が5件、非正規労働者が6件、派遣労働者が1件であり、雇用終了以外の配置転換（職務）事案7件中、正社員が4件、非正規労働者が3件である。これらは、配置転換（勤務場所）関係事案で述べた雇用形態による義務の格差の希薄さを反映しているとともに、そもそも正社員についても雇用維持の規範性が薄いことを反映している面もあろう。

(a) 配置転換（職務）拒否による解雇等

・20062（正男）普通解雇（8.2万円で解決）（製造、10-29人、無）

　日勤から夜勤に変更されたが、糖尿病の治療のため日勤に戻して欲しいと社長に頼んだら、日勤の仕事内容が変更される等し、社長に訴えたら「有給で仕事を探してこい」と言われ、労基署に相談に行ったら社長に呼ばれて解雇された。

・20078・20079（非女）普通解雇・配置転換（7.7万円、7.2万円で解決）（製造、10-29人、無）
　配置転換を命じられ、1日勤務したが、危険な機械操作で怪我をしそうになり、工場内の異臭による気持ち悪さで休んだため、社長に以前の職場に戻すよう頼んだが受け入れられず、自宅待機を命じられ、「もうあの二人は要らない」と言われた。会社側によれば、申請人母娘の住居に近いので都合が良いと考えた。他の多くの労働者が同じ作業に就労しているのに、劣悪と感じることが理解できない。

(b) 配置転換（職務）に係る変更解約告知

・20153（正男）退職勧奨・配置転換（5万円で解決）（製造、300-499人、無）
　資材管理部門で不良品が多く、年間目標12件を立てたが9月で超えてしまい、「辞めるか、契約社員となって別部署に異動するか」と迫られ、退職せざるを得なくなった。会社側によれば、適性を考えて（社外的に問題とならない）製造部門への異動を提案した。

・30281（正男）退職勧奨・配置転換・いじめ（取下げ）（製造、50-99人、無）
　生産業務から外されて一日中掃除をさせられ、社長から「辞めるか、辞めなければ掃除担当者として大幅に給料を下げる」と言われ、退職届を出した。

(iii) 出向・転籍拒否

(a) 出向・転籍拒否による解雇等

・30391（正女）普通解雇・転籍（不参加）（宿泊飲食、1-9人、無）
　協力会社への転籍を命じられ、理由に納得がいかないので拒否したところ解雇された。

(2) 雇用上の地位変更拒否

　勤務場所や職務の変更に対しては最大限の自由度を認める日本の判例法理においても、使用者による一方的な雇用上の地位変更を認めたものはない。それはある意味で当然であって、雇用上の地位変更によって正社員の地位を失わせてしまうことは、勤務場所や職務についての広範な配置転換の根拠自体を失わせてしまうことになるからであろう。

　ところが、労働局あっせん事案において無視し得ない分量を占めるのが、正社員から非正規労働者へといった雇用上の地位変更にかかわる事案である。これは、もちろん中小零細企業における労働法に対する意識の欠乏に原因する面もあるが、その根底には、中小零細企業における正社員と非正規労働者の実際面での違いの少なさもあるかも知れない。

　もっとも、2008年度には解雇型雇用終了事案で9件、非解雇型雇用終了事案で4件あったのに比べると、2012年度には前者が2件（解雇等と変更解約告知がそれぞれ1件）、後者が5件と、かなり減少している。また、配置転換の場合と同様に、当該労働者の「態度」が根本原因となっていて、それに対する対応として雇用上の地位変更が行われ、紛争となっているケースが多いようにも思われる。

(i) 雇用上の地位変更拒否による解雇等

・10076（非男）普通解雇（不参加）（他サービス、不明、不明）

　契約社員として働いてきたが、個人業務委託契約書の提出を求められ、拒否したら即座に解雇通告された。

(ii) 雇用上の地位変更に係る変更解約告知

・30299（正女）労働条件引下げ（18万円で解決）（医療福祉、50-99人、無）

　正社員から登録型ヘルパーに一方的に変われと言われ、いやなら解雇すると言われた。会社側によれば、申請人は勤務中に注意すると座り込んで泣きわめくので困っており、精神面への配慮から登録ヘルパーへの変更を言ったが、解雇とは言っていない。申請人は小児性てんかんを過去患ったことがあり、

介護利用者からの苦情が非常に多く、重大事故につながることも心配していた。

(3) 降格拒否

(i) 降格拒否による解雇等

・10001（非男）雇止め・いじめ（不参加）（他サービス、30-49人、無）
　チーフスタッフという立場なのに、対応の仕方を他のスタッフに教えるよう指示してもマニュアルがあるからと指導せず、「私たちはアルバイトなんだから、年末年始は職員がやればいいんだ」などと発言するため、チーフスタッフからスタッフへの配置換えを打診したところ、これを拒否したので雇止め。1年更新の非正規だがチーフからの降格という事案。パワハラも訴え。実体はむしろ業務命令拒否や業務遂行態度不良が原因。

(4) 労働条件引下げ拒否

(i) 労働条件引下げ拒否による解雇等

・10119（非女）雇止め・いじめ・労働条件引下げ（10万円で解決）（運輸、10-29人、無）
　高速バスのセンディング業務。契約していた就業時間を前倒しするように求められ、拒否したら雇止めされた。会社側によれば、今まで担当していた業務が、取引先旅行会社の都合で変更となり、協力を求めたもの。契約違反ではなく他の従業員は受け入れている。
　時間帯を決めた雇用契約ではあるが、会社側の言い分ではあくまでも契約範囲内の時間変更ということになる。

・20080（正男）普通解雇・賃金引下げ（10万円で解決）（生活娯楽、1-9人、無）
　手取20万円のはずだったのに入社後基本給12万円、諸手当込み名目20万円を提示され、条件違いを抗議したところ解雇され、心労で不整脈を発症した。会社側は適正な労働条件と主張。

・20084（正男）普通解雇（不参加）（生活娯楽、50-99人、無）
　入社1か月半後、経営状態の悪化により、労働条件の報酬額変更の申入れがあったので、同意できないと返答したところ、解雇を通告された。

・20087（正女）普通解雇・賃金引下げ（20万円で解決）（他サービス、10-29人、無）
　手取20万円のはずなのに給与明細は10万円で、「賃金は他の人も下げた。これ以上払えない」と言われ、納得いかないと言うと「辞めてもらっていい」と言われた。会社側によれば申請人が自分から辞めたのだが、解雇にして欲しいと言われたので整理解雇にした。

・20168（非男）普通解雇（打切り）（他サービス、10-29人、無）
　採用時に提出した就業誓約書には雇用期間の記載はなかったが、その後住宅資金貸付制度の申込みをするにあたり、雇用期間の記載されている事業主の証明書が必要になったので、書いてもらったところ雇用期間3か月となっていたため返済には厳しいので6か月と記載してもらった。その後3か月の期間満了で雇止めと言われたが、雇用期間は6か月のはずである。会社側によれば、短期の労働力が必要なため殆どが3か月契約で誓約書をもらっている。申請人がお金を借りるにあたり3か月では駄目なので6か月にして欲しいと頼まれ、仕方なく6か月の書面を出しただけ。現実社会における雇用期間の曖昧さをよく示している事案である。

・30007（正男）普通解雇・賃金引下げ（不参加）（製造、不明、無）
　社長から賃金体系の変更の申出があったが、今まで何回も変更されてきたので元に戻してもらいたいというと、解雇通知が送られてきた。

・30009（非男）雇止め・賃金引下げ（不参加）（製造、100-149人、無）
　嘱託社員として勤務していたところ、給与を25万円から23万円に引き下げると言われ、拒否したら雇止めされた。会社側によれば定年後の給与額は保障しておらず、年金の受給額を調べて可能なら受給するように勧めたが取り合わない。

(ⅱ) 労働条件引下げに係る変更解約告知

・10052（非女）雇止め（30万円で解決）（他サービス、50-99人、無）
　業務量大幅減少により定時制勤務維持が困難となり、育児との関係で難しいシフト制に応じられなければ契約更新は困難と言われ、一方的に契約を切られた。本人の主張によれば、かつて上司から盗みをしていると事実無根の非難をされたことが原因である。会社側によれば、上司の発言の非は認めるが、それは理由ではない。

・20152（非女）退職勧奨・労働条件引下げ・メンヘル（打切り）（製造、1000人以上、有（非））
　適応障害及びうつ病のため午前中のみの勤務であったが、フルタイム勤務が出来ないのならば契約更新は困難と言われたが、午後勤務が出来ないので退職せざるを得なくなった。会社側によれば、申請人は採用面接時からフルタイム勤務を了承しており、精神ストレスは家庭内の問題が原因と認識。

・30051（非男）退職勧奨・賃金引下げ（打切り）（他サービス、1-9人、無）
　諸手当の解釈をめぐり意見の相違が平行線をたどり、会社の業績悪化を理由に日当単価の減額を提示され、これに不服なら継続してもらわなくても結構といわれた。

・30182（非女）退職勧奨・いじめ（20万円で解決）（製造、10-29人、無）
　社長から「仕事に向いていない。午前中だけ働くか、辞めて失業給付を貰うかどっちが良い？」と言われ、退職した。また以前から「結婚適齢期を随分過ぎている」「これから出産するのは難しいでしょ」などとパワハラを受けていた。会社側によれば、申請人は注意をすると箱を蹴ったり、職場で浮いた存在だった。

・30202（非男）退職勧奨・いじめ（不参加）（複合サービス、1000人以上、有）
　期間契約社員として10年勤務していたが、課長から商品買い取りの申込用紙を書くか、退職願を書くか、二者択一を迫られ、やむなく退職願を書いたが、

これは上司の立場を利用したパワハラである。

3 労働条件変更の要求

・20003（試女）普通解雇（不参加）（金融、1-9人、無）
　採用1か月後に勤務条件の改善を申し入れたところ、室長から社長と相談するという話があり、自宅待機していたところ、解雇通知が届いた。書面で解雇理由を求めたが2回にわたって無視され、ハローワークにも一方的な情報を伝えられ、求職活動もできなくなったため、体調を崩した。会社側によれば、一方的に労働条件の変更を要求され、できることとできないことの返事をしたにもかかわらず、一方的に出社しなくなったため。

・30321（内男）内定取消（35万円で解決）（宿泊飲食、1-9人、無）
　採用内定を受けた後、給与額を聞いたところ、あまりに低い金額で、職務経歴からするともっと高い金額を要求したところ、内定取消を通知された。会社側によれば、職務経歴だけでなく人をまとめる能力から判断した。

・30355（非女）普通解雇（不参加）（宿泊飲食、10-29人、無）
　シフトを17時からではなく19時からに希望したら店長から「店のカラーに合わない」といきなり解雇された。会社側によれば、採用時の約束は17時からなので、そうしてくれと言っているだけで解雇していない。

・30385（非女）普通解雇（打切り）（医療福祉、10-29人、無）
　求人では週3日8：00 - 12：30の勤務であったが、採用決定後変更を希望したところ、条件が折り合わず、解雇を通告された。申請人の考えでは、前任者が辞める前提で募集したが、辞めないので解雇したのではないか。

4 労働者の態度

　さて、労働者の行為や能力・属性といった個人的事情を理由とするものの

うちで件数的にもっとも多いのが「態度」を理由とする雇用終了事案であり、全部で142件（16.6％）にのぼる。2008年度には168件（14.7％）であったので、若干割合が高まっている。

　これは、一方では権利行使や社会正義などの「発言」への制裁系の雇用終了と連続し、他方では「能力」を理由とする雇用終了とも連続するところがある。また、一口に「態度」といっても、その範囲はかなり広い。他に分類されるが遠因が「態度」にあるものも含めれば、労働局あっせん事案における「態度」を理由にした雇用終了の比率は極めて高いものになるであろう。

　前節の労働条件変更にかかわる雇用終了の中にも、その労働条件変更の原因が労働者の「態度」にあるような事例はかなり見られたが、本節では、労働条件変更といった中間形態をとることなく、直接「態度」を理由にした雇用終了に至っているケースを分析する。ここでは、使用者側から見た「態度」の不良性を、一般的に雇用終了の理由とすることに合理性ないし相当性があると考えられるような類型から、一般的にそうとは考えられないような類型に順次並ぶように、次のように分類して分析している。①業務命令拒否（16件）、②業務遂行態度不良（52件）、③職場のトラブル（30件）、④顧客とのトラブル（14件）、⑤欠勤・休み（18件）、⑥遅刻・早退（2件）、⑦不平不満の発言（6件）、⑧相性（4件）である。

　各具体的な類型ごとの分析にはいる前に、一般的に雇用終了と「態度」との関係について概観しておく。そもそも、典型的な労働法の教科書においては、解雇の合理的な理由として「態度」などという項目は上がっていない。例えば、スタンダードテキストとされる菅野和夫『労働法　第10版』においても、解雇権濫用法理にいう解雇の「客観的に合理的な理由」を、①労働者の労務提供の不能や労働能力又は適格性の欠如・喪失、②労働者の規律違反の行為、③経営上の必要性、④ユニオンショップ協定に基づく組合の解雇要求、の4つとし、これらのいずれかに属するような「客観的に合理的な理由」が認められなければ、当該解雇は解雇権を濫用したものとして無効となる、と記述している。「態度」の一部は、①の適格性や②の非違行為に属するということもできるが、大部分はそうではない。つまり、現実の労働社会において行われている雇用終了の最も多くを占める類型が、労働法学において解雇類型とし

て取り上げられておらず、多くの労働者にとっての「生ける法」が正面から考察されていないことになる。

このように、労働局あっせん事案の内容分析によって、現代日本のとりわけ中小零細企業の職場の現実と、裁判例や学説の中に存在する理念としての（大企業や中堅企業においては現実でもある）労働法制の姿との間に大きな亀裂が走っていることがあぶり出されることになる。法解釈学の立場からはさまざまなあるべき姿についての議論があり得るであろうが、ここではまず何よりも、現実の職場において、労働者の「態度」を理由とする雇用終了が、どのような状況下で、どのような推移で発生し、展開しているのかという、事実発見に専念する。

(1) 業務命令拒否

まず、「態度」を理由とする雇用終了の中で、もっとも客観的合理性がありそうな類型として、業務命令拒否、正確に言えば、通常の業務遂行上の指揮命令権に属する命令に対する拒否的行動を理由とする雇用終了を取り上げる。2008年度には20件（1.7％）であったが、2012年度には16件（1.9％）であり、ほぼ比率は変わらない。

そもそも、雇用契約は、根本規定である民法によれば「当事者の一方が相手方に対して労働に従事することを約し、相手方がこれに対してその報酬を与えることを約することによって、その効力を生ずる」（民法623条）債権契約であって、民法の一般原則からして、業務命令拒否は労働者側の債務不履行であり、使用者側はそれによって生じた損害の賠償を請求することができる（民法415条）とともに、相当の期間を定めて履行の催告をしても期間内に履行しない場合には契約を解除することができる（民法541条）。ただし、この規定による解除権であれ、随意雇用原則に基づく期間の定めのない雇用契約の解約権（民法627条）であれ、あるいはやむを得ない事由による期間の定めのある雇用契約の期間途中の解除権（民法628条）であれ、判例法理による解雇権濫用法理、現在の労働契約法16条の対象となるので、結局は、業務命令拒否という労働者側の行為が雇用終了を正当化するほどの悪質さがあるかという判断に帰着するともいえる。

以下では、労働局あっせん事案に現れた業務命令拒否の諸相を見ていくが、類型的には雇用終了の正当性が高いと思われる種類であるといっても、内容的に雇用終了を正当化するまでの悪質さがあるかといえば、かなり疑わしい事例がかなりを占め、おそらく裁判に持ち込めば、社会的正当性がないとして解雇無効の判決が下されるようなケースもままみられる。もっとも、そもそもあっせん事案であることから、事実関係について会社側と労働者側の主張が相当程度乖離していることが多いことを念頭におく必要がある。

・10060（正男）普通解雇（不参加）（製造、1-9人、無）
　防塵マスクの不着用や禁煙場所での喫煙など上司の作業指示に従わず、本社や顧客からも苦言を呈されたため、解雇された。

・20019（正男）普通解雇（150万円で解決）（教育、1-9人、無）
　学習塾のフランチャイズオーナーが雇った者が勝手に講師を雇い、本部からのスーパーバイザーの指示に従わず、注意すると逆ギレするので、退職を求めたが拒否されたので解雇した。使用者側からのあっせん申請。

・20038（非女）普通解雇（150万円で解決）（学術専門、1-9人、無）
　事業推進を一任されたのに労働契約書と異なる指示を受け、専務理事より財団のやり方とそぐわないと解雇通告を受けた。会社側によれば、自分と意見が違うと激しく罵倒し、協調性がなく、リーダーの資質に欠け、上司が指示しても考えに固執し、組織の方針を独断で覆して勝手に進め、規律が乱れて部下全員が退職を申し出たため業務が進まなくなったため。

・30020・30021（正女）普通解雇・いじめ（いずれも10万円で解決）（医療福祉、1-9人、無）
　採用時に資格は要らないと言われていたのに、わずか2か月で有資格者を採用するからと解雇され、「君と働いたら潰れる」と暴言を受けた。会社側によれば、離職証明書の有資格者の採用云々は2人への配慮であり、本当は申請人らが言うことを聞かず、何を言っても制御不能であったことが原因である。

業務ノートに院長の悪口を書いた。

・30186（正女）普通解雇（不参加）（卸小売、1-9人、無）
　商品の値引きを勝手にした、経営者の言うことを聞かない、売上げが上がらないという理由で、オーナーが突然店を閉めると言い出し、辞めざるを得なかった。

・30191（試女）普通解雇（18万円で解決）（卸小売、1-9人、無）
　試用期間中、経理からの引継ぎや副社長の指示に従わず、協調性がなくマネージャーとして不適格として即日解雇を通告された。

・30193（正男）普通解雇・いじめ（打切り）（製造、100-149人、無）
　営業で成績が上がらず、部門長から酷いいじめ、暴行を受け、退職を強要され、医師の指導で療養中に解雇通知を受けた。会社側によれば、申請人は指示したことをしない、指導を聞かない等で叱責していた。

・30195（非男）普通解雇（不参加）（製造、不明、無）
　労働条件通知書受け取り拒否を理由として解雇を通告された。

・30211（非男）普通解雇（不参加）（生活娯楽、不明、無）
　突然解雇された。会社側によれば、出勤を命じても解雇されたと言い張り応じないので契約を解除した。

・30259（正男）普通解雇（不参加）（卸小売、200-299人、無）
　協調性のなさや服装髪型で指導に従わなかったことを理由に解雇された。会社側によれば、それだけでなく、上司である店長を脅迫する言動もあった。

・30353（非女）普通解雇・いじめ（20万円で解決）（医療福祉、1-9人、無）
　印字を拒否し、診療録管理ファイルをしまい込んで催促しても出してこないため、解雇された。その際「もういい帰れ、顔も見たくない」と暴言を吐

かれた。会社側によれば、解雇時に激昂して暴言を吐いたが、申請人も激昂する女性であり、日頃の態度もあって解雇せざるを得なかった。

・30411（非男）雇止め（不参加）（運輸、不明、不明）
　会社側からのあっせん申請。配送ルートがなくなったので他の複数ルートを提示したが、すべて拒否して労働組合に加入し、組合とは100万円の解決金で合意したが、本人がそれを不服として従わず、その後500万円まで金額をつり上げ、交渉の余地がないので雇止めし、会社側からあっせん申請した。

・40012（正男）普通解雇（打切り）（建設、30-49人、無）
　修理に行った後会社に帰ってこず、作業のない時間倉庫の整理や工具の点検整備を命じても拒否するなど、会社の指示に従わず、改善が見られないため解雇した。もっとも、会社側は適応障害、うつ病を疑っている。

・40021（正男）普通解雇（50万円で解雇）（生活娯楽、10-29人、無）
　生花配達作業中に開館作業を手伝うように言われ、主任に「何で指示を変えるんだ」と大声で抗議したところ、「やくざが騒いでいます」と社長に連絡され、その後社長から解雇通知を渡された。

・40034（非女）普通解雇（12.8万円で解決）（医療福祉、1-9人、無）
　経営者との間でいろいろとトラブルが続き、30分職場放棄して、その後職場に戻って通常通り業務をしたが、会社からいきなり解雇通告された。会社側によれば、申請人の職場放棄中やその後の対応に追われて経営者も精神的な病気になり自宅療養を余儀なくされた。

(2) 業務遂行態度不良
　具体的な業務命令拒否を理由とするものではないが、それに近接するものとして業務怠慢など業務遂行上の態度の不良性を理由とする雇用終了がある。法律的に説明すれば、雇用契約上の義務である労務提供は行っているが、その態様が不良であるため不完全履行となっているものということになろうが、

それがどこまで債務の本旨に従った履行となっていないといえるのかについては、必ずしも明確ではないものが多い。おそらく実態としては、小さな業務命令拒否の積み重ねを業務遂行態度不良という風に表現しているケースも多いと思われ、業務命令拒否と業務遂行態度不良とを明確に区別することは困難であろう。「態度」を理由とする解雇型雇用終了事案のうち最も多いのがこのタイプであり、52件（6.1％）に及ぶ。2008年度には31件（2.7％）であったのに比べると、倍以上に増加している。

・10021（非女）普通解雇（不参加）（製造、不明、不明）
　工場長が食品衛生上頭髪混入防止のため、帽子ネットから毛髪が出ているのを再三注意しても直そうとしないので解雇。

・10022（内男）内定取消（打切り）（宿泊飲食、1000人以上、無）
　面接後指示により諸書類を提出した後、マネージャとの面接に遅刻し、その際の行動に問題があったので採用見送り。

・10092（正男）普通解雇（不参加）（運輸、10-29人、無）
　配送中商品を落としたのに会社に連絡せず（オーナーから苦情）、同僚から無視されたので更衣室のロッカーを蹴って壊し、同乗女性にセクハラ（友達になって欲しいと話し、断っても待ち伏せ）したので退職勧奨を受け、拒否したため解雇通告を受けた。

・10110（派男）（対派元）雇止め（5万円で解決）（他サービス、不明、無）
　倉庫内作業の日雇い派遣に従事して2日目に「作業が遅い」「やる気が感じられない」と言われ、帰宅後「明日から来なくて良い」と通告。会社側によれば、夕方のミーティングで派遣先担当者の指示中によそ見をしてあくびをしていたため、派遣先からクレームを受けた。

・10120（非男）普通解雇（不参加）（医療福祉、不明、無）
　聴覚障害者であり補聴器が不可欠なのに、外して作業するため、フォーク

リフト運転時にぶつかりそうになるなど安全管理上の問題があり、また就業時間中に自家用車の洗車を行うなど、指導に従わず自己判断による行動が多いため、解雇を通告した。

・10122（非男）普通解雇（打切り）（宿泊飲食、不明、無）
　店内を踵を引きずって歩く、ホールで待機中テレビをボーと眺めている、業務中音を立てて缶コーヒーの栓を開けて呑む、等の勤務態様を上司が注意したところ、「チッ、うるせーなー」と反発し、「今舌打ちしましたよね」と言うと「それが何か」と開き直るので、解雇を通告。

・10125（非男）雇止め（不参加）（製造、300-499人、有）
　運転手として8回契約を更新してきたが、配送業務縮小のためという理由で、9名中1名だけ雇止めされ、具体的な説明がない。会社側によれば、配送業務中に責任者の許可を得ずに高速道路を使用したり、割り当てたコースを勝手に変更して他のアルバイトに押しつける等服務上の問題を度々起こしていたから。

・10133・10134（非男）雇止め（雇止め撤回）（他サービス、1-9人、無）
　マンション管理事務で、機密漏洩・無断外出を理由に雇止めされたが、団地について業者との位置合わせ日の変更を当事者以外に誤ってメールしたことが機密保持違反になるのは納得できない。会社側によれば、業務指示の拒否、無視が繰り返され、不要不急の私用外出が多く、住民に対して好き嫌いが激しくクソババア等誹謗中傷を繰り返しているため。
　10133は雇止めの社会的相当性の判断を求めるものであったため、いったん取り下げ、10134で雇止めの撤回を求める申請を行い、あっせんの結果、雇止めを撤回し、申請人が契約事項を遵守することを前提に今後更新を協議するとの内容で合意した。

・10144（正女）普通解雇・いじめ（打切り）（医療福祉、不明、不明）
　介護職員でありながら、入居者が緊急の措置が必要であるのに、駆けつけた救急車に乗せず、親戚がもう入院治療費用を払えないからと救急車を返し

た。その後他の職員が再度救急車を呼び緊急入院させたが、本人は反省せず、注意されたことを業務妨害として非難し、謝罪と賠償を求めている。また出勤していないのに、部下の職員に虚偽の記載をさせ、そのことが行政の立入調査で判明し、施設が注意指導を受ける原因となった。以上の事実を指摘して退職を促したが受け入れないので、解雇を通告した。

・10147（非女）雇止め・いじめ（打切り）（卸小売、10-29人、不明）
　店長からパワハラを受け、実績を残しているのに業務を怠っているという理由で雇止めされた。

・20033（正男）懲戒解雇（取下げ）（製造、500-999人、有（非））
　職場から一時的に10分ほど離れて社員寮に薬を取りに帰ったところ、人事担当部長から懲戒解雇に当たる行為だとして退職を強要された。

・20041（正男）普通解雇（不参加）（製造、50-99人、無）
　勤務中の休憩など勤務態度に問題があるとして解雇通告された。会社側によれば、就業時間中に新聞や漫画を読み、食品製造現場で帽子を着用せず、ミーティングへの不参加等指示に従わない行為が多く、口頭注意を繰り返したが一向に改まる気配がなく、専務から注意した翌日にまた就業時間中に自家用車内で休憩していたため、解雇したもの。

・20051（正男）普通解雇（5万円で解決）（製造、10-29人、無）
　セットミスのため加工不良となった場合は所定の用紙で報告するルールがあるのに勝手に処分する他、機械操作を勝手に行い加工具を破損させる等、会社に損害を与え続けたので、解雇通告。全社員を集めた朝礼で全社員注視の中で解雇通告され、耐え難い精神的苦痛を負った。

・20052（正男）普通解雇（取下げ）（運輸、1-9人、無）
　申請人のスピード違反への行政指導によって会社が大きな不利益を蒙ったとして解雇通告。

・20054（内男）内定取消（25.5万円で解決）（医療福祉、30-49人、無）
　実習期間中に携帯電話を持ち込み、注意しても止めなかったので内定を取り消した。本人は携帯電話を持ち込んでいないと主張。

・20056（試男）普通解雇（15万円で解決）（医療福祉、1-9人、無）
　求人票には期間の定めなしとあったのに、労働条件通知書には2か月の期間雇用とされ、上司の指示に従わない、職場の雰囲気が悪くなった等一方的な通知書で事実上解雇された。

・20100（非男）普通解雇（4.5万円で解決）（卸小売、10-29人、無）
　マニュアル通りに掃除をせず、注意しても聞かないこと、ひげのそり残しやズボンの汚れ等、勤務態度に改善が見られず、解雇。

・20119（非女）雇止め（20万円で解決）（製造、300-499人、有）
　勤務姿勢や能力が会社の期待に達していないとして雇止め。会社側はきちんと評価した上での雇止めであると主張。

・20126（派男）（対派元）普通解雇（不参加）（他サービス、500-999人、無）
　勤務初日、女性の方が丁寧だからという理由で要らないと言われた。派遣元から派遣先にもう少しの間雇用できないかと頼んでみたが断られた。

・20134（非女）普通解雇・メンヘル（10.2万円で解決）（宿泊飲食、30-49人、無）
　勤務6日目に熱心さがない、集中力が持続しないとして解雇されたが、思い当たることもなく、指導・注意もなかった。ショックで精神科・内科に通院し、寝たきり状態である。会社側によれば、トレーナーがチェックに戻ると席におらず、教育中に関係ない話をするなど、集中力欠如で解雇した。

・20162（試女）普通解雇（不参加）（卸小売、1-9人、無）
　店の商品を許可なく勝手に食べたり、接客態度が悪く苦情が出たり、同僚に威圧的な態度を取るため、解雇された。

第3部　日本の雇用紛争の内容分析（労働局あっせん事案から）

・20188（試男）普通解雇（取下げ）（学術専門、不明、無）
　一級建築士として試用採用したのに、建築士必携の法令集すら持参せず、図面が直らず、単身引っ越してきたのに同僚より先に帰りたがり、病院に薬を取りに行くから遅刻すると言って休んだので、試用期間満了で採用しないと通告した。

・30008（非女）雇止め（3万円で解決）（運輸、1000人以上、有）
　ヘルメットを横向きにかぶったり、靴紐を結べないなど、労災事故を危惧し、契約不更新を伝えた。インフルエンザで休んでいる間に不更新を伝えているが、一方申請人の母親が電話で完治するまで療養し、その後出勤する旨を伝え了解を得ていたことから、申請人は出勤の指示があったと理解していた。

・30017（正男）普通解雇（32万円で解決）（運輸、1000人以上、有）
　挨拶が出来ず、同僚や客と会話が出来ない、やる気がない、協調性がない、上司の指示に従わない等の理由により解雇を通告された。

・30042（正男）普通解雇（10万円で解決）（卸小売、1-9人、無）
　営業の即戦力として採用したのに、電話の応対や商品の取り扱いなどなど傲慢な勤務態度で、会社の死活問題になると懸念し、解雇した。

・30054（非男）普通解雇・いじめ（打切り）（卸小売、1-9人、無）
　勤務不良として解雇されたが、当日有休を申請したため解雇されたことは当日の会話から明らかである。会社側によれば、有休の申請は理由ではなく、コミュニケーションをメールと書面でしか取ろうとせず、以前から解雇を考えていた。

・30061（正男）普通解雇（不参加）（医療福祉、10-29人、無）
　入社5日目に、話をするのになれなれしいとか、身体が大きいのもあるが動作ががさつだとして、即日解雇を通告された。

・30072（派男）（対派元）普通解雇（不参加）（他サービス、不明、無）
　派遣先から協調性がないので外して欲しいと言われ、担当者に反抗的な態度を見せており改善が見られないと判断して解雇通告。

・30079（正女）普通解雇（不参加）（医療福祉、不明、無）
　仕事を怠慢しているとして解雇された。会社側によれば、他スタッフにも悪影響が出ており、譲歩の余地はない。

・30087（正男）退職勧奨・いじめ（59万円で解決）（卸小売、10-29人、無）
　社長と常務から「東京転勤にしたろうか」「早めに辞めて貰えるか」と罵声を浴びせられ、朝礼で「辞めて貰うことになった」と言われ、解約合意書を書かされた。会社側によれば、経歴から即戦力を期待したのに、足を引っ張ることが度々で、勤務態度に改善が見られず、本来解雇とするところを、申請人の経歴に傷がつかないように合意解約とした。

・30094（非男）普通解雇（不参加）（他サービス、1-9人、無）
　言葉遣いや接し方に客の苦情があり、注意しても直らない上に、店舗の内情をぺらぺらと客に話し、何かと父親が出てきて話をややこしくするので、解雇した。

・30133（非男）普通解雇（不参加）（他サービス、1000人以上、無）
　責任者より勤務不良を理由に解雇を通告された。

・30210（正男）普通解雇（20万円で解決）（生活娯楽、10-29人、無）
　チーフとトラブルになり、帰ってしまったことで、オーナーから「雇用するのは難しいわ」と言われ、解雇された。会社側によれば解雇はしておらず、無断欠勤である。

・30249（正男）普通解雇・いじめ（40万円で解決）（生活娯楽、10-29人、無）
　採用初日から前夜深酒をしたため体調を崩して出勤し、何度指導教育して

も言い訳に終始して仕事を覚えようとせず、他の社員とも一言も会話がないという異常な状況で、解雇した。申請人によれば上司から連日説教や叱責を受け頭がおかしいとか病気だと侮辱された。会社側によれば、説教叱責は通常の研修指導の範囲であり、本人がそう言うから「おかしいかもしれないですね」と言ったことはある。

・30275（正男）普通解雇（不参加）（製造、1-9人、無）
　申請人が運転するクレーンの運転席から吸い殻の入った日本酒の空き瓶が見つかるなど勤務態度が酷く、重機操作等の危険業務から外したが、その後も他の従業員に「何で行かなあかんねん」「誰が言うとんねん」等恫喝的態度をとり続けたので解雇した。

・30278（非男）雇止め（不参加）（医療福祉、不明、不明）
　仕事のミスが多く、注意しても他の職員のせいにするなど反省が見られず、雇止めした。

・30308（正女）懲戒解雇（103.5万円で解決）（製造、500-999人、無）
　上司から解雇を告げられ、社長に理由を尋ねたら、就業時間中に職場のパソコンでインターネットショッピングをしたり、長時間外出したことを挙げられたが納得できない。会社側によれば、懲戒処分とともに改善が見られなければ解雇せざるを得ないと伝えたが、解雇通告してはいない。

・30310（非男）退職勧奨（打切り）（教育、1000人以上、無）
　本社の課長から自分の業務でない販売について「お前は何個売ったのだ」と叱責されて売り言葉に買い言葉で口論となり、それが原因で支配人から解雇を通告され、申請人は闘うぞと主張、話し合いで退職を勧めてきたので退職届を書いた。会社側によれば、初対面の行き違いだが、やむを得ない対応であった。

・30345（正男）退職勧奨・いじめ（3.8万円で解決）（医療福祉、50-99人、無）
　休憩に行ったきり長時間戻ってこない、勝手に持ち場を離れて迷惑をかけ

る等の不真面目な勤務態度のため退職勧奨され、退職した。申請人によれば、「知的障害者と変わらないな」「どこからも採用されない」等のパワハラを受けた。会社側によれば、社会人としての自覚を喚起するために発破をかけたが、パワハラ発言はしていない。

・30358・30359（非女）普通解雇（各35万円で解決）（製造、100-149人、有）
　私語が多く、服装が派手、遅刻が多く、昼休憩を長く取るなど何回注意しても改善されないので解雇した。申請人によれば、工場長は特定の女性社員をえこひいきし、その女性社員がミスしても申請人のせいにする。会社側によれば、その女性社員は申請人たちのお目付役であるので逆恨みされた。

・30409（非女）雇止め（不参加）（製造、10-29人、無）
　能力不足、勤労意欲不足、協調性不足を理由に雇止め。

・30417（正女）退職勧奨（14.5万円で解決）（医療福祉、50-99人、無）
　孤立して人と交わらず、積極的に仕事をせず、看護師としての資質に欠けるとの苦情が他の看護師から寄せられたので、退職を勧められ、シフトを外されたので退職した。

・30423（正男）整理解雇（不参加）（他サービス、不明、無）
　会社に対する報告、連絡、相談が不十分で、外出先での行動が把握しにくく、再三の注意にもかかわらず日報の提出や帰社時間の遅滞など、逸脱した行動が見受けられたので経営不振を理由に整理解雇した。会社は整理解雇と言っているが、実質は勤務態度を理由とする普通解雇である。

・30430（非女）普通解雇（10万円で解決）（卸小売、1-9人、無）
　薬剤師の補助業務だが、受付の持ち場を離れてしまい、何回注意しても無視するため補助業務にならない、またパソコン入力に誤りが多く、先輩が教えようとしても「分かってます」と聞こうとしないので、「こんな調子では辞めて貰うよ」と伝え、解雇した。

・30444（非男）雇止め（不参加）（教育、100-149人、有）
　職員を管理監督する総務課長としての職責を果たすことができず、能力と適格性の欠如は明らかであるとして雇止め。

・30445（正男）普通解雇・いじめ・メンヘル・休職（取下げ）（医療福祉、30-49人、無）
　施設長の旧友で、破産から拾ってあげたが、経理業務が間違いだらけで背任行為であり、配置転換しても若い職員に守秘義務違反を繰り返し、体調不良を理由に長期間休職するなどにより解雇通告。申請人はいじめによるうつと主張。

・30447（試女）普通解雇（50万円で解決）（卸小売、1-9人、無）
　社長の熱心な誘いで入社したのに、「うちには合わない」と2日で解雇された。会社側によれば、業務指導中メモも取らずに無駄話ばかりし、「こんなん苦手、したことない」等と非常識極まる態度で、社会人として根本的な問題があり、こういう態度の販売員が接客すると会社として損害を被ると判断し、早く辞めて貰った。

・30450（派男）（対派先）直接雇用拒否（不参加）（製造、1000人以上、有）
　派遣労働者として就労し、派遣先から直接雇用するという話があり、面接の予定もあったが、見送るという連絡があった。会社側によれば、直接雇用を約束はしておらず、派遣期間中の勤務態度等から採用基準を満たさないと判断したもの。

・40011（非女）雇止め（21万円で解決）（他サービス、30-49人、無）
　勤務態度、能力が十分でないという理由で雇止めされた。会社側によれば雇止めは正当である。

・40022（非男）退職勧奨（30万円で解決）（不動産物品賃貸、10-29人、無）
　清掃草刈り作業中に入居者の室内に入り1時間程度休憩雑談するなどの理由

で退職勧奨した。申請人によれば「解雇ですか、解雇ならはっきり言ってはどうか」と言ったが答えがなく、申請人は解雇と認識している。

(3) 職場のトラブル

「態度」を理由とする雇用終了のうちで、業務遂行態度不良に次いで件数が多いのは職場のトラブルを理由とするものであり、30件（3.5%）にのぼる。2008年度には49件（4.3%）と、「態度」を理由とする解雇型雇用終了事案の中で最も多数を占めていた。これは、日本の労働社会において、職場の人間関係のもつ意味がかなり大きいことを物語っているが、その比率が若干下がっているのは、職場の人間関係の重要性に若干陰りが生じていることを示しているのであろうか。

いずれにしても、これらのケースにおいては、とりわけ上司や同僚とのコミュニケーション、協調性、職場の秩序、といった言葉がキーワードとして用いられており、こういった人間関係の円滑さが職務遂行上不可欠であり、これらを尊重する態度が欠けていることは雇用終了を正当化するほどの不良性を意味するという社会的意識が職場にかなりの程度存在していることが窺われる。

この点、過去の裁判例が協調性の欠如を基本的に正当な解雇理由としては認めてきていないことと見事な対照をなしている。すなわち、廣浜金属工業事件（大阪地決昭56.3.13労経速1082）は、協調性にやや欠け、独善的な面を有している性格であったとしても、その言動により事業に支障を生じたことが疎明されない限り解雇は無効であるとし、日東工業事件（大阪地決昭62.3.16労判511）は、小規模でチームワークが要求される職場であっても、協調性および外部との応対に多少不適当な面があったことだけでは解雇理由になり得ないとしている。こういった裁判例の考え方と、以下にみられる職場の「生ける法」との間には、大きな落差があることがわかる。

・10018（非女）雇止め・いじめ（不参加）（医療福祉、10-29人、無）

「900円の時給でこんな仕事はできない」と言うので、他の保育士から一緒に働くことに不満が出て雇止め。本人によれば、入社1週間後から正職員、事

務長から嫌がらせを受け、面前で罵声を浴びせられた。

・10073（非男）雇止め（打切り）（製造、100-149人、有）
　職場内でもめたことからコミュニケーションスキルの欠如を理由に雇止めされた。もめ事の相手も契約社員。

・10095（試女）普通解雇・いじめ（20万円で解決）（医療福祉、不明、不明）
　部長が同僚に履歴書を見せたため、先輩と口論になった時に転職歴を引き合いに出された。これを部長に訴えたところ「鍵を置いて帰れ」「健康保険証を返却せよ」といわれ、退職に至った。

・10146（非女）雇止め（70万円で解決）（生活娯楽、不明、無）
　ゴルフ場のキャディ。カートの接触事故を起こすなど、顧客の評価が最低で、40名の会員からキャディ担当を拒否されるに至り、キャディ職として不適格と判断し、雇止めを通告した。その後、雇用継続の要請を受けて施設管理業務への配置転換を提示したが、時給が下がるため拒否している。後者に着目すれば配置転換を理由とする自己都合退職となるが、あっせんでは雇止めとして処理。

・20026（非男）普通解雇（16万円で解決）（製造、1000人以上、無）
　業務上の間違いが多い上に、かつて同僚が申請人にいたずらされて我慢できずに退職し、職場の者から名札の移動、前掛けの裁断等多くのいたずらをされて困っているという報告があったので解雇を通告。労働者側は、そうしたいたずらは一切したことがないと主張。

・20068（非男）普通解雇（50万円で解決）（宿泊飲食、30-49人、無）
　支配人とシフト配置転換の件で口論となり、打刻したタイムカードを支配人に投げつけたところ、支配人はその態度に怒り、申請人の右胸を突き飛ばし、「俺にそんな態度をとる奴は首だ」と解雇通告された。会社側によれば、ホテルの責任者である支配人に対する言動は許しがたい。

・20088（正男）普通解雇・いじめ（不参加）（医療福祉、10-29人、無）
　社長から「施設管理者について行けないものは解雇だ」と言われ、解雇通告を受けた。

・20091（正女）普通解雇・いじめ（60万円で解決）（不動産物品賃貸、50-99人、無）
　社長の妻が会社に怒鳴り込んできて、「社長と申請人を殺す」と言って包丁を振り回すため、解雇された。会社側によれば社長も被害者、社長と申請人の間にトラブルはなかった。社長の妻は役員でもなく、厳密には「職場のトラブル」ではないが、経営者のトラブルに巻き込まれた形である。

・20098（正女）普通解雇（10万円で解決）（他サービス、1-9人、無）
　誹謗中傷により場を乱し勤務者同士の信頼・協力がとれなくなったとして辞めて欲しいと言われ、納得できないので代表と話し合い、和解して頑張ろうと思っていたところ、解雇を通告された。

・30040（非女）雇止め・いじめ（打切り）（製造、不明、不明）
　勤務時間中に複数のハラスメントを被り、人事部に改善を再三求めたが放置され、合理的理由なく雇止めされた。会社側によれば、複数の女性社員同士の諍いであり、申請人の行動に耐えきれず退職を申し出た者を上長が引き留めたこともある。雇止めは全社的な組織の再編成のためである。

・30064（正男）普通解雇（不参加）（学術専門、50-99人、無）
　所長から、顧客が申請人には仕事を出せないと言い、所員の皆さんが申請人は所内の和を乱すのでいて欲しくないと言っている、という理由で退職を勧奨し、それに反論するとさらに経営者の勘として向いていないと言われ、解雇を通告された。

・30089（正男）普通解雇（38万円で解決）（卸小売、1-9人、無）
　経営不振で将来性がないとして解雇された。会社側によれば、申請人はコミュニケーションが取れない上に自分の主張を繰り返すばかりで、恫喝がも

はや限界で解雇した。

・30101（正女）普通解雇・いじめ（不参加）（医療福祉、不明、無）
　意味不明の言動やいわれのない苦情を述べるという理由で解雇通告を受けたが、逆に病院から申請人を侮辱する言葉を受けた。

・30127（試男）普通解雇（不参加）（運輸、不明、無）
　部長からいきなり呼び出され、直属上司との折り合いが悪いということで解雇を通告された。直属上司に聞いてもまともに取り合って貰えない。

・30168（非女）普通解雇（不参加）（他サービス、200-299人、無）
　職場で仕事上のことで同僚と口論になったところ、その日に突然解雇を通告された。

・30188（正男）普通解雇（不参加）（運輸、1-9人、無）
　社長と口論となり、即日解雇された。

・30196（非女）退職勧奨（15万円で解決）（卸小売、50-99人、無）
　本部長から突然、「秩序を乱すから今日から職場を離れてくれ」と退職を求められた。会社側によれば、人の悪口を言ったり、噂を流したりするので、部署の異動を提案したのであり、退職勧奨ではない。

・30208（正男）退職勧奨・いじめ（不参加）（他サービス、不明、無）
　社長からの嫌がらせを受け、退職するよう言われて仕方なく退職した。会社側によれば、入社以来職場秩序を乱す傾向が強く、再三の注意指導にも改善がなく、話し合いで合意退職となったもの。

・30230（非女）退職勧奨・いじめ（6.6万円で解決）（製造、300-499人、無）
　本社課長から、店長以下他のメンバーと一緒にやっていけないと苦情が来ているので辞めて欲しい、応じなければ解雇すると言われ、関係を修復しよ

うとしたが口もきいて貰えない。会社側によれば、遅刻・ミスを繰り返し、注意しても改善も意欲も見られないので同僚との関係が悪化したのが原因である。

・30255（派女）（対派元）雇止め（35.9万円で解決）（他サービス、300-499人、無）
　派遣先労働者が申請人を退職させなければ自分たちが退職すると言っているので派遣先から派遣元に申請人の派遣をストップするよう申出があり、休業を命じられ、その後更新されずに雇止めされた。会社側によると、派遣先労働者及び同僚派遣社員から申請人に対して、宗教の勧誘をしている、デマを流す等、職場秩序を乱しているとの苦情があり、派遣先から外して欲しいと申出があったので、休業を命じ、他の派遣先を提案したが受け入れなかった。派遣の場合、職場のトラブルが顧客とのトラブルでもある。

・30283（正男）普通解雇（打切り）（宿泊飲食、50-99人、無）
　営業課長として採用されたが、他部門に提言するなど越権行為が目立ち、他の営業部員とコミュニケーションが取れない等協調性に欠け、管理職不適合として解雇。ホテルマン30年の経験をもつ申請人が、銀行出身の総支配人に意見したためと認識。会社側は、まず会社のことをよく知ってから自分の意見を言うことが大切であるとの認識。典型的な「改革派」の蹉跌の例。

・30322（非女）雇止め（不参加）（卸小売、1000人以上、無）
　協調性の不足を理由に雇止め。

・30335（非男）退職勧奨・懲戒処分（11万円で解決）（卸小売、100-149人、無）
　施設の総支配人が挨拶をしなかったので、態度の悪さを指摘したところ「喧嘩を売りに来ているのか」と言われ、1か月の自宅謹慎を命じられ、マネージャから解雇か自主退職を選べと言われた。会社側によれば、施設のトップに机を叩きながら抗議するという考えられない態度で、勤務させることは不可能である。

・30342（試女）普通解雇（51万円で解決）（医療福祉、500-999人、有）
　科長から間違いを指摘され「私を馬鹿にした」等と大声で退出したり、「人に背を向けて話をした」等とクレームをつけるので、勤務態度に改善が見られないとして、試用期間終了を以て解雇した。

・30370（派女）（対派元）雇止め・いじめ（打切り）（他サービス、不明、無）
　派遣就労当初より同僚からパワハラを受け、苦情担当者に相談したが対応して貰えず、雇止めされた。会社側によれば、派遣先から申請人について、マニュアルがないことについて派遣先社員を問い詰めたり攻撃的な言動を取り、業務依頼ができず、申請人と一緒に仕事をするのが苦痛という指摘があり、雇止めした。

・30374（派女）（対派元）普通解雇（不参加）（他サービス、500-999人、有）
　派遣先からクレームがあったとして期間途中で解雇された。クレームの内容は不明。

・30386（正男）普通解雇（不参加）（建設、100-149人、無）
　社長とのやりとりで解雇されたが、社長は自己都合退職と主張している。

・30426（非女）雇止め・いじめ（30万円で解決）（金融、1000人以上、有）
　同僚の悪口を言ったり無視するという理由で雇止めされたが、そういう事実はなく、申請人が以前受けていた同僚からの嫌がらせにも会社は対応してくれなかった。会社側によれば、成績評価は公平に実施しており、個人業績には問題ないが、行動基準（チームワーク、包容力、前向き姿勢など）に問題があり、総合的に判断して雇止めに至った。

・40033（非女）雇止め（160万円で解決）（製造、1-9人、無）
　定年退職後1年契約で再雇用しているが、感情の起伏が激しく職場の「和」が保てず、上司を上司として捉えていず、同僚が申請人との折り合いが悪かったことを理由に退職している、等を理由に、一時金100万円で雇止めするか、

次回は6か月契約で更新なしとするか、いずれかを選択するよう求められた。もともと一時金100万円を提示していたことから上積みして解決。

・40040（非女）雇止め（10.5万円で解決）（宿泊飲食、10-29人、無）
　職員に対する侮辱発言など協調性に欠ける言動が多々見られたとして雇止め。

（4）顧客とのトラブル

　同じトラブルでも、顧客とのトラブルは雇用契約の目的である業務の遂行に直接関係するものであるが、必ずしも意図的な行為ゆえのトラブルとは言えず、むしろ業務遂行上の気配りの乏しさゆえトラブルが発生することが多いという意味では「能力」を理由とする雇用終了と類似した面もある。件数は14件（1.6％）で、2008年度の23件（2.0％）より若干割合が下がっている。

　顧客とのトラブルが解雇型雇用終了の理由となるのは、事業活動において顧客とのある程度長期的な関係を良好に維持することが重要であり、特定の労働者のサービス提供上における行動が顧客との関係を悪化させることが事業運営上に好ましくない影響を与えるという状況が一般的に存在していることを物語っているであろう。これは、とりわけ、日本においては顧客のサービスへの要求水準が極めて高く、事業側も顧客の意向に沿うことを最も重要と考える傾向にあることから、より強められている可能性がある。

　しかしながら、労働者と顧客との間で発生するトラブルが常に労働者の責めに帰すべきものであるとは必ずしも限らず、近年社会問題ともなっているモンスターペアレントやモンスターペイシャントと言われるような不当な要求を行ってトラブルを発生させる顧客も存在しうることを考えると、顧客とのトラブルの発生自体に雇用終了を正当化する要因があるとは限らない面もある。

　ややマクロ的観点から言えば、産業構造が製造業中心からサービス産業にシフトしていく中で、業務運営上顧客との円滑なコミュニケーションの持続が強く求められるタイプの労働が増大してきていることが、顧客とのトラブルを理由とする雇用終了の背景事情としてあるとも考えられる。近年労働社会学で注目されている「感情労働」の問題などとも関連するであろう。

・10030（非女）普通解雇（打切り）（教育、不明、不明）
　塾の非常勤講師。最初に配置した教室で生徒からクレームがあったので他校に配置したが、その初日から「この先生を辞めさせて欲しい」とクレームがあり、講師として適さないと判断し、解雇。

・10111（非女）雇止め（8万円で解決）（他サービス、不明、無）
　清掃員のパート。顧客から苦情があり、同僚が一緒に仕事ができないと申し立てており、個人情報を漏洩させたので雇止め。

・10128（正女）普通解雇（取下げ）（医療福祉、不明、不明）
　介護施設で、利用者に対して叩いたり「早く死んでしまえ」と怒鳴る等の虐待をしていることから予告手当を払って即日解雇した。本人によれば、利用者が悪いことや危ないことをするので手を振り払って止めたりしただけ。

・10141（正女）普通解雇（30万円で解決）（宿泊飲食、不明、不明）
　病院給食の調理師に応募し採用されたが、勤務先病院で健康診断を受けようとしたら、受付に知人がおり、かつて同じ会社で迷惑行為を受けたことがあるのでパニック状態になった。その後病院を訪ね、その知人が申請人につきまとい行為をしないよう誓約書を差し入れさせて欲しい旨申し入れた。そのことを病院から知らされた会社側は、取引先にそのような要求を行う者を当該病院に勤務させることはできないと考え、社内手続を止めた。ところが申請人は当該病院に出社し2時間勤務した後、それを聞いた会社の指示で退社し、以後他事業所での勤務を提案したが、「私は悪くない」と拒否。話し合いにも応じようとしないので、会社側は解雇した。なお、途中総務部が「採用していません」と（誤って）返答したことも事態を複雑にしている。

・20064（非女）雇止め（25.2万円で解決）（学術専門、100-149人、不明）
　来館者に対する注意の仕方がきつかったとクレームがあり、任期満了で雇止め。本人によれば、家族連れではしゃぐ子供も多く、子供への注意は差別なく平等に行い、自分の子供への注意に感謝した保護者もいた。

・20111（正女）普通解雇・いじめ（118万円で解決）（金融、10-29人、無）
　保険担当なのに、事故処理を1年以上遅延させて保険会社からクレームを受けた他、不誠実な業務態度や同僚へのハラスメントを理由に即時解雇された。本人は社長によるパワハラを主張、同僚へのパワハラは否定。

・20180〜20182（非男・非女・非男）普通解雇（14万円、13万円、14万円で解決）（他サービス、500-999人、無）
　病室清掃で、受託先が清掃状況が良くないと指示したらふてくされた態度で言い訳して不信感を抱かれ、入れ替え要求があり、再三注意しても改善されず、他の職場への異動の打診にも聞く耳持たずの態度であったので解雇した。男女3人について全く同じ理由を示している。

・20193（非女）雇止め・いじめ（打切り）（生活娯楽、500-999人、無）
　フィットネスクラブで接客中、客に「良かったらメールをしませんか」と言ったら、その客から迷惑だとクレームがあり、改善誓約書を書かされ、今度クレームが来たら即辞めてもらうといわれ、その後、客に怒った態度で接客したり、仕事の愚痴を話して客が困っているとして雇止めを通告。

・30144（非男）退職勧奨（不参加）（医療福祉、30-49人、無）
　介護中に利用者に怪我を負わせたとして、契約を更新しないといわれ、その後自己都合で退職するのなら1か月分の給料を払うと言われ退職したが、会社が約束を守らない。会社側によれば、既に申請人及びその母親との間で解決済みであり、なお金銭を要求して恐喝している。

・30187（試男）退職勧奨（不参加）（建設、1-9人、無）
　試用期間中に外注業者と中国に出張し、現場での仕事ができずに業者からクレームが来たため、社長から「君の仕事はない」と言われ退職せざるを得なくなった。

・30415（非男）普通解雇（45万円で解決）（医療福祉、30-49人、無）
　利用者をからかう、突然移動させて利用者に恐怖感を与えた、電話で利用

者を呼び捨てにする等で、利用者からクレームがあったため、解雇を通告。

・**40027（正男）普通解雇（打切り）（医療福祉、1-9人、無）**
　利用者に対する態度が不遜で嫌悪感を与えるとのクレームが重なっていることから解雇。

(5) 欠勤・休み

　時間をきちんと守ること（パンクチュアリティ）は、とりわけ日本の労働社会では重要な美徳と考えられる傾向が強く、その欠如は会社側からのみならず同僚労働者からも往々にして批判の対象となる。こうした遅刻・欠勤等を理由とする雇用終了は、広い意味では一般的な勤務態度に含まれるものであるが、欠勤・休みが18件、遅刻・早退が2件、合わせて20件（2.3％）にのぼっている。2008年度には合わせて23件（2.0％）であった。

　確かに遅刻や無断欠勤は法律上は雇用契約上の債務の不履行であるので、理論的には解雇の合理的な理由であり得ることは確かであるが、これまでの判例からすれば、ここにあるような程度の遅刻・欠勤で解雇が認められることはあまり考えられない。

　過去の裁判例で、遅刻・欠勤を理由とする解雇が認められたのは、上司に無断で欠勤・早退を繰り返し、1年間ほとんど勤務しなかった日本テレビ放送網事件（東京地決昭62.7.31労判503）や、理由も示さずに1ヶ月以上の欠勤を重ねた中央実業チェーン事件（大阪地決昭59.1.31労経速1183）のようなとんでもない事案であって、ローヤルカラー事件（東京地決昭49.3.28労経速846）では、1年8ヶ月の間に遅刻27回、欠勤16日、無届け欠勤4日という事案について「右の程度の遅刻等では、未だ申請人を解雇しなければ職場の規律を維持し、業務の円滑な遂行を図ることができないとまでは到底考えられない」としている。ここにも、裁判所で通用する判例法理と現実社会で通用する生ける労働法との感覚のずれが表れている。

　なお、2008年度事案の分析時には、(5)と(6)を「遅刻・欠勤」（13件）と「休み」（10件）に分けていたが、今回は欠勤と休みを一項目にまとめ、遅刻・早退を別項目とした。

・10008（正男）普通解雇（取下げ）（建設、1-9人、無）
　実父が亡くなり休みをもらい用事を済ませた後、疲れで風邪をひき、治癒後（2週間後）出勤したら「やる気がない」と即日解雇された。会社側は今までの言動から真偽を疑っている。

・10093（非女）普通解雇・いじめ（25万円で解決）（宿泊飲食、不明、無）
　家庭の事情で土・日・祝日の出勤率が悪く、客の面前で化粧するので解雇。

・10135（正男）退職勧奨（5万円で解決）（他サービス、10-29人、無）
　年末年始に、体調不良のため朝連絡せずに欠勤し、夕方に連絡してきた日があった。本人によれば、マナーモードにして床に伏せていたため、会社からの連絡に気がつかなかった。年明けの初出勤の翌日に社長から叱責を受け、勤務継続か12月分の給料放棄かの選択を迫られ、給料を放棄できないと言ったら、「お前が選んだんだからな」と退職届を書かされた。会社側は、社会人としての責任を欠く無断欠勤に対し退職勧奨したもの。

・20029（非女）雇止め・いじめ・メンヘル（45万円で解決）（製造、1000人以上、不明）
　同僚からセクハラを受け、これは加害者が懲戒処分を受けたが、それが原因でうつ状態となり、休職した後、復職したが、体調が悪く辛い状態で、突発的な休みを繰り返し取ったところ、業務上支障が出るとして雇止めされた。会社側によれば、当該工場は事務員2名で内勤業務を行う小規模工場であり、突発的な休みが度々発生するようでは、業務に支障が出る。当日連絡しての休みで無断欠勤ではないが、会社側からすればそれに近い状況ということである。また、セクハラは事実だが、加害者を懲戒し、住居の移動を伴う配転をさせて解決したはずと会社側は考えている。

・20065（非男）普通解雇（40万円で解決）（他サービス、1-9人、無）
　体調不良で休んだことについて社長から「ふざけるな」と責められ、解雇された。会社側によれば、繁忙期に長期間欠勤し、出勤督励を無視した上、

かつてトイレ未清掃で入居者からクレームがあり、顧客から不信感を買い、急遽他の社員を派遣したこともある。

・20070（非男）退職勧奨（不参加）（製造、10-29人、無）
　正当な理由もなく出勤日数が極端に少なく、仕事に支障が出るので度々注意したが直る気配がないため、本人を呼び仕事をする気があるのかないのか決めろと促し、退職届への署名捺印を強引に求められた。

・20140（非男）雇止め（8.9万円で解決）（医療福祉、100-149人、無）
　体調不良や親戚の葬儀のため何回か休みを取ったら、契約期間を1か月短縮され、雇止めされた。会社側によれば、退職勧奨したところ「もう一度チャンスが欲しい」というので急な欠勤をしないことを条件に様子を見ることにしたが、出勤せず連絡も取れなかった。

・30016（非女）普通解雇（不参加）（卸小売、50-99人、無）
　以前から5歳の子供がおり、病気などで休まなければいけないことは話していたのに、課長代理から突然休まれると困るという理由で解雇を通告された。会社側によれば、事前届出のないまま当時になって休むなどの行為が度重なり、相手方会社の業務に支障を来すようになったため解雇を予告したもの。

・30128（非女）雇止め・いじめ・メンヘル（打切り）（卸小売、500-999人、有）
　社員によるパワハラをめぐる事件の仲裁で逆恨みされて嫌がらせを受け、精神的に不調をきたし、適応障害とうつ病と診断され、欠勤が続き、雇止めされた。会社側によれば、事件については社員を処分済み、申請人に嫌がらせがあったとは聞いていない。申請人の欠勤が多く、就業規則の自動退職に該当する可能性もあったので、双方合意の上契約を更新しないこととした。

・30145（正女）懲戒解雇（不参加）（生活娯楽、不明、無）
　体調不良（動悸、めまい、発熱）に襲われて欠勤せざるを得ない状態が続き、このままでは迷惑がかかると思い、退職の申出をしたが認められず、退職届

を郵送したところ、懲戒解雇の通告を受けた。

・30181（非女）雇止め（打切り）（教育、100-149人、無）
　3か月の研修期間中3分の1以上欠勤すると本採用にならないと言われていたが、体調不良で14日休んだが3分の1は休んでいないのに理事長から雇止めされた。会社側によれば、欠勤が多く、同じ間違いを繰り返すので更新しなかった。

・30236（非男）普通解雇（不参加）（医療福祉、不明、有）
　耳の病気で欠勤したところ、自己都合で退職したものと見なすと通知された。就業規則では10日以上無断欠勤したら退職となっているが、施設長に連絡していたので無断欠勤ではなく、自己都合退職になるのはおかしい。

・30243・30244（派女）（対派元・対派先）普通解雇・いじめ（不参加）（他サービス、50-99人、無）（製造、10-29人、無）
　派遣就労3日目に、派遣先の課長からフロアに響き渡るような大声で「分かってるんか！」と言われてことでストレスで発熱し、4日目に体調不良で休んだら、派遣元から「ちょうど良いわ。契約を切る」と言われた。派元・派先双方を相手取ってあっせん申請した事案。

・30245（非女）雇止め・いじめ（不参加）（製造、300-499人、有）
　妊娠が分かり切迫流産の診断を受けて休みたいと申し出たが、上司から嫌みを言われて休ませて貰えず、流産してしまった。さらに上司からのパワハラが続き、会社から更新しないと言われてしまった。会社側によれば、更新しなかったのは法的に正当な理由がある。

・30280（非女）普通解雇・いじめ（不参加）（運輸、不明、無）
　休暇について経理課長に連絡したにもかかわらず、一方的に言いがかりをつけられ、パワハラを受け、支店長に契約を解除された。

・30387（非男）普通解雇（30万円で解決）（他サービス、1-9人、無）
　ゴミ収集作業で勤務していたが、体調を崩して休みを貰ったところ、その日のうちに「明日から来なくていい」と解雇された。会社側によれば、ゴミ収集は2人一組で、1名休むと他の1名に大変迷惑をかけるので、ついカッとなって「明日から来なくていい」と言ってしまった。

・30404（非男）普通解雇・労働条件引下げ（不参加）（卸小売、不明、無）
　禁止されている口ひげを生やし、注意しても改めず、さらに自分の都合で休みを取ったり、勝手に帰ったりと、勤務態度が放置できず、解雇した。

(6) 遅刻・早退
・10106（正女）普通解雇（打切り）（建設、1-9人、無）
　タイムカードから、終業時刻前に退社しており、指摘すると開き直るので解雇。本人によると、パソコンに表示される日付のデータが正しくなかったため（意味不明瞭）。会社側によれば他の社員も早退を証言。

・20067（派男）（対派元）普通解雇（打切り）（他サービス、30-49人、無）
　1時間強遅刻したことを理由に当日夕方解雇を通告。その後新たな派遣先の紹介もない。

(7) 不平不満の発言
　不平不満の発言を理由とする雇用終了ではあるが、権利行使や社会正義といった積極的な方向性をもつた「発言」というよりは、不平不満をぶちまけたといった性質の「発言」が、使用者側から許し難い「暴言」ととられて、雇用終了につながったと思われるものが6件（0.7％）ある。とはいえ、個別事案を見れば、労働者自身としては権利行使ないし社会正義と意識しているケースもあり、両者の間に連続性があることは確かである。また、実態としてはむしろ「売り言葉に買い言葉」的なコミュニケーション不全型とも共通性がある。

・20190（正男）懲戒解雇（不参加）（製造、不明、無）
　経理の悪化から基本給減額を言われ、話し合いで現状維持となったが、社長との関係が悪化し、懲戒解雇された。会社側によれば、挨拶もせず、机や椅子をひっくり返し、「おめえの指図は受けねえよ」「だいたい俺より後から入社してきて、偉そうなこと言うんじゃねえよ」等と言うので即時解雇した。

・20192（非女）雇止め（20万円で解決）（教育、1-9人、無）
　幼稚園でボランティアをするとともに保育に従事していたが、園長が替わってから事々に仕事を外され、次回の契約更新はないと言われた。会社側によれば、園児・保護者の前で園長を批判し、職員とも協力関係が持てず、その都度注意しても指示に従わないため辞めてもらった。申請人の夫がプラカードやブログで園長のハラスメントを主張しているのを止めさせるよう求める。

・30331・30332（非女）普通解雇（不参加）（卸小売、1-9人、無）
　代表取締役に新たに3人雇用した理由を問うたところ、経営に口出ししたという理由で即日解雇された。

・30428（派男）（対派元）退職勧奨（10万円で解決）（他サービス、1000人以上、無）
　派遣先係長が権限がないのに横柄でワンマンで感情的な対応ばかりしてくるため、そのことを派遣先ホームページにメールしたところ、派遣先から信頼関係の破壊を指摘され、違約金をちらつかせて退職させた。労働者からすると不平不満の発言であるが、派遣会社からすると顧客からのクレームとなる。

・30452（非男）登録抹消（2万円で解決）（他サービス、10-29人、無）
　プラカード持ちの登録型アルバイトとして勤務。希望した日時に仕事を紹介してくれず、「しつこい」等と言われてアルバイト登録を消された。会社側によれば、登録しても必ず仕事が紹介できるとは限らないが、聞く耳を持たず、威圧的で要求が度を過ぎていると判断してアルバイト登録から外した。日雇い派遣とは異なり、直接雇用のゼロ時間契約とでもいうべき雇用形態である。

(8) 相性

　広い意味での「態度」に含まれるとはいえ、どこがどういけないのかが明確ではない雇用終了理由に「相性」がある。これが4件もあること自体が、感覚的なレベルの人間関係を重視する日本の労働社会の特徴を示しているともいえる。もっとも、これは雇用終了理由としてわざとこういう曖昧な表現にとどめてあるだけであって、実際にはもう少し具体的な雇用終了理由があるケースも多い。そういった場合、これらは、明確な理由を示して雇用を終了させることは人間関係上好ましくなく、わざと曖昧な表現をすることによって相手を傷つけないように配慮する方が望ましいという価値観の現れとみることもできよう。

・10014（試女）普通解雇（不参加）（医療福祉、1-9人、無）
　知的障害者施設で、社会奉仕の理念に合わず、命令を無視し、他スタッフと協調しないため、試用期間満了で解雇。

・10081（正女）普通解雇（不参加）（生活娯楽、30-49人、無）
　社長面接で入社したが、勤務2日目に社長が受付態度を見て「当社にはそぐわない」と即時解雇。具体的に何がそぐわないのかは説明してくれない。

・30106（正男）普通解雇（不参加）（宿泊飲食、30-49人、無）
　社長から息子が申請人を苦手だという理由で解雇通告された。社長の息子との相性が解雇理由という変わった事例。

・30111（正女）普通解雇（不参加）（卸小売、10-29人、無）
　申請人が社風に合わないという理由で解雇を通知された。

5　非行

　講学上、個別解雇事由の大きな柱が非違行為であることを考えると、労働局あっせん事案において非行を理由とする解雇型雇用終了件数は26件（3.0%）

と必ずしも多いとはいえない。2008年度においても38件（3.3%）とあまり変わらない。もっとも、解雇形式上の懲戒解雇と雇用終了理由としての非行とは必ずしも対応するわけではない。非行を理由とする普通解雇も多いし、一方で非行とは言えない態度やボイスを理由とする懲戒解雇もかなりみられる。

　以下では、まず非行を理由とする解雇型雇用終了26件について、①不正行為を理由とする解雇型雇用終了（5件）、②業務上の事故を理由とする解雇型雇用終了（6件）、③職場の窃盗を理由とする解雇型雇用終了（2件）、④職場におけるいじめ・セクハラをしたこと理由とする解雇型雇用終了（7件）、⑤素行不良を理由とする解雇型雇用終了（2件）、その他（4件）とさらに細かく類型化して検討していく。

(1) 不正行為

　まず、非行として最も多いのは、情報漏洩、顧客奪取、不正経理などのさまざまな不正行為であり、5件ある。2008年度には18件とかなりの数に上っていた。ただし、そのかなりのものはいささか卑小な非行である。

　もちろん、いかに卑小であっても、それらが刑法の犯罪構成要件に該当する犯罪行為であることは確かである。とはいえ、刑法にも可罰的違法性（形式的に構成要件に該当しても違法性が極めて小さい場合には刑罰の対象にはならない）という概念はあり、これは企業内における懲戒処分においても同様の発想が通用しよう。その意味では、かかる卑小な不正行為をもって雇用終了を正当化しうるか、という観点からすれば、やはりかなりの疑問のある事案が多い。

(i) 情報漏洩

・10048（非男）懲戒解雇（打切り）（医療福祉、10-29人、無）
　同居している元職員に他職員の給料情報を漏らしたので退職を求めたが応じず、懲戒解雇した。本人によれば、理事長の甥が施設内で性的虐待を行ったことを理事長に進言したことが原因である。会社側によれば、本人のいじめにより職員が自殺未遂に追い込まれた。

・30286（派女）（対派元）普通解雇・いじめ（不参加）（他サービス、50-99人、無）
　個人情報漏洩を理由に終了する代わりに、他の仕事を紹介すると言われたのに、嫌がらせ的な対応をされた。

(ii) 顧客奪取

・10054（正女）懲戒解雇（不参加）（学術専門、10-29人、無）
　退職時の担当顧客を再就職先の顧客にしようとしたので、懲戒解雇に相当するとして退職金の支払を拒否された。

(iii) 不正経理

・10129（正男）懲戒解雇（20万円で解決）（宿泊飲食、1-9人、不明）
　店長として勤務、どんな手を使ってもいいから利益を出すよう指示されたため、アルバイト従業員に売上げの一部を他の日の売上げとして計上するなど伝票のごまかしを指示したとして懲戒解雇。本人によれば、発言しただけで実行はしなかった。会社側によれば、その他にもアルバイトへのパワハラ、顧客に対する暴言等問題が多く、信用皆無。

(iv) その他

・20092（正女）懲戒解雇（不参加）（学術専門、1-9人、無）
　事業主（弁護士）の指示で入出金を行っていたのに、正当な理由なく給与を1日早く受給していたとか、事業主の指示で処理していたのに、事業主宛進展文書を無断で開封し処分していたとして、懲戒解雇された。事業主側によれば有印私文書偽造・行使に当たる犯罪行為である。

(2) 業務上の事故

　そもそも故意によるものではない業務上の事故が「非行」に該当するのか自体も問題になりうるが、これら6件をみると、たとえ過失によるものであっ

ても、会社側からは意図的な非行と連続的に捉えられ、解雇型雇用終了の正当な理由となりうると考えられているようである。

・10152（正男）退職勧奨・いじめ（取下げ）（製造、不明、不明）
　事故を起こして謹慎処分を受け、「辞めてくれ」「退職同意書にサインしろ」と迫られ、誓約書にサインさせられた後にミスを起こして、誓約書違反だからと退職を強要された。

・20096（正男）退職勧奨・懲戒処分（取下げ）（医療福祉、1-9人、無）
　仕事中交通事故を起こし、減給処分を受けたが、「交通事故で会社に迷惑をかけ、損害を与えた。自分一人で法人を立ち上げて会社を経営せよ。今月いっぱいで退職してくれ」と言われ、役員の前で退職届を書かざるを得なかった。

・20154（正男）懲戒解雇（打切り）（電気ガス熱供給水道、10-29人、無）
　夜間異常時には携帯に通報が入り駆けつけることになっていたが、設備異常の通報が来たのに軽警報だろうと判断してすぐに駆けつけなかったため機械が壊れ、直すのに3か月かかった。その後取締役から退職届を出さなければ懲戒解雇とすると通告された。

・30078（非男）雇止め・労働条件引下げ（不参加）（他サービス、50-99人、無）
　所長として業務を遂行していたが、新所長が着任して主任に降職され、作業中に社用電話を紛失したことを理由に自宅待機を命じられ、休業中に会社から雇用契約期間を変更する書類を送られ、結果的に解雇を回避して雇止めされた。

・30200（正女）普通解雇・いじめ・賠償（不参加）（医療福祉、不明、無）
　なくしたものの賠償責任を求められたことが発端で自宅待機を命じられ、解雇とされた。在職中には靴べらで叩かれるなど暴力、罵倒、暴言を受けた。

・40014（正男）普通解雇（44.2万円で解決）（卸小売、1-9人、無）
　営業車による対向車線内での人身事故や雨天時のスピード超過によるスリップ事故を起こし、会社に大きな損害を与えているにもかかわらず、過失を全て会社に原因転嫁するため、全職員との人間関係を破壊したので解雇。

(3) 職場の窃盗

　刑法上の犯罪という意味ではもっとも明確な「非行」であるが、職場の窃盗を理由とする解雇型雇用終了2件のうち、30176は労働者が窃盗行為を認めておらず、30354では当該行為を労働者は廃棄処分と考えており、厳密な意味での職場の窃盗を理由とした解雇型雇用終了は極めて少ないともいえる。

・30176（試女）退職勧奨（123.5万円で解決）（製造、1000人以上、無）
　研修中に、テストの点数改ざんや同期の財布やカードが紛失して申請人の鞄で見つかるなど不審事が多く発生し、きちんと説明できなかったため、自宅待機を命じられ、解雇か自主退職か選ぶよう言われた。会社側によれば、申請人の対応が異様であった。

・30354（派男）（対派元）退職勧奨（15万円で解決）（他サービス、200-299人、無）
　1年前から放置されていたガラス板を不要物と考えて産業廃棄物置き場に持っていったところ、派遣先職員から1週間後無断で備品を持ち出せば窃盗であると言われ、弁償すると言ったら、弁償で済む問題ではないと言われ、常駐担当者の変更を求められ、自宅待機となった。別の派遣先を提示されたが遠距離なので拒否し、退職となった。

(4) 職場におけるいじめ・セクハラ

　職場におけるいじめ・嫌がらせやセクシュアルハラスメントは、それ自体が（当該いじめやセクハラを受けた労働者からの訴えという形での）個別労働紛争の原因であるのみならず、いじめやセクハラを行う側も多くの場合労働者であることから、そのいじめやセクハラを行った労働者に対する懲戒処分や解雇型雇用終了もまた、個別労働紛争の原因となりうる。

労働者側が自らの行った職場におけるいじめ・セクハラを理由として雇用終了されたと主張している事案は7件あるが、そのうち5件では自らが行ったとされているいじめ・セクハラ行為を行為自体の存在を、または行為の（いじめ・セクハラとしての）意味を否定している。

　なお、申請人がいじめ・嫌がらせを受けたとしてあっせん申請している事案（非解雇型雇用終了事案及び雇用終了以外の事案）においても、会社側の主張ではむしろ申請人本人の方が同僚等に対していじめ・嫌がらせをしていたと反論されるケースがかなり多く、それらを含めれば、申請人によるいじめ・嫌がらせ事案の数は膨大なものになる。

・20024（非女）雇止め（打切り）（医療福祉、100-149人、無）
　申請人を含む職員3名が新人職員をいじめ、そのため抑うつ状態となり休職し、退職に至ったため、申請人らを雇止めした。労働者によれば全く身に覚えのないことで雇止めされた。

・20082（非男）普通解雇（10万円で解決）（宿泊飲食、30-49人、無）
　申請人がルーム係の女性たちの胸や尻を触るなどセクハラをしたと社長に訴えがあり、「胸に手を当ててよく考えてみろ」と怒られ解雇。申請人はセクハラをしていないと主張。

・30059（正女）退職勧奨（不参加）（医療福祉、不明、無）
　「どうしてほかの職員をいじめるのか、今月いっぱいで辞めてくれ」と一方的に言われ、不本意ながら退職した。申請人によれば、新人が平気で「忘れていた」と言うので、「頭の中に入ってないの」とたった1回注意しただけである。

・30093（非女）懲戒解雇（不参加）（教育、30-49人、有）
　申請人の嫌がらせ行為による恐怖心を与えたとの理由で契約を解除されたが、契約を解除されるほどの悪質な行為ではないと思う。

第3部　日本の雇用紛争の内容分析（労働局あっせん事案から）

・30095（正男）懲戒解雇（打切り）（情報通信、1-9人、無）
　日頃から上司へのため口や態度が注意しても改善されなかったことに加え、後輩女性社員に対する暴言、暴力、嫌がらせを繰り返し行い、注意指導にもかかわらず一向に改善されなかったため、懲戒解雇した。退職後も女性社員に連絡を取ろうとしており、警察にも相談した。

・30270（派男）（対派元）懲戒解雇・メンヘル（不参加）（他サービス、不明、無）
　派遣先のトラブルを理由に懲戒解雇された。会社側によると、派遣先でセクハラ騒ぎを起こし、当該女子社員が労働組合に苦情を申し立てたため、派遣先の出社停止要請を呑まざるを得なくなり、その後別の派遣先で同僚スタッフから仕事をさぼるので迷惑だとクレームを受け、派遣先からスタッフ変更の強い申し入れがあったので、懲戒解雇通知を渡した。懲戒解雇の対象となるセクハラ行為の時点と実際に懲戒解雇した時点でずれがあるが、会社側によると、本人の生活のこと、うつ治療に健康保険証が必要なことを考慮したものである。

・30422（正男）普通解雇（不参加）（学術専門、1-9人、無）
　不適切かつ威圧的な言動を以て女性従業員3名の退職事件を起こしたことを理由に退職勧奨し、解雇を通告。申請人は業務上の注意、指導であって逸脱したものではないと主張するが、会社側は疑う。申請人は代表者の近い親戚であり、それゆえ他の従業員が耐えるしかなかったという状況が背景にある。

(5) 素行不良
　この類型に属する2件は実は同一事案に関わる男女二人をそれぞれ計上したものである。解雇型雇用終了のきっかけは同僚男女の交際であり、その意味ではむしろ後述の私生活上の問題としての男女関係に分類することもできるが、交際それ自体よりもそれに伴う「素行不良」が問題となっていることから、「非行」に分類した。

・30300（非男）普通解雇（3万円で解決）（製造、150-199人、無）
　日頃から素行不良で職場で暴言を吐いていたが、風邪で休むと連絡あり、その後出勤せず連絡がつかないまま退職扱いとされた。職場の女性と一緒に休んでいることがばれて、出社できないような状況におかれた。会社側は懲戒解雇事由が十分存在すると考える。

・30301（非女）普通解雇（18万円で解決）（製造、150-199人、無）
　職場の男性と一緒に休みを取り、翌日出勤したら「帰って」と言われ、帰ってから会社に電話すると「話すことはないから」と切られた。会社側によれば、申請人は以前は真面目な勤務態度であったが、最近同僚との交際のため二日酔い等素行不良が目立つようになり、反省がないのであれば雇用継続は困難として退職を勧奨するに至った。

(6) その他
・30035（派女）（対派元）退職勧奨（不参加）（情報通信、不明、不明）
　上司である店長の指示に従い仕事をしていたが、就労先の社内調査で店長の不正行為が発覚し、店長は申請人に罪を着せ、責任逃れを図った。事実を訴えたが自宅待機を命じられ、申請人が不正行為を行ったという念書と退職届を強要された。会社側不参加なので詳細は不明だが、申請人の主張が真実なら、派遣先管理職が自らの不正行為を派遣労働者になすりつけて保身を図った事案ということになる。

・30113・30114・30115（正男）普通解雇（不参加）（卸小売、1-9人、無）
　社長から応接室に呼ばれ、会社の転覆を謀ったという理由で解雇を通告された。6名の会社で3名同時に申請しており、何らかの社内事情があると思われるが、会社側不参加のため「会社の転覆」の中身が不明である。本当に「会社の転覆」の陰謀があったのであれば即日懲戒解雇となるはずであるが、1か月弱の予告期間をおいており、よくわからない。

6 私的な事故

　使用者の目からは同様に「非行」に含まれるであろうケースのうち、私的な事故や私生活上の問題は、労働関係における非違行為とはいいがたい面があるために独立した項目とした。30311は私的な事故であるが、労働者が常時車を運転する業務に就いていることから、職務上に準ずると見なされた事案である。

・30311（正男）懲戒解雇（打切り）（卸小売、1000人以上、有）
　私有車で運転中、酒気帯び運転で事故を起こしたので、自主退職を申し出たところ、「そんな権利はない」と言われ、懲戒解雇を通告された。会社側によれば、車を常時使用する営業部員としてはあるまじき行為であり懲戒解雇に値する。

7 私生活上の問題

　結婚や男女関係といった会社の業務と直接関係のない私生活上の問題が解雇型雇用終了の理由として堂々と示されていることは、件数は少ないとはいえ、日本の職場の実態として特筆するに値するであろう。もっとも、10151の場合、結婚相手が同一職場内での元請と下請の関係であることから、社内の守秘義務の面で将来のトラブルを懸念したものであり、会社側の主観では決して単なる私生活上の問題ではなく、業務上に大いに関わる問題であると認識されているということを示している。

(1) 結婚

・10151（正女）退職勧奨（105万円で解決）（製造、不明、無）
　工場の事務員として勤務し、協力会社（下請）の運転手と結婚したところ、工場長から「女性が辞めるのは暗黙の了解だ」と退職勧奨を受け、納得できず主張したが聞き入れられず退職に追い込まれた。会社側によれば、同一職場で元請と下請の関係で社内の守秘義務の面で将来のトラブルを懸念するあまり退職を勧めたもの。

(2) 男女関係

・20136（正男）普通解雇・いじめ・賠償（18万円で解決）（運輸、10-29人、無）
　同僚の元妻と同棲していることを理由に約2か月先付けの解雇を告げられたすぐ後に、勤務中交通事故を起こし、車両を破損したため、その弁償を求められるとともに、当初より1か月前倒しの解雇を告げられた（解雇日変更）。会社側によれば、同僚との間で警察沙汰の騒ぎになり事実上勤務継続不可として雇用終了を告げ、本人も了解したもの。

8 副業

　本来的な非行ではないが、使用者側からは非行と映る可能性がある第3は副業である。これは、近年労働契約法や労働時間法、労災補償法など労働法の各分野で問題意識が持たれてきていることもあり、件数は1件と少ないが注目しておきたい。

・20135（正男）退職勧奨・兼業（30万円で解決）（製造、1000人以上、有）
　会社に内緒で長年新聞配達のアルバイトをしてきたが、配達中自動車に追突されて脳挫傷及び肋骨の骨折で入院し、休業したところ、会社から就業規則の兼業禁止規定に反すると「辞めていただくしかない」と言われた。やむを得ず退職したが、不安定な状況で退職を強要されたので定年加算金50万円の支払いを求めたが拒否された。会社側は手続は適正だったとしつつ、円満解決に応じた。

II　労働者の能力・属性

　以上、労働者の「行為」が何らかの意味で使用者の発意による雇用終了の原因となっている事案を分析してきたが、それに続いて、雇用契約が労務の提供と報酬の支払いの双務契約であるとすれば、個別解雇事由としてまず何よりも重要な位置を占めるはずの「能力」自体や、職業能力に直接影響を与えると考えられる労働者の「属性」にかかわる問題を理由とする解雇型雇用終了事案を分析していく。2012年度には125件と全体の14.7％を占める。2008

年度には137件（12.0％）であったので若干割合が増えている。

狭義の「能力」を理由とする解雇型雇用終了では、具体的な職務能力の欠如や勤務成績の不良性を理由とする事案が2008年度に比べるとかなり増え、逆に「態度」と区別しがたいような「一般的能力不足」の比率が顕著に下がっており、前著『日本の雇用終了』において強調した日本の労働社会における「能力の曖昧性」は減少傾向にあるとも考えられる。

こうした「能力」を理由とする解雇型雇用終了に加えて、ここでは労働者の職業能力を低下させる要因に着目したいくつかの解雇型雇用終了を類型化して取り出している。すなわち、傷病、障害、年齢、性的志向といった「属性」である。これらの属性を理由とする雇用終了は、職業能力の低下という観点からは一定の正当性がありうる一方、別の観点からはこれらを理由とする差別とみることもできる。あっせん申請がされた2012年度の時点においてはなお、日本において障害者差別を正面から具体的に禁止する立法は存在しなかったが、周知の通り2013年に障害者差別解消法が制定されるとともに、障害者雇用促進法が改正され、障害者に対する差別禁止が実定法上の規定となった。後者の施行は2016年4月であり、その後は障害者差別に係る個別労働紛争は同法に基づく調停の対象となる。その意味では、障害と連続的な性格を持つ傷病も含めて、労働局あっせん事案における障害や傷病を理由とする解雇型雇用終了事案の分析は、今後の障害者雇用対策の方向を考える上でも示唆を与えることになろう。労働者の年齢・定年をめぐる解雇型雇用終了紛争も、過去十年以上にわたって議論の対象となってきている年齢差別問題との関係で重要である。

1 労働者の能力

雇用契約の本旨からすれば、解雇型雇用終了のもっとも典型的かつ正当性の高い事例は当該職務を遂行する「能力」の不足ないし欠如を理由とする雇用終了であろう。件数的には60件（7.0％）と「態度」を理由とする雇用終了（142件（16.6％））よりもかなり少ないが、2008年度には76件（6.6％）であったのに比べると若干増えている。それよりもむしろこの4年を隔てた事案を比較し

て興味深いのは、2008年度には「能力」を理由に挙げているとは言いながらその内容が極めて曖昧なものが多かったのに対し、2012年度にはあくまでも相対的なものではあるが、より具体的な職務能力の欠如や勤務成績の不良性を理由とする事案が顕著に増加したことであろう。例えば、「具体的な職務能力不足」を理由とする解雇型雇用終了事案は、2008年度には10件（0.9％）に過ぎなかったが、2012年度には15件（1.8％）に増えている一方で、「一般的能力不足」を理由とする解雇型雇用終了事案は、2008年度には38件（3.3％）と非常に多かったが、2012年度には21件（2.5％）とかなり割合を下げている。もっとも、それでもなお曖昧な一般的能力不足を理由とする事案の方が多いことには変わりがないのも事実であるが。

このような状況を踏まえると、現時点でもなお大枠としていうならば、日本の職場においては主観的な「態度」と客観的な「能力」が必ずしも明確に区別しがたいところがあり、ある意味では「態度」も「能力」の一環と見られているという、前著で述べた判断は引き続き維持しうるものであるとともに、その中で相対的には具体的な職務能力に着目する傾向が徐々に強まってきているということもできるのではないかと思われる。

こうした「能力」の具体性、曖昧性の観点と連続した面もあるが、もう一点労働局あっせん事案が、裁判所が構築してきた判例法理とはかなり異なった様相を呈しているのは、解雇型雇用終了を正当なものとするだけの能力不足の程度である。能力不足を理由とする解雇に関する典型的な裁判例であるセガ・エンタープライゼズ事件（東京地決平11.10.15労判770-34）では、解雇が有効となるためには「平均的な水準に達していないというだけでは不十分であり、著しく労働能力が劣り、しかも向上の見込みがないときでなければならないというべき」としており、同様の判示は他の判決にも多くみられる。

しかし、現実の個別労働紛争では、「平均的な水準に達していない」どころか、たった1回の仕事上のミスを理由に解雇されているケースも見られ、解雇型雇用終了への敷居は決して高いわけではないことが示されている。ここにもまた、多くの労働者にとっての「生ける法」と判例法理との乖離がかなり浮き彫りとなっている。

(1) 具体的な職務能力不足

　客観性という意味ではもっとも明確である個別具体的な職務能力の不足を示した事例は15件（1.8%）であり、2008年度の10件（0.9%）に比べ、割合としては倍増している。

・10013（正男）普通解雇・いじめ（不参加）（製造、1-9人、無）
　修理工の技能がなく、顧客の車両を破壊するなどしたため、見習工に戻し、賃金カット。社長から毎日なじったり怒鳴ったりされ、監査役より解雇通告。

・20077（非女）普通解雇・いじめ（10万円で解決）（製造、50-99人、無）
　「物覚えが悪い、動作が遅い、これ以上やっても能率が上がらないので解雇」と通告された。確かに疾病の後遺症で通院しており物覚えは悪いが、ゆっくり覚えて完璧にできるのに認められず、リーダーや先輩から「てめえら」等といじめを受けた。会社側によれば、検査業務で不良品を発見できず合格しなかった。また一つの作業に集中できず作業指導表の通りに作業できないため解雇した。

・30067（非男）普通解雇（49.2万円で解決）（他サービス、200-299人、無）
　警備隊長として採用したが、緊急事案が発生した場合に冷静さを失い状況に応じた的確な行動が取れない、報告連絡において事実と異なる虚偽の申立を行う等、能力技量の不足を理由に解雇。会社側によれば委託先から解除されかねない状況であった。

・30152（非女）雇止め・他の労働条件・いじめ（打切り）（情報通信、50-99人、無）
　入力件数が他の労働者の半分以下と極端に低い評価であるため、雇止めを通告。申請人は、過重労働に追い込まれ、同僚からパワハラを受けたと主張。会社側によれば、仕事を覚えて貰うために仕事を振っただけで定時退社が続いており過重労働ではない。

・30185（派女）（対派元）雇止め（10万円で解決）（他サービス、10-29人、無）
　派遣先より、申請人のスキル不足を理由に契約更新できない旨連絡を受け、雇止めされた。会社側によれば、雇用契約締結時に業務スキルが十分でなければ契約終了することを説明し、申請人も納得していた。

・30293（非女）普通解雇（20万円で解決）（医療福祉、10-29人、無）
　医療事務で採用され、2日で能力不足を理由に解雇された。レセプトコンピュータ入力の経験は9年あったが、これまでは医療知識を要求されなかったが、被申請人では要求され、仕事を教えるのに3か月かかるとして解雇された。面接時に医療知識が必要だとは言われなかった。同じ医療事務のレセプト入力と言っても、職務内容（水準）がまったく異なっていたために生じた問題であり、まさに具体的な職務能力それ自体が問題となったケース。

・30320（派女）（対派元）普通解雇（7万円で解決）（他サービス、50-99人、有）
　7日勤務したら突然、PC操作の遅さと全般的な処理能力が劣るということで解雇通告された。会社側によれば、PCローマ字入力する際、小さい「っ」が入力できず、客との電話対応で会話が成り立たなかった。

・30327（正女）普通解雇（54万円で解決）（電気ガス熱供給水道、1-9人、無）
　経理事務の経験者として採用したが、仕分けもできず、スキルが全く足りないとして解雇。

・30337（派女）（対派元）雇止め（不参加）（他サービス、1000人以上、無）
　診療報酬請求のルールを理解しておらず、コメントなしや病名なしのままレセプトを提出するのはプロ意識が欠如し、業務遂行上多大な支障が発生しているとして、雇止めされた。

・30341（派女）（対派元）退職勧奨（4.6万円で解決）（他サービス、100-149人、無）
　エクセル・ワードのコピー＆ペーストを知らない、フォルダの保存方法を知らない等、スキルに問題があるとして、1か月の派遣契約を9日間で合意解

約させられ、他の派遣先も引き延ばされ、合意できなかった。会社側によれば、他の派遣先を紹介し現場見学にも行ったが申請人が断った。

・30347（内男）内定取消（20万円で解決）（医療福祉、不明、不明）
　内定を受けた後、それまで告げられなかった車両の運転業務が必須とわかり、それが難しい旨を伝えたところ内定を取り消された。会社側によれば、車の免許が必要ということは求人票に書いてあるが、当然と考え面接では確認しなかった。

・30393（正男）普通解雇（打切り）（医療福祉、1-9人、無）
　仕事が雑なので「丁寧に仕事をして欲しい」と注意したら「年のせいでできない」との返答に、「できないのであれば辞めて貰うしかないですね」。申請人は34年勤続してきたことに見合う退職金を要求。会社側によれば退職金はなく、申請人の作成したものの作り直しなどで費用もかかっている。

・30439（正女）普通解雇・いじめ（5万円で解決）（建設、1-9人、無）
　新築住宅の検査業務の遂行能力が全くないとして解雇。社長と同行した際、ボルトの緩みを見逃してしまい、「やる気があるんか、勉強してくるものや」など、顔色を変えて怒鳴られた。会社側によれば、図面を見ることもできない。

・30454（派女）（対派元）普通解雇（不参加）（他サービス、10-29人、無）
　派遣先からPCスキルが初級者並みで、上級者を求めているので自宅待機するように言われ、派遣元ももう行かなくてよいと言いつつ、別の会社も紹介しない。

・40017（非女）退職勧奨（能力向上させられなかったことを謝罪で解決）（医療福祉、300-499人、有）
　何度指導しても覚えて貰えず、看護師としての基本的な知識判断能力を疑わざるを得ず、雇用継続は困難と判断して退職勧奨した。あっせんの結果、金銭解決ではなく、事業主側が申請人に「在職中、申請人の能力を向上させることができなかった」ことを謝罪することで合意した。

(2) 職業資格

　2008年度の事案にはなかった類型であるが、職務の遂行に職業資格が必要な職種において、その資格がないことを理由として雇用が解除された事案が2件登場している。

・20050（内男）内定取消（13万円で解決）（医療福祉、1-9人、無）
　退職予定者の補充として面接を受け、その退職予定者から勤務条件等を知らされていたのに、その後「退職を社長から慰留され、勤務を続けることになった」として、一方的に採用を取り消された。会社側によれば、住所が遠方で職業資格がないことから面談で不採用と通知している。退職予定者が私的な思い入れから「再度掛け合ってみる」と期待を持たせる行為があった。

・30131（内男）内定取消（不参加）（運輸、200-299人、無）
　面接を受け内定通知を受けたが、その後補助者ではなく運行管理者でなければこの職種に就けないと内定取消を告げられた。役所に事実でないことを確認して連絡したが、会社の規定なのでと言われた。

(3) 成果未達成

　求められる成果を出していないという理由に基づく解雇型雇用終了事案は5件（0.6％）ある。厳密な意味での成果主義と呼びうるようなものであるかどうかは疑わしいが、使用者側が一方的に設定した基準をクリアしなければ雇用終了してもよいという発想が特段の問題意識なく抱かれていることを示しているのであろう。

・20122（派男）（対派元）普通解雇（138万円で解決）（情報通信、30-49人、無）
　派遣先から1年の納期で指示された業務を2年かけても完成できず、しかも打合せの都度業務遅延の責任をリーダーに転嫁する言動を繰り返し、派遣先の信用を失い、業務途中で派遣契約終了の通知を受け、解雇した。本人によれば、能力不足は事実無根で派遣先担当者からパワハラを受けていた。

・20158（非男）退職勧奨（18万円で解決）（建設、10-29人、無）
　住宅リフォームの営業で、社長に呼ばれて「売上げがつかないからうちにはいられない。退職願を書いて帰れ」と言われ、やむを得ず書いたが、そのため失業保険の受給が3か月先になってしまい、車のローンや家賃の支払いに困窮している。

・30073（正女）普通解雇・労働条件引下げ（取下げ）（金融、1000人以上、有）
　正社員として勤務してきたが、営業成績指数悪化を理由に営業職員補に降格された。上司から、査定数値をクリアすれば正社員に戻れると言われ、査定数値をクリアしたのに、契約自体に基づき契約終了と言われ、到底納得できない。
　成果未達成自体を解雇の理由とするのではなく、成果未達成を理由に有期契約への地位変更を行い、その後成果が達成されたにもかかわらず、雇用終了とするというケースである。

・30149（非女）雇止め（30万円で解決）（建設、30-49人、無）
　テレホンアポインターとして、3か月間契約件数がゼロと業績不振を理由に雇止めされた。申請人によれば、実際には4か月実績ゼロで雇止めとして運用されていた。会社側によれば、本来1か月契約件数がゼロなら雇止め理由になるが猶予を与えていた。また、他の従業員とのトラブルも多かった。

・30216（非男）雇止め（不参加）（他サービス、50-99人、無）
　会員勧誘の営業で、目標12口に対し10口の予約しか獲得できず、雇止めを言い渡された。

(4) 仕事上のミス

　仕事上のミスを理由とする雇用終了は14件（1.6％）である。ミス、とりわけ同じミスの繰り返しが客観的な能力の指標であり得ることは確かであるが、1回のミスを捉えて雇用終了というようなケースもあることからすると、ミスをすることそれ自体をある種の「態度の悪さ」の現れと観じ、それに対する

制裁として雇用を終了させるという感覚も使用者にはかなり強いのではないかと思われる。

・10077（非男）雇止め（125万円で解決）（医療福祉、30-49人、無）
　正社員として勤務していたが、医事課に配転後カルテの取り違え等ミスを繰り返し、事務長から雇用契約書を渡され、6か月の雇用期間を一方的に設定され、期間満了による雇用終了を通告された。本人の同意なく一方的に無期雇用を有期雇用に転換することはできないはずであるが、それが通用している事例である。

・10084（正女）懲戒解雇（273万円で解決）（医療福祉、不明、不明）
　伝票等の書類の紛失を繰り返すなど、仕事上のミスを指摘してもすぐに直さず、黙って勝手に差し替える等責任感に欠けるため、不始末を起こしたら辞めてもらうしかないと警告したが反省もしないので懲戒解雇した。解決金は退職金相当である。

・10091（正男）普通解雇・いじめ・メンヘル（不参加）（卸小売、1-9人、無）
　海外ブランド品買い付け業務で持ち帰り品種や個数を間違えるミスがあり、常務から「お前なんか要らない」「仕事なめてんのか」「子供以下だ」等パワハラ発言を受け、体調不良で欠勤、その後出勤すると社長から解雇通告を受け、そのため精神科に通院している。

・20083（派男）（対派元）雇止め（不参加）（他サービス、30-49人、無）
　業務を怠ったため検体ボックスを紛失し、委託元と会社の信用が傷つけられたので雇止め。

・30076（派男）（対派元）雇止め（打切り）（他サービス、1000人以上、無）
　紹介予定派遣で派遣されたのに、雇止め通告された。会社側によると、派遣先から、申請人は作業ミスが多く、作業習熟が進まないので更新しない旨通知された。会社側によれば、紹介予定派遣といっても必ず派遣先に直接雇

用されるという説明はしていない。

・30130（正男）退職勧奨（40万円で解決）（運輸、50-99人、無）
　フォークリフト業務でミスを繰り返し、部長に呼び出されて退職を促され、動くものには乗せられないと言われた。会社側によれば、不安全行動が多く、人身事故になりかねないため、フォークリフトに乗せられないと判断したもので、退職勧奨はしていない。

・30139（正男）普通解雇（不参加）（製造、不明、無）
　会長に提出した作業日報に記入漏れがあったため、生産性が低いと判断されて解雇を通告された。

・30159（正男）退職勧奨・賃金引下げ（41.1万円で解決）（製造、50-99人、無）
　申請人の担当した製品について顧客から何回もクレームがつき、多額の損害をもたらしたことから、本来懲戒解雇に相当するが、管理職から非管理職への降格処分とし、納得できないのであれば退職するか考えるように言われ、退職届を出した。会社側によれば自己都合退職であり、また申請人は勤務態度が悪く責任感も希薄であった。

・30189（正男）懲戒解雇・賃金引下げ（不参加）（製造、1-9人、無）
　取引先との取引停止による損害を与えた当事者として40％の減給処分を受け、その後社長から懲戒解雇通告を受けたが、業務命令違反の事実もない。

・30247（非男）雇止め・いじめ（26万円で解決）（他サービス、1000人以上、無）
　顧客先から申請人がよく道を間違え、運転が荒い等の指摘を受け、契約の更新を拒否された。申請人によれば期間の定めのある契約を結んでいない。会社側によれば、3か月契約を更新してきたが、なぜか前回だけ労働条件通知書を交付せず、そのことに気付かなかった。

・30291（試女）普通解雇（19.4万円で解決）（医療福祉、1-9人、無）
　エステ店に採用され、研修期間の3日目に突然解雇通告された。会社側によれば、客に扮した従業員にエステをするというカリキュラムで、絶対にしないようにと何度も注意したやり方で施術し、客に扮した従業員に怪我を負わせたため、解雇した。

・30382（正男）懲戒解雇（不参加）（宿泊飲食、10-29人、無）
　原版を一つダメにしたというミスを理由に社長から即日解雇を通告された。

・30424（非男）普通解雇（不参加）（製造、30-49人、無）
　主任の伝達ミスで生じたたった1回のミスを理由に解雇された。会社側によれば、現場担当者の指示に従った作業ができないため作業ミスを連発し、各部署の全てから異口同音に「一切任せることはできない」との報告が上がってきた。

・40002（非男）懲戒解雇・退職金・賠償（賠償額を25万円とすることで解決）（卸小売、10-29人、無）
　誤って入札額を積算し、社長決裁を取ることなく入札した結果、当該金額で落札となり、会社に多大な損害を与えたとして、懲戒解雇され、退職金不支給とされた上に、損害額の賠償を要求された。会社側によれば、入札金額は社長決裁を義務づけていたのに、今回が2回目となる入札ミスを犯した。申請人は損害額が減額されれば退職金不支給は争わないということで、あっせんの結果、賠償額は損害額の4分の1の25万円とすることで合意。

(5) 一般的能力不足

　「能力」を理由とする雇用終了の中で、なお相対的に件数が多いのは、具体的な職務能力や具体的なミスや具体的な成果不足を示さない一般的能力不足を理由とするものであり、2008年度の38件（3.3％）よりかなり減ったとはいえ、2012年度にはなお21件（2.5％）ある。もっとも、2008年度の事案においては、「能力」と同時に「態度」も理由として挙げるものもかなりあり、客観的な「能

力」の問題と主観的な「態度」の問題が使用者側からはあまり区別されず、一連の不適格さとして認識されていることを物語っていると評しうるところが大きかったが、2012年度の事案では能力の内容は曖昧であるとはいえ、「態度」とは区別された「能力」をより問題にしている度合いが高まっているように思われる。この点にも、日本的な「能力」の曖昧性が徐々に縮小している一つの例証が垣間見えているのかも知れない。

・10007（非女）雇止め・いじめ（不参加）（生活娯楽、50-99人、無）
　面接時の説明から（契約は1年契約だが）65歳まで働けるはずが、日常的に嫌がらせを受け、納得できない業務評価により雇止めされた。

・10019（派女）雇止め（10万円で解決）（他サービス、30-49人、不明）
　派遣先から2件苦情（欠勤等）があり、2年ごとのスキルチェックで不可とされ、登録更新を拒否された。

・10026（非女）普通解雇（4.3万円で解決）（卸小売、不明、不明）
　作業能力に欠けるとして解雇された。なお本件は有期契約の試用期間満了という事案であり、中途解約と見なしうる。

・10062（正男）普通解雇（取下げ）（建設、50-99人、無）
　解体工事の現場作業員として働いてきたが、会長から「仕事の能力がないから辞めてくれ」と解雇通告された。話し合いを求めたが「馬鹿野郎」と怒鳴られた。

・10136（非女）普通解雇（打切り）（情報通信、不明、不明）
　広告では未経験者でも丁寧に教えますと言っていたのに、初日の仕事が少し遅いという一方的な理由で明日から来なくて良いと通告された。

・20009（正女）普通解雇（75万円で解決）（製造、10-29人、無）
　即戦力として採用したのにその能力がなく、会議での態度も悪いので解雇。

・20027（非男）普通解雇・いじめ（7.5万円で解決）（製造、200-299人、無）
　他の従業員の面前でいきなり「仕事ができないので解雇する」と罵倒され、人権を傷つけられた。会社側によれば、簡単な作業が覚えられず、さらに簡単な作業に移したがそれすら間違えるような状態で不良品も出たため解雇した。

・20059（非女）普通解雇・いじめ（取下げ）（生活娯楽、1-9人、不明）
　技術が仕上がらないとして契約解除を言い渡された。一度は復帰できたが店長の悪意で追い出された。労働者性に疑問あり、取下げとなった。

・30048（派女）（対派元）普通解雇（6万円で解決）（他サービス、50-99人、無）
　電話オペレーター業務に従事するため研修に参加していたところ、突然スキルがないとして解雇された。会社側によれば、採用時に口頭で、研修5日目、3週間目でスキルチェックを行い、達成レベルに達していない場合は契約を打ち切ると説明している。申請人はスキル不足の上、勤務態度も問題。

・30062（試女）普通解雇（打切り）（運輸、200-299人、無）
　中国語の能力から採用したが、入社後他の社員とコミュニケーションが取れず、パソコン操作もできないとして、解雇した。申請人は6歳まで中国で育ち、7歳で日本に帰化しており、中国語は堪能であったが、一般的能力不足と見なされた。

・30092（正男）退職勧奨（不参加）（不動産物品賃貸、不明、無）
　仕事の覚えが悪いことを理由に研修期間を3か月延長され、退職勧奨を受けた。

・30119（非女）退職勧奨（取下げ）（医療福祉、1-9人、無）
　院長が病気で倒れ、営業ができないので自宅待機してくれと奥さんから言われ、その後電話したら、奥さんから営業できないので辞めて欲しいと言われた。

・30179（正男）普通解雇（不参加）（製造、10-29人、無）
　技能上達の見込みがなく配置転換も難しく職務に適さないとして解雇された。

・30215（派男）（対派元）普通解雇（不参加）（他サービス、不明、無）
　派遣契約期間の途中で、班長より勤務終了後、体力的に無理との判断で、本日で終了してくれと言われた。

・30279（派男）（対派元）雇止め（不参加）（他サービス、50-99人、無）
　勤務成績、態度、能力、健康状態により雇止めと判断されたが、営業成績はトップクラスを保ち貢献してきた。

・30336（正女）普通解雇（20万円で解決）（生活娯楽、1-9人、無）
　職務経歴書には総務全般を任せてくださいと記入されていたが、実際には何もできず、事務所の折り合いも悪いので解雇。

・30351（正男）退職勧奨（不参加）（卸小売、1-9人、無）
　社長から「仕事が遅い」を理由に退職勧奨を受け、退職合意書にサインを書かされた。

・30435（非男）雇止め・いじめ（不参加）（宿泊飲食、100-149人、無）
　一般社員から誹謗中傷的な言葉の暴力を受け、上に伝えても改善されず、不当な評価で雇止めにあった。

・30449（非男）雇止め（不参加）（電気ガス熱供給水道、1000人以上、有）
　勤務成績、態度、能力が十分でないと認められるという理由で雇止めされた。

・40019（非女）普通解雇・賃金引下げ（10万円で解決）（医療福祉、1-9人、無）
　賃金額を一方的に減額した上に、勤務成績不良を理由に解雇。会社側によれば賃金減額は申請人も同意している。

・40030（正男）普通解雇・いじめ（不参加）（製造、1-9人、無）
　未経験なのに「こんなこともできないのか」と言われ、時には蹴る、叩くなどの被害を受け、社長から「仕事の能力がないから辞めてくれ」と解雇通告された。

(6) 不向き

　一般的能力不足を理由とする雇用終了よりもさらに抽象的かつ曖昧なものが「不向き」という雇用終了理由であり、3件ある。その大部分はどこがどのように不向きであるのかも明らかではない。その意味では、「態度」の中の「相性」とほとんど変わらないと言うこともできるかも知れない。

・20148（正男）退職勧奨・他の労働条件（15万円で解決）（運輸、30-49人、無）
　何回か荷物の破損をしたため、専務から「この仕事に向いていないので、違う仕事を探した方がいい。申請人のやっている仕事を別のドライバーに代えた」、「退職届を書いて欲しい」と言われ、会長に「辞めたくない」と言ったが、「向いてない人は向いてない。自分から辞めて欲しい」と言われ、休んでいるうちに健康保険の加入をストップされてしまった。会社側によれば、申請人は荷物破損事故が多く、携帯電話が通じないために自宅に行ってもいつも留守で連絡が取れない。

・30199（試女）普通解雇・いじめ（打切り）（卸小売、500-999人、無）
　販売員として不適当として解雇通告された。また人事課長から立場を利用して食事に誘うなど頻繁なメールやプライベートな質問などセクハラ行為を受けた。会社側によれば、協調性や自己優先的な態度から総合的に判断したもの。セクハラ行為は事実が確認できたので謝罪する。

・30221（内男）内定取消（10万円で解決）（製造、1-9人、無）
　面接を受け、次回給与の提示と入社日を決めるという所まで話が進んだので内定があったものと考えて他社を断ったが、会社が希望する人材ではないとして内定を取り消された。会社側によれば、内定は出していない。

2　労働者の傷病

　傷病を理由とする解雇型雇用終了は全部で32件（3.8％）である。傷病はまさに労働能力を低下させる要因であるので、労働法の教科書等でももっとも典

型的な解雇の正当な理由の一つとして挙げられることが多いが、労働局あっせん事案をみるとさまざまな問題があることが窺われる。以下では、まず労災関係事案を見た上で、私傷病について疾患の種類別に検討していきたい。内訳は①労働災害・通勤災害（5件）、②私傷病（2件）、③慢性疾患（9件）、④精神疾患（15件）、⑤体調不良（1件）となっており、傷病の半数近くを占める精神疾患の多さが目につく。

（1）労働災害・通勤災害

まず、労働基準法により休業中およびその後30日間解雇が禁止される労働災害に絡む事案が4件、労働基準法上の労働災害ではない通勤災害に絡む事案が1件、両者併せて5件である。

・10071（非男）普通解雇（10万円で解決）（運輸、200-299人、不明）
　港湾荷役作業の車両事故で休職中、「枠がないので辞めてくれ」と言われた。会社側は、解雇ではなく、怪我が治れば戻ってきて欲しいという趣旨と主張。なお本件では労災保険を使わず、医療費は事故の相手方の負担となっているが、労基法19条（業務上災害で休業中の解雇制限）の対象となるケースである。

・10075（非男）普通解雇（41万円で解決）（建設、10-29人、無）
　玉かけ作業で骨折、療養による休業を経て職場復帰し、配車助手として従事していたが、親会社の課長から「足が治らないなら辞めてくれ」と解雇を通告され、被申請人会社から解雇通知書を出してもらった。構内下請事業において、親会社が下請会社の従業員の解雇を求めるという構図があることが窺える。

・20191（非男）普通解雇・休職（不参加）（卸小売、不明、無）
　通勤中の交通事故に遭い、休職していたが社長から「もう来なくていい」と解雇されたのに、離職票は自己都合退職となっている。会社側によれば、事故時にも自分から連絡もなく、いつ出社するかの連絡もないままで、ようやく本人と連絡を取って退職の合意をしたもの。

・30206（正男）退職勧奨（不参加）（卸小売、不明、無）
　労災事故に遭い1週間の休業を余儀なくされ、休業明け出社したところ退職勧奨され、辞表提出を拒んだところ仕事を与えられず、退職せざるを得なくなった。

・30220（正男）普通解雇（打切り）（他サービス、200-299人、有）
　警備業務に従事中膝を怪我し、労災認定された。症状固定となり軽作業可能とされたが、仕事がなく自宅待機させられ、退職勧奨された。会社側によれば、常駐警備専門の会社であり、軽作業の配置先は不可能で、警備業務に就かせても勤務に耐え得ない状況なので、解雇を通告した。

(2) 私傷病
　業務上ではない事故や急性の疾病による休業中の解雇型雇用終了事案は2件ある。

・20037（正男）退職勧奨、休職（50万円で解決）（製造、30-49人、無）
　バイクにはねられ背骨を骨折し、6か月休職したが、後遺症で重い物を持つことができず、職場復帰は難しい状況。退職の話をしたいが互いに興奮して冷静な話合いが難しいので、使用者側からあっせん申請。労働者側は宙ぶらりんの状態で困っている。

・30219（非女）雇止め・いじめ・休職（25万円で解決）（卸小売、1000人以上、有）
　私傷病で鎖骨を骨折し、休職となり欠員募集され、治って復職しようとしたら欠員がないので退職とされた。以前いじめを受けた。会社側によれば、休職時に業務が回らないので後任者を募集し、回復時に人員に空きがあれば働いて貰うがそうでなければ退職して貰うと伝え、申請人も了承していた。

(3) 慢性疾患
　私傷病のうち、慢性の身体疾患を理由とする解雇型雇用終了事案は9件ある。慢性疾患は症状が固定して治癒が不可能という観点から見れば身体障害でも

ある。実際、ここに挙がっている糖尿病、肝炎などは、その程度にもよるが障害年金の受給資格に該当する。その意味で、「傷病」と「障害」の区別は相対的なものである。ここではやや便宜的に、障害者雇用促進法上で雇用率制度による雇用義務の対象となっている「障害」のみを「障害」で扱い、それ以外は慢性疾患として「傷病」に分類しているが、雇用終了の理由の分類としては必ずしも合理的なものではない。そもそも雇用終了の理由という観点において「傷病」と「障害」を区別する必要があるのかという問題もあろう。

　慢性の身体疾患と次の精神疾患に共通することとして、雇用終了形態に「休職期間満了退職」が多く現れることがある。これは形式的には解雇という使用者側の積極的行為を伴うことなく自然退職という形を取るが、期間満了によって雇用が終了するということを前提に休職期間を設定するという点に着目すれば、有期労働契約の雇止めと同様、使用者側の発意による雇用終了の一種と見なして扱うことができる。実際、労働者側はそれを解雇としてあっせん申請することが多く、あっせん処理票上でも普通解雇として取り扱われているケースがほとんどである。

・10043（正男）普通解雇（不参加）（生活娯楽、1-9人、無）
　身体性疾病（糖尿病）と協調性の欠如を理由に即日解雇された。本人によれば、糖尿病の傾向はあるがそれにより欠勤したことはない。

・10044（正男）休職期間満了退職・いじめ・有休（22万円で解決）（他サービス、200-299人、無）
　難病に罹患、専務から「有休は会社にお願いして取るもの」「君のおかげで元請からペナルティを受けている」等と言われ症状が悪化し、1年間の休職を経て退職を余儀なくされた。

・10046（非女）普通解雇（5万円で解決）（卸小売、50-99人、不明）
　入社3か月経ち試用期間終了後、上司から解雇通告を受け、休暇明けに社長に連絡したら解雇ではないといわれた。会社側によれば、本人は子宮筋腫の治療のため入院が予定され、無理をして子供が産めない体になる心配があり、

治療に専念してもらう趣旨で退職を勧奨したもの。

・10055（試男）普通解雇（打切り）（建設、300-499人、無）
　高所作業、重量物移動等のある現場監督として試採用したが、頸椎椎間板ヘルニア等で通院し、頭痛、めまいがひどく欠勤を繰り返したため、試採用期間を延長したが、なお治癒せず、高所作業中にめまいが生じたら極めて危険であり、現場の安全確保のため試採用を取り消した。

・30006（正男）退職勧奨・年次有給休暇（不参加）（宿泊飲食、不明、無）
　体調不良で8日間休み、出勤したら社長から糖尿病で仕事に支障があるので退職を求められ、不本意ながら退職届を出した。8日間は有給扱いにするといわれたが、月末に給料を受け取ったら入っていなかった。

・30166（非女）雇止め（20万円で解決）（教育、200-299人、有）
　期間社員として勤務し、前回更新時に正社員への転換を申し入れたが、もう1年ということで更新に応じた。ところがその後器質化肺炎、突発性多発関節炎で労働不能な状態となり、期間満了雇止めの通知を受けた。会社側によれば、正社員への登用を約束したことはない。疾病により勤務できないので雇止めとした。

・30297（正女）休職期間満了退職（20万円で解決）（製造、10-29人、無）
　自己免疫性肝炎で入院し、退職後会社から休職通知が届き、復職を求めたが拒否され、自然退職とされた。会社側によれば、指定難病であり、元の作業ができるほど治癒しているかを慎重に判断しなければならず、診断書の提出を求めたが従わなかった。

・30319（正男）休職期間満了退職・いじめ（不参加）（製造、不明、有）
　腫瘍等の疾病で入院、手術、退院を繰り返し、休職している間に退職を通知された。

・40008（非女）退職勧奨（10万円で解決）（医療福祉、200-299人、不明）

入浴介助員として勤務。胆嚢結石症、急性胃腸炎などで入院を繰り返し、自宅で意識を失い椅子から転落して休んだところ、MRI検査で異常はないと診断されたのに、介助中に何かあったら本人、利用者双方にとって取り返しのつかないことになるという理由で退職を勧奨された。

(4) 精神疾患

　傷病を理由とする解雇型雇用終了事案の半数近くを占めるのが精神疾患事案であり、明確に精神疾患を理由とする雇用終了事案だけでも15件に上るが、それ以外にも何らかのメンタルヘルス問題を伴う事案はかなり多い。そして、その相当部分になんらかのいじめ・嫌がらせ問題が絡んでおり、今日の日本の職場における社会的精神健康状態が必ずしも良好とは言いがたいことを示唆しているように思われる。

　慢性疾患の項で述べたように、精神疾患は精神障害でもあり、精神疾患を理由とする雇用終了は精神障害に基づく差別的取扱いでもあり得る。あっせん申請がされた2012年度の時点においてはなお、日本において障害者差別を正面から具体的に禁止する立法は存在しなかったが、周知の通り2013年に障害者差別解消法が制定されるとともに、障害者雇用促進法が改正され、障害者に対する差別禁止が実定法上の規定となった。後者の施行は2016年4月であり、その後は障害者差別に係る個別労働紛争は同法に基づく調停の対象となる。その意味では、精神障害と連続的な性格を持つ精神疾患も含めて、労働局あっせん事案における障害や傷病を理由とする解雇型雇用終了事案の分析は、今後の障害者雇用対策の方向を考える上でも示唆を与えることになろう。

　また、これも慢性の身体疾患事案と共通するが、雇用終了形態に「休職期間満了退職」が多く現れるという特徴がある。解雇型雇用終了事案15件中8件と、過半数が休職期間満了による退職という形を取っている。

　なお、精神疾患を直接理由とする解雇型雇用終了事案は15件に過ぎないが、その他の雇用終了事案にも、雇用終了以外の事案にも、精神疾患ないし精神的不調が絡んでいるメンタルヘルス事案が極めて多い。そしてその大部分にいじめ・嫌がらせが絡んでいる。その状況は以下の通りであり、他の解雇型

雇用終了事案で13件、非解雇型雇用終了事案で38件、雇用終了事案以外で30件、合計96件と全事案の11.3%を占めている。そしてそのうち69件（8.1%）がいじめ・嫌がらせ関連事案であり、その数字から現代日本の職場の精神衛生環境が労働者にとって決して好ましいものではないことが窺われる。

メンタルヘルス	解雇理由が精神	他の解雇等	自己都合退職	雇用終了以外	計
いじめ	8	8	31	22	69
いじめ以外	7	5	7	8	27
計	15	13	38	30	96

・10003（非女）雇止め・いじめ・メンヘル（50万円で解決）（金融、1000人以上、有（非））

　上司や同僚からのいじめが原因で抗鬱病になり休職し、1年後医師の診断書を添えて職場復帰しようとしたが拒否され、なお休職していたところ突然休職期間満了で雇止め通告を受けた。これを不服として撤回を要求したところ、産業医の診断を求められ、診断を受けたら恫喝され、罵られた。完治しているが再発のおそれありと復帰認められず。

・10063（非男）退職勧奨・メンヘル（5万円で解決）（他サービス、不明、不明）

　飛び込み営業でメンタル不調となり、連日の不眠、頭痛、めまいから欠勤を続けた。内勤の事務に移されたが仕事が手につかず、うつ一歩手前、適応障害と診断され、会社に誘導されて退職届にサインしてしまったが、真意でない。

・10066（非女）雇止め・メンヘル（打切り）（医療福祉、30-49人、無）

　同僚とのコミュニケーション能力やスタッフへのパワハラ等から現職務の継続は困難との判断で、所属長から退職勧奨を受け、取締役から退職届の提出を再三求められ、精神的に追い詰められて自殺未遂をした。その後適応障害（うつ状態）の診断を受け、休職期間満了で雇止めされた。

・10113（非男）雇止め・メンヘル（不参加）（医療福祉、不明、不明）

　パニック障害の持病があり、抑うつ状態が悪化し、自殺願望が生じ、休職

後雇止め。会社側によれば、本人が退職の意思を表示したが、その後精神疾患のための雇止めだ、解雇だと主張するようになった。本人によれば、会社の不当行為を告発すると言ったため雇止めされた。

・10124（正男）休職期間満了退職・配置転換、メンヘル（不参加）（建設、不明、無）
　営業職で採用されたのに解体現場作業等をやらされて体調を崩し、しばらく事務所内仕事をしていたが人手不足から再び解体現場作業を強いられ、手足の痛み痺れ、腰痛が生じ、過度のストレスが原因の不安障害と診断され、休職していたら、休職期間満了のため退職扱いされた。会社側によれば、採用時に現場作業もあると説明し本人の了承を得ている。前職でも同様の傷病で欠勤しており、症状が継続したままそれを隠して入社したもの。

・20195（非女）普通解雇・いじめ・メンヘル（打切り）（医療福祉、50-99人、無）
　上司から「覚えが悪い。何もしていない」等といじめを受け、耐えきれなくなり、心療内科を受診してうつ状態の診断を受け、休養届を出して休んでいたところ病欠日数が多いとして解雇された。会社側はいじめを否定。

・30031（非女）雇止め・いじめ・メンヘル（不参加）（金融、500-999人、無）
　全社員がいる前で男性社員から「あんたの仕事でしょ！もう会社に来るな！なんで給料もらってるんだ」と強い口調で罵倒、侮辱され、体調を崩し、医師から適応障害、うつ病と診断され、休養を余儀なくされ、休養中に契約期間満了で雇止めされた。

・30034（正女）休職期間満了退職・いじめ・メンヘル（打切り）（卸小売、150-199人、無）
　約3年にわたり課長から「申請人がいるからこの店舗の雰囲気が悪い」「他のスタッフも申請人を嫌っている」「申請人は仕事をしていない」等の人格否定をされてきたため、体調不良で休職、会社からいきなり自然退職となる旨の連絡が来た。会社側によれば、私傷病欠勤3か月で休職期間となり、6か月の休職期間が満了しても、診断書には復職は無理との記載があったので退職

扱いとした。

・30240（正男）休職期間満了退職・いじめ・メンヘル（30万円で解決）（他サービス、1000人以上、無）
　ことあるごとに「仕事ができない」と叱責を受け続け、うつ病を発症し、休職中に「2年休職すると退職になる」と言われ、復職を希望しても勤務する場所がないと言われ退職を余儀なくされた。会社側はうつ病の原因が会社にあるとの認識はない。

・30242（正男）休職期間満了退職・メンヘル（10万円で解決）（情報通信、10-29人、無）
　うつ病の診断を受け休職したところ、勤続1年未満の者は休職期間3か月満了で退職になる旨を通告された。会社側によれば、申請人は勤務態度が悪く、作業拒否をするなどのあげく、抗鬱状態と診断されたので出社せず休養するとのメールをいきなり送りつけてきたが、会社は就業規則通りの措置を執った。

・30263（正女）休職期間満了退職・いじめ・メンヘル（不参加）（生活娯楽、1000人以上、無）
　支配人からセクハラ、パワハラを受け、それが原因でうつ病で休職し、入退院を繰り返し、休職期間満了で退職となった。

・30267（正女）退職勧奨・いじめ・メンヘル・休職（不参加）（不動産物品賃貸、30-49人、無）
　事務所に配属後数週間後に「忙しいから」という理由で本社に戻されたが、実際には決まった仕事がなく、そんな状態で適応障害と診断され、休職せざるを得なくなり、会社から退職を強要されたため、退職を余儀なくされた。

・30284（正女）休職期間満了退職・いじめ・メンヘル・配置転換（卸小売、不明、無）
　1年半に3回配置転換があり、異動先上司の威圧的態度もありうつ病で欠勤、

復職可との診断書を提出したのに、休職期間満了による退職を通告された。

・30357（正女）休職期間満了退職・メンヘル（不参加）（製造、1000人以上、有）
　職場結婚した夫の人事異動・退職勧奨をめぐり、精神的に追い詰められて心神喪失状態になり、自傷行為をしてしまい、休職を命じられた。主治医から就労可能の診断を得て復職を申し出たが、受入先がないと言われ、休職期間満了で退職になると言われた。

・30364（正女）休職期間満了退職・メンヘル（30万円で解決）（教育、10-29人、無）
　保育園勤務で保護者との信頼関係がなくなり、配置転換したがうまくいかず、うつ病の診断を受け休職していたが、リハビリ勤務は可能と診断されたのに復職を拒否され退職とされた。会社側によれば、常勤保育士は5名の1歳児をフルタイムで保育しなければならず、リハビリ勤務の余地はない。

(5) 体調不良
・30318（非女）雇止め（不参加）（金融、不明、有）
　体調不良で会社を休んでいる間に、ノルマが達成できずに契約期間満了となった。

3　労働者の障害

　身体的、知的及び精神的な障害も職務能力を低下させる要因であることは間違いないので、障害に基づく能力の低さを理由とする計6件の解雇型雇用終了も広い意味における「能力」を理由とする解雇型雇用終了に含まれる。しかしながら、これは同時に障害という「属性」を理由とする差別をも構成することになる。あっせん申請がされた2012年度の時点においてはなお、日本において障害者差別を正面から具体的に禁止する立法は存在しなかったが、周知の通り2013年に障害者差別解消法が制定されるとともに、障害者雇用促進法が改正され、障害者に対する差別禁止が実定法上の規定となった。後者の施行は2016年4月であり、その後は障害者差別に係る個別労働紛争は同法に基づく調停の対

象となる。その際、身体障害と連続的な慢性の身体疾患、精神障害と連続的な精神疾患も含めて、考察される必要があろう。

(1) 身体障害

・30110（正男）普通解雇（20万円で解決）（製造、50-99人、無）

　採用時に健康診断書を提出せず、その後左目の視力がないことが判明し、採用条件であった自動車運転免許の取得ができないので、解雇を通告。障害を隠して採用され、その後判明したケース。

・30329（正女）普通解雇・障害者差別（不参加）（生活娯楽、不明、無）

　めまいがすることを理由に、身体もしくは精神の障害により就業困難と判断され即日解雇された。医師の診断書にも1日8時間の労働は可能と記されている。

・30401（内女）内定取消（不参加）（不動産物品賃貸、1000人以上、無）

　夫婦住込管理員の募集に応募し、採用の連絡を貰ったが、夫の左目が検査の結果悪いため不採用となった。

(2) 知的障害

・30046（非男）雇止め・いじめ・障害者差別（打切り）（教育、500-999人、有）

　障害者枠で採用した知的障害者。申請人によると、上司3人より陰険ないじめ・嫌がらせを受け、仕事に関係ない過去のこと、趣味など人格を中傷するような叱責を受けた。第三者として加わるはずの支援員も上司たちと一緒になって暴言をいうようになり、体調も悪化したので休職、その後雇止め。会社側によれば、突然清掃道具を叩きつけたり、机を叩くなどの行動が見られ、心因反応と診断され長期療養となった。勤務再開後しばらくして様子がおかしくなり、服薬していないことが判明、コントロール不能な状態になり、休職となり、就労可能の判断が出来ず雇止めとした。

(3) 精神障害

・10137（内男）内定取消・障害者差別（33万円で解決）（宿泊飲食、50-99人、不明）

面接・適性検査を受け内定をもらっていたのに、過去に障害者枠で応募していたことが知られ、副支配人から障害者であることを隠していたことを問責され、内定を取り消された。精神障害者を差別視する人権問題である。会社側によれば、障害の内容を考慮した配置も必要となるため、障害の事実は告知すべきであり、対応に落ち度はない。障害事実の告知義務があるかどうかは難しい問題である。

・20081（正男）普通解雇・障害者差別（30万円で解決）（運輸、30-49人、無）
　幼少時よりてんかんの症状があり、就職の際すべて申告して承知の上で採用された。会社は将来クレーン業務に就けると言っていたのに、突然解雇された。会社側によると、荷主から「病気の人間に業務を任せておいて何かあったら困るのでこれ以上任せられない」と言われ、他に配置転換する業務もないため、解雇せざるを得なかった。
　てんかんに対する障害者差別であるが、使用者にはもともと差別意識はなく、取引先（荷主）の要求によって差別的解雇を強いられている事案である。前年にてんかんの症状のある人がクレーン車で集団登校の列に突っ込む悲惨な事故があったことが大きく影響している。

4　労働者の年齢・定年

　定年その他の年齢を理由とする解雇型雇用終了は25件（2.9％）とかなりの数に上る。大部分は定年等のない非正規労働者であるが、正社員が定年後再雇用を拒否された事案もかなり見られる。老齢が労働能力低下の指標であると見なされている場合には「能力」に基づくものと受け取られているであろうが、実際には「態度」等が原因であるのに、「年齢」を表面上の理由として持ち出したと思われるケースも少なくない。表見的年齢差別とでもいうべきであろうか。

・10015（非女）定年等、その他労働条件引下げ（打切り）（卸小売、不明、無）
　デパート販売の契約社員、3か月前に突然60歳定年といわれ、定年後週2日で

時給引下げに合意できず退職。本人は60歳定年を聞いていないと言い、会社側は労働条件を明示していないが、定年後再雇用を知っているはずと主張。ここでいう有期契約の「定年」とは、定年前の有期契約の更新と定年後の有期契約の更新で労働条件が引き下げられるという意味にしかならず、実質的には年齢を理由にした雇止め型変更解約告知であるが、正社員の「定年」が非正規労働者にも規範として作用していることが窺える。

・10049（非男）雇止め・年齢差別（打切り）（運輸、200-299人、無）
　事業所の一部移転に伴う事業縮小で65歳以上の者に勇退をお願いして雇止め。雇止め基準を年齢だけにしたことに納得がいかない。

・10065（非男）雇止め（不参加）（運輸、10-29人、不明）
　65歳定年でその後の更新は5年を限度とする就業規則に従って雇止め。

・10132（非男）雇止め（打切り）（運輸、不明、有）
　嘱託社員として1年更新で勤務してきたが、65歳まで働けると思っていたのに、64歳の誕生日目前で採用しないといわれた。会社側によれば、嘱託社員は64歳定年である。65歳まで嘱託パートとして雇用することもあるが、その場合は新規採用と同等の選考を行う。本人は仕事に対する誠意がなく、販売に偏りがあるため不採用となった。

・10142（内男）内定取消（不参加）（卸小売、1-9人、無）
　面接を受け採用されたのに、出社前日に取消の電話。会社側によれば、重量物を運搬する運転手の業務で、求人には65歳までとしていたが、申請人は69歳であった。そこで、体力を要する仕事なので様子を見せてもらい、引き続き求人をして年齢条件に合致した人が採用できる場合にはそちらを優先することもあり得ると条件付きで採用した。しかし、ほぼ同時に採用した64歳と70歳の男性が相次いで辞めたので、やはり高齢者には身体的負担が大きいと考え、労災の懸念もあり、内定を取り消したもの。

第3部　日本の雇用紛争の内容分析（労働局あっせん事案から）

・20008（正男）定年等・退職金引き下げ（140万円で解決）（製造、50-99人、無）
　60歳定年であったのに、業績不振、赤字を理由に55歳定年とされ、給料を下げて嘱託として雇用された。退職金も55歳で精算された。会社側によれば、定年引下げはリストラを回避し雇用を守るためのやむを得ないもので、本人の十分な理解と合意の上で行われたものである。

・20034（正男）定年等（打切り）（製造、10-29人、無）
　社長がいる限り勤めてくれと言われて入社したのに、60歳定年を理由に退職させられた。会社側によれば、協調性がなく、客からのクレームもあったので60歳定年までは我慢した。再雇用の申出もなかった。

・20198～20201（非女）雇止め・年齢差別（10万円、15万円、5万円、10万円で解決）（宿泊飲食、10-29人、無）
　1年更新でパート勤務してきたが、契約更新の連絡がなく、同僚から申請人らを高齢を理由にクビにしようとしていると聞き、やがて更新しないという書面が届いたが、理由が一切書かれていなかった。会社側によれば、申請人らの仕事ぶりから人員を入れ替えたいという判断をしたためであるが、手続に不備があった。

・30022（正男）退職勧奨（不参加）（製造、10-29人、無）
　60歳になるので専務に呼び出されて退職するよう言われた。解雇と思ったが、会社は自己退職と見なすので納得いかない。会社側によれば、定年は65歳だが、本人が60歳で退職すると社員たちにも言っていたので、相談の結果締日で退職となった。

・30030（非男）雇止め（打切り）（製造、300-499人、有）
　新入社員を多く採用、年齢制限を理由に雇止めされた。会社側によれば、業務の持続的継承を考えて出来るだけ社員化していく方針で、申請人は66歳で年金が受給できることもあり、契約終了としたもの。

・30065（正男）定年等・いじめ（打切り）（他サービス、30-49人、無）
　定年後継続勤務を希望していたが、1年前の顧客とのトラブルを理由に拒否された。そのトラブルを理由にパワハラを受けてきた。会社側によれば、取引先とのトラブルだけでなく、他の人とコミュニケーションが出来ず、勤務意欲がないため継続雇用基準に該当せずと判断した。

・30121（正女）定年等（30万円で解決）（医療福祉、50-99人、無）
　感情の起伏が激しい、人に威圧感を与える等、個人評価が非常に低くされていたため、定年後再雇用されなかった。会社側によれば、協定に定める基準に該当しないものと判断した。恣意的な評価ではない。

・30207（非女）普通解雇（15万円で解決）（他サービス、10-29人、無）
　若い正社員を入社させたからという理由で解雇された。会社側によれば、クレームが幾つか寄せられ、正社員の定年が60歳であることもあり、世代交代の時期であることを伝えようとして、かえって本人の気持ちを逆なでしてしまった。

・30217（非女）年齢差別・他の労働条件（不参加）（卸小売、不明、有）
　期間満了直前に65歳定年を理由に雇止めの通知を受け、人事部長と話し合って延長することとされたが、その間の勤務で差別的取扱を受け、退職後も足や腰に痛みを感じる。

・30277（正男）定年等（打切り）（製造、300-499人、有）
　定年退職後継続雇用希望申請書を提出したが、人事考課が標準以下であることを理由に拒否された。これは会社が強制的に職長に昇格させて能力以上の業務を強要したためである。会社側によれば、上司の推薦はあったが本人が了承して職長に昇格したのであり、その給与を貰っていたし、人事考課面接でC'評価について異論はなかった。再雇用より労働条件の劣る契約社員の提示を行ったが申請人が拒否した。

・30304（正男）定年等・立替費用（不参加）（他サービス、50-99人、無）

入社当時は定年制はなかったのに、急に定年退職という形で退職させられた。勤務中の事故が退職理由なら、立て替えた事故費用を返還して欲しい。

・30383（非女）普通解雇（50万円で解決）（製造、1000人以上、無）
　面接時には年齢制限はないということだったのに、年がいっているという理由で解雇された。会社側によれば、年齢を重ねるにつれて手元が危なくなり、現場からもとても危ないことが多いのでいつ事故が起きても不思議ではないという声が届くようになり、面談の結果退職を了解して貰ったもの。一定の年齢に達したからではなく、体力・能力的に業務に耐え得ないと判断したのだが、退職理由の記載が申請人に配慮して年齢しか書かなかったために誤解を招いた。

・30399（非女）雇止め（5万円で解決）（他サービス、500-999人、無）
　定年後1年契約の嘱託社員となり、68歳になったので体力的な衰えや健康上の安全に配慮して雇止め。

・30440（正女）定年等（打切り）（卸小売、100-149人、無）
　65歳まで希望者全員再雇用する制度があるのに、定年後再雇用を希望したが、できないと言われた。会社側によれば、「歓迎されていないのに再雇用で働くのはよくないのではないか」と断ったら「それはそうだと思う」と同意していた。

・30446（正男）定年等（不参加）（製造、1000人以上、無）
　就職時には定年はないと言われていたのに、定年退職を申し渡され、継続雇用制度もないと言われた。

・40004（正男）退職勧奨（不参加）（漁業、不明、無）
　15年定置網漁業の船頭として勤めてきたが、突然船頭を辞めて欲しいと言われた。会社の話では若返りたいと言うことだが、まだ二、三年は勤めたい

・40035（非男）雇止め（31万円で解決）（複合サービス、300-499人、有）
　1年契約の更新を繰り返してきたが、突然更新しないと言われ、労働相談

コーナーに相談して助言・指導をして貰ったが、その後も「もう年だから更新しない」「一番いけないのは労働局に言ったことだ」と言われ、理由証明書も出そうとしない。雇止め通告後ではあるが、助言指導の申出を非違行為と捉えている点は発言への制裁の側面も窺える。

5 労働者の性的志向

　先進諸国の差別禁止法制や日本でも2002年に国会に提出された人権擁護法案では性的志向も差別類型として挙げられている。現在の日本の実定法では、性同一性障害を精神障害と捉えれば障害者差別と見ることができる。

・10016（正男）退職勧奨・いじめ・メンヘル（不参加）（卸小売、不明、無）
　性同一性障害で長髪許可を得たのに「髪を短くしろ」とパワハラを受け、毎日のように叱責を受け、うつ病と円形脱毛症になり、出勤不可能となり、退職届を書かせられた。

6 家族の属性

　労働者本人の能力や属性を理由とする解雇型雇用終了事案とはかなり性格が異なるが、本人の労働能力とは直接関係のない家族の属性－父親が暴力団員であること－が解雇理由とされた事案が1件ある。なお2008年度には、家族の障害を理由とする解雇事案が1件あったが、2012年度には見当たらなかった。

・20165（非男）普通解雇（25万円で解決）（生活娯楽、50-99人、無）
　パチンコ店に勤務していたが、父親が暴力団員であることを理由に即日解雇を通告された。父は母と離婚して別居しており、申請人は一切関係がないのに、このような理由による解雇は不当である。会社側によれば、警察などから暴力団との関わりを持たないよう指導されている立場から、不適格者と判断し解雇を告げたもの。

Ⅲ 経営上の理由

　以上Ⅰ、Ⅱで見てきた事案は、全て労働者個人の側の行為や能力・属性に基づく解雇型雇用終了であるが、これと対照的な性格を有するのが経営上の理由による解雇型雇用終了であり、75件（7.9％）ある。2008年度には211件（18.4％）の多数に上っていたのに比べると、割合としても半分以下に減少している。これはいうまでもなく、2008年度が年度半ばにリーマンショックの直撃を受け、年度後半には解雇や雇止めが多数行われたことの反映であり、2012年度は景気が一定程度回復した通常状態の姿を示していると言ってよいであろう。

　内容を見ると、トルストイの幸福な家族と不幸な家族ではないが、個別事由に基づく雇用終了が個別事案ごとに実にさまざまであるのに対し、経営上の理由による雇用終了は（一部を除いて）一様によく似ており、「経営不振」という言葉がほとんど万能薬のように繰り返し使われている。そこで、「経営不振」の内容を細かく分類することにあまり意味はないので、労働者の雇用形態別にその状況を概観する。とりわけ、派遣労働と直用非正規雇用（パート・アルバイトおよび期間雇用契約）における経営上の理由による雇用終了において、労働法学上は正社員の解雇よりも厳格であるはずの期間途中の解雇と期間満了を理由とする雇止めがどのように行われているかを、正社員の経営上の理由による解雇と比較して見ていく。

1 正社員

　正社員については判例法理上は整理解雇4要件ないし4要素によって経営上の理由による雇用終了から手厚く保護されているというのが一般的な通念であるが、実際には下記に明らかなように、経営不振という理由を示すだけで極めて簡単に整理解雇が行われており、むしろ現実の労働社会においては経営不振は解雇におけるかなり万能の正当事由と考えられているといった方がいいとすらいえるかも知れない。

　正社員における経営上の理由による解雇型雇用終了は26件（3.0％）であり、2008年度の103件（9.0％）よりも激減している。なお、真に経営上の理由であ

るかどうかが疑わしいケースは表見的整理解雇として別立てにした。

・10031～10033、10040、10051（5件）（全て正男）整理解雇（打切り）（運輸、50-99人、無）

　経営不振のため営業所を閉鎖。解雇に当たって業務引継会社が採用してくれるので、希望者は応募せよと言われたが、午前4時に始業に間に合うよう自力で通勤することが条件で、近隣に住む人しか採用されなかった。

　企業単位で見れば整理解雇であるが、業務単位で見れば（他社への）配置転換（勤務場所）にかかる変更解約告知としての性格を有する。

・10058（正男）普通解雇（70万円で解決）（宿泊飲食、1-9人、無）

　社員食堂の調理師、社長の指示で経費削減のため食品衛生法の検便を一部しか行わず、その結果発注元から業務解除され、解雇となった。発注元からの契約解除が直ちに整理解雇につながる業態であるが、その原因が社長（指示者）と本人（実行者）の両方にあるというケース。

・10072（正男）整理解雇・障害者差別（不参加）（製造、50-99人、無）

　経営不振として突然解雇されたが、身体障害者の自分だけで狙い撃ちされた。また在職中、当初の仕事を取り上げられ、経理部へ異動を命じられたが受付の仕事のみを強いられた。会社側によれば、本当の仕事は何もしたことはないくらいの状態である。表見的整理解雇の性質が強い。

・10114・10115/10118（正女・正男）整理解雇（126万円・48万円で解決）（製造、不明、無）

　リーマンショックで売上げが激減し、工場閉鎖のため整理解雇されたが、工場は閉鎖されず新規採用まで行っている。会社側によれば、工場閉鎖しても受けていた仕事を本社で引き継ぐことを考えており、工場を回せないため人員確保の必要があった。

　会社側からすれば経営不振は事実なので偽装整理解雇ではないのだが、整理解雇された労働者から見れば偽装整理解雇と言いたくなる事案である。

・20116（正女）整理解雇（不参加）（製造、1-9人、無）
　入社1か月なのに、会長と社長が揉めたため事業が立ち行かなくなり、休業せざるを得ないとして即日解雇を通告された。

・20175（正男）整理解雇（15万円で解決）（宿泊飲食、1-9人、無）
　入社2.5か月で、経営不振で賃金が払えないという理由で解雇を通告された。

・20176（正女）退職勧奨（78万円で解決）（建設、1000人以上、不明）
　業務縮小のため営業所を廃止し現場事務所にするので事務員は不要との説明で退職勧奨を受け、退職の意思はないと返答したが、再度退職するよう通告され、退職日の延期を申し入れても拒否され、やむなく退職した。

・20194（正男）整理解雇・賃金未払い（不参加）（製造、1-9人、無）
　2年間にわたり賃金が支払われず解雇された。会社側によれば債務の返済が困難となり破産を申し立てた。

・30098（正女）整理解雇（30万円で解決）（学術専門、1-9人、無）
　経営不振を理由に解雇通告を受けた。会社側によれば、取引先減少や契約単価ダウンにより業績が悪化し、税金も払えなくなってきたのでやむを得ない。

・30138（正男）整理解雇（25万円で解決）（卸小売、30-49人、無）
　経営管理部長から経営不振を理由に解雇を通告された。会社側によれば本国の親会社の意向で店舗の閉鎖と人員の削減を進めている。

・30169・30170（正男）整理解雇（打切り）（生活娯楽、1-9人、無）
　営業赤字が継続し、借入金も膨大に達しており、経費節減のため整理解雇した。なお、申請人2名は会社の親族。

・30305（正男）整理解雇（15万円で解決）（製造、500-999人、無）
　急速な業績悪化を理由に即日解雇された。会社側によれば、申請人の属する

倉庫業務では人が余っていたこと、就業時間ぎりぎりに出勤することから対象に選定した。他の従業員は始業時間の10分前には出勤して準備を行っていた。整理解雇であっても、対象者選定基準は勤務態度であることが窺われる。

・30338（正男）退職勧奨（不参加）（不動産物品賃貸、不明、無）
　転籍元の会社に出向するよう求められ、その間自宅待機を命じられていたが、その期間中に出向先会社が申請人と連絡が取れなかったとして出向が取り消しになり、現在の職場に戻ってもやって貰う仕事がないとして、退職届を出すよう求められ提出してしまった。しかし電話がかかってきた形跡もなく、退職を取り消したい。

・30361（正男）整理解雇（120万円で解決）（建設、1-9人、無）
　仕事が減少してきたという理由で解雇された。会社側によれば、昇給・賞与ができない状態、申請人以外は技術社員で技術の習得にも時間がかかるので、経理・総務のみを担当する社員を雇う余裕がなくなったので、今回申請人を解雇した。以前設計をして欲しいと言ったが断られた。

・30402・30403（正男）整理解雇（不参加）（生活娯楽、不明、無）
　公益法人に移行するため事務所を閉鎖するという理由で解雇を通告された。

・30410（正男）整理解雇（不参加）（建設、150-199人、無）
　経営不振を理由に退職して欲しいと言われて離職したが、会社から助成金の申請上自己都合にして欲しいと言われ、その補償として3か月分支払う約束だったが払われない。

・30418（正男）普通解雇（不参加）（製造、1-9人、無）
　代表者から、顧客満足が十分に得られず、以降の商取引が不可能となったという理由で解雇された。やや意味不明だが、経営上の理由とみられる。

・30421（正男）整理解雇（取下げ）（製造、不明、無）

ここ数年の売上げ業績不振を理由に解雇通告。

2 直用非正規

　直接雇用の非正規雇用（パート・アルバイトおよび期間雇用契約）における経営上の理由による解雇型雇用終了において、期間途中の解雇等と期間満了による雇止めの件数を比較してみると、28件（3.3％）中、前者も後者も等しく14件（1.6％）ずつである。2008年度においても、54件（4.7％）中、前者が26件（2.3％）、後者が27件（2.4％）とやはりほぼ同数であった。これは、雇用期間が定められていれば、期間途中は期間の定めがない雇用に比べても雇用がより維持されるべきという労働法学的な感覚が、必ずしも持たれているわけではないという一般的な感覚を示しているのかもしれない。少なくとも、経営上の理由が民法628条の（当事者が雇用の期間を定めた場合であっても、直ちに契約の解除をすることができる）「やむを得ない事由」に該当することは当然と意識されているのであろう。

(1) 期間途中解雇

・10035〜10039（5件）（全て非女）整理解雇（3か月分で解決）（卸小売、50-99人、不明）
　担当している取引先が移転するため業務が終了するとして、期間満了後業務の都合で1月半雇用された後契約不更新とされた。整理解雇的雇止めで、雇用契約期間の満了日と業務の終了日がずれたケースである。

・10098（非女）整理解雇・手当（不参加）（医療福祉、1-9人、無）
　社団法人から公益法人に移行するため人員余剰で解雇された（会社側は雇止めと主張）。以前の退職者に払われたご苦労様手当が払われない。

・10099（非女）整理解雇・いじめ（不参加）（卸小売、30-49人、無）
　「あんた」「〜しといて！」「一度教えたからね！」等と上司のいじめを受け続け、経営不振を理由に解雇。

・10139（非女）整理解雇（10万円で解決）（製造、不明、不明）
　品質検査業務がなくなるとの理由で解雇通告を受けたが、その直後別会社で継続できるかも知れないと言われて待っていたが、何の連絡もなく解雇された。会社側によれば、関連会社に口利きをするという話を誤解されたもので、「決定していない」と言ったのは解雇することではなく再就職できるかどうかである。申請人が就職活動をしていないと聞いて驚いた。

・20045（非女）整理解雇（15万円で解決）（運輸、200-299人、無）
　営業所の業績不振により解雇。部長が解雇される申請人に対して解雇通知書を書けと命じた。業績不振の原因となった事故を起こした運転手はまだ在籍しているのに、申請人を解雇することは納得いかない。

・20046（非女）普通解雇・他の労働条件（14万円で解決）（宿泊飲食、1-9人、無）
　4月から5月末までのアルバイトと認識していたのに、5月5日に突然解雇された。また、4月は客が少ないから1日2時間は無給だと言われ差し引かれた。

・30264～30266（非女）整理解雇・いじめ（各20万円で解決）（宿泊飲食、1000人以上、有）
　管理人から嫌がらせ、恫喝、脅迫を受け続け、会社に改善を求めたが有効な対策が講じられず、経費削減を理由に期間途中で解雇された。会社側によれば、対策を講じてきた。解雇は取引先から清掃委託業務が打ち切られたためであり、別の仕事を紹介したが申請人らが断った。

・30344（非男）普通解雇（不参加）（製造、1-9人、無）
　正社員をちらつかせられてアルバイトで勤務してきたが、統括部長と営業所長のトラブルに巻き込まれる形で解雇を通告された。

(2) 雇止め

・20074（非男）雇止め（打切り）（製造、1000人以上、有）
　定年退職後1年契約の嘱託社員として勤務。業績悪化で工場閉鎖や分社化を

実施し、「若い人に道を譲って欲しい」と言われ雇止め。

・20085（非女）雇止め（16.5万円で解決）（他サービス、1000人以上、無）
　営業所の業績から減員の必要があるとして雇止めを通告され、早く次の職探しをするように言われ、とてもこの会社にいられないと思い、前倒しの雇用契約終了を申し出たら自己都合退職扱いされた。

・20110（非男）雇止め（3万円で解決）（製造、100-149人、無）
　かつて在籍していた会社に、正社員になることを条件に、試用期間との趣旨で有期契約を締結し、更新を繰り返していたところ、工場閉鎖となり、正社員は本社工場に行けるのに契約社員は雇用終了とされ、裏切られた。会社側によれば、正社員として受け入れる条件は出していない。簡単に正社員になれないことは分かっているはず。

・20173・20174（非男）雇止め（21万円、26万円で解決）（製造、150-199人、無）
　1年契約の更新で、いままで慣例で65歳まで働けていたのに、事業部が赤字であること、60歳以上のドライバーの事故率が高く会社の負担が大きいことを理由に雇止めされた。整理解雇的雇止めであるが、年齢差別的色彩もある。

・20187（非男）雇止め（不参加）（他サービス、不明、不明）
　取引先の入荷数の減少により雇止めとなったが、対象となった理由は「ダンボールを叩く」「余剰発注」「周囲の悪口」というが身に覚えがない。会社は請負会社であり、別の派遣先を紹介しているが、申請人が拒否している。

・30038（非女）雇止め（再契約1回で解決）（金融、1000人以上、無）
　債権回収業務が受託できなかったとして雇止めされた。会社側によれば、受託できなかったため新規業務がなく残務処理のみとなるためパート全員を雇止めした。あっせんの結果、3か月間10日勤務の契約を結び、更新しないというソフトランディングで合意した。

・30158（非女）雇止め（不参加）（複合サービス、不明、無）
　定年後再雇用されたが、1年後再雇用しないと言われた。経理では一部赤字との説明があったが、全体では黒字である。

・30190（非女）雇止め（63万円で解決）（卸小売、不明、無）
　店長より理由説明なく雇止めを通告された。会社側によれば、経費見直しのためパートの労働時間を4時間とする旨を伝え、生活に影響することを懸念し他の店で掛け持ちで働いて良いという意味で言ったところ、申請人が雇止めを通告されたと勘違いしたもの。

・30325（非男）雇止め（不参加）（製造、100-149人、有）
　工場生産量の減産に伴い人員削減を理由に雇止めを通告された。

・30360（非女）雇止め（不参加）（情報通信、不明、有）
　関西センター閉鎖の危機により契約ができないと雇止めを通告されたが、他の者は減給もなく雇止めは申請人のみであった。

・30400（非女）雇止め（42.5万円で解決）（製造、50-99人、不明）
　経営不振を理由に雇止め。本事案は経緯がやや複雑で、もともと派遣で現場作業をしていたが、パートとして直用化する際に経理事務となり、経理がダメなら現場作業に戻すと口頭の約束があったようだが、業務に向かないという判断で雇止めされている。やや表見的整理解雇的な雇止めの性格が見える。

・30431（非男）雇止め（不参加）（運輸、500-999人、有）
　業務量減少のためという理由で雇止めを通知されたが、会社が他社に仕事を丸投げしたためで扱うべき業務は減少していない。

・30432（非女）雇止め（不参加）（教育、不明、有）
　日中関係悪化により受講希望者が減少していることを理由に、中国語講師のアルバイトが期間満了で打ち切られた。

3 派遣

　通常「経営上の理由」とは労働者を雇用する企業の経営不振を意味するが、登録型派遣労働者の場合、派遣元の経営状況ではなく派遣先企業の経営状況が雇用終了の理由となることがほとんどである。9件（1.1％）のうち、期間途中の解雇等が5件（0.6％）、期間満了による雇止めが4件（0.5％）と、直用非正規と同じく、両者の差は余りない。2008年度においても、37件（3.2％）のうち、前者が17件（1.5％）、後者が15件（1.3％）と同程度であった。派遣労働者についても、直用非正規と同様、期間途中は期間の定めがない雇用に比べても雇用がより維持されるべきという労働法学的な規範感覚は乏しい。

　もっとも、正社員であっても、経営不振という理由を示すだけで極めて簡単に整理解雇が行われていることを考えれば、現実の労働社会においては、雇用形態にかかわらず、また期間途中か期間満了かに関わらず、一般常識として経営不振は解雇における万能の正当事由であるというのが現実の姿であるといった方がいいかも知れない。

(1) 期間途中解雇

・20072（派女）（対派元）整理解雇（10万円で解決）（他サービス、50-99人、無）
　派遣先会社から震災以降業績の悪化を理由に派遣契約の終了を要請され、本人に伝えたところ即日終了となった。

・20073（派男）（対派元）整理解雇・賃金引下げ（20万円で解決）（他サービス、30-49人、無）
　会社の経営悪化で同意の下給料を減額され、さらに解雇された。ユニオンや監督署に行ったら殴ると脅され、精神的に負担となった。

・30047（派男）（対派元）整理解雇（不参加）（他サービス、不明、不明）
　東日本大震災の影響で生産がストップし業務がなくなったと告げられたが、解雇予告手当が支払われない。会社側によれば、派遣先に確認し、1か月先までの業務を入れてもらったが、申請人が無断欠勤したため、自己都合退職に

なると伝えた。

・30091（派男）（対派元）整理解雇（43.6万円で解決）（他サービス、30-49人、無）
　突然会社から派遣先が移転するので解雇を通告された。会社側によれば、派遣先移転ゆえではなく会社の経営状態からの苦渋の決断であった。

・30315（派男）（対派元）整理解雇（不参加）（他サービス、不明、無）
　物量が減ったためという理由で解雇を通告された。

(2) 雇止め

・10116（派女）（対派元）雇止め（5万円で解決）（他サービス、不明、不明）
　2か月契約を更新してきたが、派遣先コールセンター閉鎖に伴い、最後の契約が40日とされ、その満了で雇止めされた。会社側によれば、派遣先閉鎖に合わせて契約の終期を設定したもので、本人も了承し、それに合わせて有休を取得した。

・20132（派男）（対派元）雇止め・メンヘル（100万円で解決）（他サービス、30-49人、無）
　派遣先から頑張れば直接雇用すると言われて期待していたのに、抵触日を理由に雇止めされ、精神的ダメージでうつ病や睡眠障害にかかった。会社側によれば、紹介予定派遣ではなく、直接雇用を約束してはいない。ただ、申請人が直接雇用されるとの期待を抱いていたことは十分想像でき、派遣先に働きかけたが、直接雇用に至らなかった。

・30165（派女）（対派先）雇止め（50万円で解決）（製造、200-299人、有）
　貿易事務で派遣され、一時は派遣先の契約社員として直接雇用の話もあったが、貿易業務の縮小を理由に雇止めされた。会社側によれば、貿易業務が減り、貿易事務のエキスパートである申請人の直接雇用という話がなくなった。なお、かつて申請人は雑用を命じられ派遣元に相談し、雑用がなくなったことがある。派遣法の趣旨には沿った対応であったが、対象業務たる貿易事務

の縮小時にそれが一定の影響を及ぼしたのかも知れない。

・30295（派女）（対派先）雇止め・いじめ・メンヘル（不参加）（製造、不明、有）
　就業条件をめぐり会社とトラブルになり、女性だからとか年齢を言われ、うつ状態が発症した。その後会社の指示で行っていた業務に規定違反があるという理由で雇止めされた。

4 内定取消等

(1) 内定取消

・20177（内女）内定取消（35.5万円で解決）（製造、50-99人、不明）
　在職中に面接を受け、内定をもらったので在職していた会社を退職したのに、本社から主力製品の海外移転を通告され仕事が2/3になってしまうことを理由に内定取消を通告された。ところがハローワークに確認すると、前職を退職する前に既に不採用の連絡が入っていたことがわかり、その時点で連絡をもらえれば退職しないで済んだはず。

・30142（派女）（対派元）内定取消（不参加）（他サービス、50-99人、無）
　紹介予定派遣に応募し、「必ずいける」と就労に間に合わせるように言われたので、それまでの勤務を更新せず退職したが、その後担当者から電話で採用を取り消された。

・30235（内男）内定取消（不参加）（金融、10-29人、有）
　支社長代理の面接を受け内定を受けたが、代理店が決まらないことを理由に取り消された。

・30252（内女）内定取消（不参加）（医療福祉、不明、無）
　介護の仕事で雇用契約書を交わし、制服は自分で負担するように言われたので負担したが、その採用を取り消された。会社側によれば、1回のサービス提供時間が長いという理由で申請人が仕事を断り、条件の合う派遣先がなくなったため。

・30427（内男）内定取消（取下げ）（建設、不明、不明）
　採用内定通知書を受け、内定承諾書を送ったのに、人事担当者から手続き上のミスにより内定取消の電話連絡を受けた。

(2) 待機
・10053（非男）待機（不参加）（建設、10-29人、無）
　職安紹介後しばらく待機を指示され、2週間後連絡を受けて遠方の駅に集合すると「今回は中止」と言われた。休業手当については申告処理済み。

・20012（内男）内定取消（不参加）（卸小売、1-9人、無）
　職安紹介の面接で即日採用と言われたので連絡を待っていたが、ずるずると引き延ばされ、不採用通知がきた。会社側によれば、本人からは連絡が入ったが、会社から連絡しても全く連絡が取れなかったため。

・30024（内男）待機（不参加）（運輸、不明、無）
　採用面接で内定後本決定したが、その後勤務開始日が決まらず2週間待機状態で、その間他社の採用の話を断り待機していたが、回答のないままである。会社側は少しも関わりを持ちたくない。

・30380（正女）待機（不参加）（医療福祉、不明、無）
　採用が決まったのに、働く予定であった事業所が工事遅れのため働けず、「待って欲しい」と言うばかりである。会社側によれば、他事業所での勤務を提案したが申請人が断った。

5　表見的整理解雇

・30036（正男）整理解雇（打切り）（情報通信、不明、無）
　経営不振を理由に解雇を通告されたが、自社ホームページやハローワークに事業拡大のためのと称して大々的に求人を出している。一方で積極的に求人を募集しているのに、申請人に対しては業績不振で解雇というのは矛盾し

ている。会社側によれば、緊急に特殊な技術者が必要とされたため募集したもの。申請人は単独行動が目立ち、チームの業務が終了していないのに帰社したり、残業や土曜出勤を拒否するなど会社人と考えられない行動を取ったため、完全な余剰人員となった。

6 コマからの外し

・30129（非男）コマからの外し（10万円で解決）（教育、50-99人、無）
　塾講師として週3コマ担当していたが、教室長に3コマ目の仕事から外れ、1, 2コマ目の仕事は継続すると伝えていたのに、3コマ目だけに入ってくれる講師がいないため、3コマすべてに入れる講師に入って貰い、申請人には3コマすべての仕事を外れて貰うと言われた。会社側によれば、申請人にはコマ数の確約はしておらず、授業がなくなることもあると説明していた。

7 仕事の無発注

・30246（非男）無発注（打切り）（建設、1-9人、無）
　入社以来一回も仕事を与えられない。会社側によれば、雇用契約ではなく外注であり、仕事がある時に依頼することにしていたが、申請人の希望する時間帯で終了する仕事は1件も入らず、依頼できなかった。

Ⅳ　理由不明

　これらは、実際には何らかの理由があるはずであり（「納得できない理由」という記述もある）、本来ならそれぞれの項目に含められるべき事案であるが、あっせん関係資料からはその理由が窺い知れず、理由不明という扱いにするほかないものである。

・30005（試女）普通解雇（不参加）（製造、50-99人、無）
　試用期間中に即日解雇され、解雇理由については説明を受けたが、採用面

接時に合意した内容を理由に解雇されており、納得がいかない。その「理由」は不明。

・30012（非男）退職勧奨（不参加）（製造、30-49人、無）
39年間勤務し、定年後も契約を4回更新し、給与も半額になったのに頑張ってきたのに、突然退職して欲しいと言われた。

・30032（派女）（対派元）普通解雇（取下げ）（他サービス、不明、無）
派遣元から解雇を通告されたが、解雇の理由が納得できない。その「理由」は不明。

・30043（派女）（対派元）雇止め（不参加）（他サービス、300-499人、無）
派遣元より契約終了を通告されたが、その理由が虚偽であり、故意に遅延させられたため、就職活動に支障を来し、復職できない状況。会社側によれば、雇止め理由は申請人の心情を考慮しての説明であり、連絡を取ろうとしても申請人が電話に出なかった。

・30057（正女）退職勧奨（不参加）（卸小売、30-49人、無）
上司から退職勧奨された。以前経営不振で希望退職を募られたことがあるが、その時とは経営状況がまったく違うのに、考慮されていない。今回の退職勧奨も経営上の理由のようにも見えるが、会社側の見解が全くないため不詳である。

・30077（正男）普通解雇（不参加）（卸小売、50-99人、有）
解雇されたが、解雇される心当たりもなく、なぜ解雇となったかの説明を求めたが拒否された。

・30083（正男）普通解雇（取下げ）（製造、30-49人、無）
9年間会社のために働き、急に解雇通知書を渡された。私も悪い点はあったにせよ、それが解雇になるとは到底思えない。

・30084（正女）普通解雇（不参加）（医療福祉、50-99人、有）
　解雇を告げられその理由が納得いかず、文書で求めたが文書の理由も納得できない。

・30120（非女）退職勧奨（不参加）（宿泊飲食、10-29人、無）
　チーフから「今後の勤務は電話で知らせる」と言われたが連絡がなく、電話したら「今後も申請人の勤務はない」と言われた。

・30177（正男）退職勧奨（不参加）（教育、1000人以上、有）
　過重労働で体調を崩して間もないのに、医局から強く退職勧奨を受けた。

・30180（非男）普通解雇（不参加）（教育、300-499人、不明）
　解雇予告通知を受け、全くシフトに入れて貰えなくなった。あっせん申請は「解雇」と言っているが、シフトがゼロになったということのようにも見える。あるいは両者にほとんど差がないのかも知れない。

・30209（非女）雇止め（不参加）（運輸、300-499人、有）
　係長から突然更新できないと告げられ、更新できない理由にも納得いかない。

・30218（正女）普通解雇・いじめ・メンヘル（不参加）（金融、不明、有）
　直属上司からパワハラを受け、心療内科に通い、退職まで追い込まれた上に解雇された。いじめによる退職と解雇の関係が不明である。

・30262（派男）（対派先）雇止め・いじめ（不参加）（生活娯楽、100-149人、無）
　派遣先の主任や他の人たちからパワハラを受け続け、3日前に突然交代を強制された。交代の理由を求めたが面談すらして貰えず、電話で一方的な説明しかされていない。

・30271（非女）雇止め（不参加）（宿泊飲食、1000人以上、有）
　6か月更新で働いてきたが、突然次の更新をしないと言われ、理由を聞いて

も本人の申立と言うが、自分から辞めるとは言っていない。

・30272（正男）懲戒解雇（不参加）（他サービス、不明、無）
　懲戒解雇されたが、なぜ申請人が処分の対象になったのか納得できる説明もない。

・30289（非女）雇止め（不参加）（製造、100-149人、無）
　雇止めされたが、理由説明が理不尽である。

・30326（内男）内定取消（不参加）（金融、不明、無）
　面談時に口頭で内定を貰ったが、何の連絡もなく突然不採用との通知が来た。

・30356（非女）雇止め（7.5万円で解決）（他サービス、300-499人、無）
　契約社員になる可能性が高いと言われていたのに、7人のアルバイトの中で申請人だけが雇止めされ、理由を示さない。身辺調査をしたと聞いた。会社側によれば、総合的に判断して不採用としたものであり、期待させる発言も身辺調査もしていない。あっせんで合意が成立し、金銭解決しているにもかかわらず、雇止めの理由を会社側が最後まで明示しなかった事案である。

・30362（非男）普通解雇（不参加）（不動産物品賃貸、不明、不明）
　納得できない理不尽な理由で解雇された。

・30363（正女）普通解雇（不参加）（医療福祉、10-29人、無）
　突然園長より解雇された。会社側によれば、「解雇の正当性も本人は一番よくお分かり」「あえてその失態をここにあげつらうことをしない」と、具体的な理由を明示しないながらも深刻な解雇理由があることを示唆している。

・30367（正男）普通解雇・いじめ・賞与（不参加）（製造、1-9人、無）
　社内で大声で怒鳴られたり長時間の説教を受け、辞表の提出を強要され、拒否したところ解雇となった。その際支払われた賞与が大きく下げられた。

・30368（非女）退職勧奨（不参加）（他サービス、不明、無）
　理不尽な理由で自主退職または懲戒解雇を迫られている。会社側によれば解雇しておらず無断欠勤が続いている状態。

・30372（内男）内定取消（不参加）（宿泊飲食、150-199人、無）
　社長と面接し内定通知を受けたが、2か月後郵送書類で取り消された。

・30375（非男）雇止め・いじめ・メンヘル（不参加）（不動産物品賃貸、10-29人、無）
　入社当時より、先輩社員に「分からないことがあっても聞くな」等の言葉の暴力を受け、不眠となり熱中症になり、その後雇止めされた。雇止め自体の理由は不明。

・30378（内男）内定取消（不参加）（製造、不明、無）
　面接当日口頭で内定を貰ったにもかかわらず、2日後電話で内定を取り消された。

・30381（正男）普通解雇（不参加）（他サービス、1-9人、無）
　警備員として勤務しているが解雇通告を受けた。理由の説明を求めたが納得がいかない。

・30384（非女）普通解雇・賃金未払い（不参加）（宿泊飲食、不明、無）
　勤務中未払い賃金が71万円になり、解雇後も一部しか支払われていない。

・30416（正男）普通解雇（不参加）（卸小売、不明、無）
　突然オーナーから店に立入禁止と言われ、連絡を入れたら退職とされた。

・30453（内女）内定取消（不参加）（医療福祉、1-9人、無）
　別の所に採用が決まっていたが誘われたので働くことにし、労働条件通知書を貰い提出書類を出したが、突然採用を断られた。

・30456（内男）内定取消（不参加）（製造、不明、不明）

内定通知を貰い、他社の内定や選考を辞退したのに、社長の意向が変わったというだけで一方的に内定取消を宣告された。

・40016（正男）普通解雇・年次有給休暇（打切り）（製造、50-99人、無）

解雇された補償と消滅した年休分を要求。会社側によれば解雇ではなく雇止めである。雇止めだとするとそもそも正社員ではないはずであるが、詳細不明である。

二　非解雇型雇用終了

現在の日本においては、雇用終了に関する法理としては一般的規制法理としての解雇権濫用法理が存在し（労働契約法16条に規定）、普通解雇、懲戒解雇、整理解雇等、使用者側からの一方的な意思表示に基づく雇用終了と定義される「解雇」に適用される。正確に言えば、労働者が裁判所に解雇事案を訴えたときに、裁判所が当該事案に対して解雇権濫用法理を適用して判断する。また、法律上「解雇」に当たらない雇用終了のうち、有期労働契約が反復更新された後に期間満了したことを理由として使用者側が雇用終了を通告することを「雇止め」と呼び、解雇権濫用法理それ自体は適用されないが、解雇権濫用法理の類推適用という手法により、一定の場合に期間満了によって雇用が終了せず継続するとの判断がなされている（労働契約法19条に規定）。

以上はいずれも、使用者側が雇用終了を望み、労働者側が雇用終了を拒否しているという状況を前提とするものであるが、現実の雇用終了の中には、外形上は労使の合意または労働者側の申出によって雇用が終了しているものであっても、それが使用者側の不当な行為や職場環境によってもたらされたものであって、労働者側が本音では雇用終了を望んでいない場合がよくある。現在の日本では、民法上の意思表示の瑕疵といった理論を用いることを除けば、これらを救済するための法理は存在していないが、英米法の法理などを参照しながら、小宮文人の準解雇法理[*1]のように、その金銭救済を主張する学説が存在する。このような類型の事案が労働局あっせんには数多く見られる。

第3部 日本の雇用紛争の内容分析(労働局あっせん事案から)

ここではこれらを「非解雇型雇用終了」として一括し、労働者が退職を余儀なくされた理由を細かく類別して分析していくこととする。

なおその際、退職勧奨事案の扱いが問題となり得る。契約法理論上厳密に言えば、退職勧奨事案とは使用者からの退職の勧奨を労働者が受け入れて、両者の合意によって雇用契約を解約するものであり、非解雇型雇用終了に区分される。しかしながら、現実の労働社会においては、使用者側の一方的な意思表示によって雇用関係が解除される解雇事案と、使用者側の解約申し出を労働者側が受け入れて合意解約する退職勧奨事案とは必ずしも峻別しがたい。少なくとも労働者側にとっては、使用者からの「辞めてくれ」という言葉が解雇通告であるのか、退職勧奨に過ぎないのかは、(極めて法律的思考方法に慣れた人間でない限り)峻別することの方が日常的思考から乖離しているであろう。あるいは認識論的に言えば、判定的紛争処理システムではない労働局あっせんにおいては、当該事案が解雇であるか退職勧奨であるかは本質的に重要な問題ではなく、多くの場合、申請者の言い分にしたがって申請内容が区分されたり、担当者のとりあえずの判断で区分されたりしているケースが多い。このため、とりわけ「普通解雇」に分類されているものには、客観的に見れば退職勧奨に属すると思われるケースも多い。しかしながら、あっせんは事案内在的に行われるのであるから、これを学理的立場から分類し直すことにはそれほど意味はなく、むしろ、解雇と退職勧奨が極めて連続的に存在しているという現実の姿に即して、両者を一体的に分析することが適当であると考えられる。前節「一 解雇型雇用終了」において、原則的に退職勧奨と分類された事案も含めて分析を行ってきたのは、この理由による。したがって、以下本節においては、使用者側が雇用終了を意図し、それに向けて勧奨行為を行った結果としての退職は含めず、それ以外の労働条件の変更やいじめ・嫌がらせなどの職場環境の悪化が原因となって退職を余儀なくされたケースに限って分析を行うこととする。

もう一つは、自己都合退職と明示されていない事案の扱いである。例えば申請人がいじめ・嫌がらせによって退職に追い込まれたとしてあっせん申請してきた場合、これをいじめ・嫌がらせ事案としてのみ扱うか、自己都合退

---

*1 小宮文人『雇用終了の法理』信山社(2010年)。

職事案としてのみ扱うか、両者にまたがる事案として扱うかは、必ずしも基準があるわけではなく、各労働局によって、また同じ労働局であっても、さまざまな取り扱いがされている。そのこと自体は、あっせん処理票がそもそも分析のためのものではなく、現実の紛争処理のための行政文書である以上、別段問題ではない。現実のあっせん手続きは、あっせん申請書、労使双方からの事情聴取などをふまえて事案内在的に行われているのであり、あっせん処理票上の分類がどのようになっているかは、問題の解決に直接影響するものではないからである。しかしながら、現実の労働社会において生起している事態を把握分析しようとする問題意識からすると、これらを統一的に把握することが望ましい。

そこで本書では、あっせん処理票において「自己都合退職」と分類された事案に限らず、処理票上では労働条件引下げやいじめ・嫌がらせといった他のさまざまな申請事由のみが記されているものについても、内容的に申請人が退職に追い込まれたと述べているものを広く拾い上げ、「自己都合退職」に含めている。これらを含めることにより、非解雇型雇用終了事案の数は相当程度増加することになり、全部で205件（24.0％）となっている。なお、2008年度には160件（14.0％）であったので、著しく割合が増加していることが分かる。

I　労働条件に起因する非解雇型雇用終了

非解雇型雇用終了事案のうち広い意味での労働条件の変更に関連するものは71件（8.3％）で、2008年度の40件（3.5％）よりも著しく増加している。労働者が退職を余儀なくされた原因を類型化すると、実質的には労働者の行為を理由とする解雇型雇用終了事案のうちの、労働条件変更拒否と労働条件変更要求に係る事案の類型と対応している。

したがってここでも、労働者が退職を余儀なくされた原因によって、まず使用者側の発意による労働条件の変更が原因である類型として、勤務場所に係る配置転換、職務に係る配置転換、雇用上の地位の変更に分け、さらに休職・自宅待機の項目を立てて分析を行う。また、現在の労働条件への労働者

の不満が退職の原因である類型として、解雇型雇用終了事案では労働者側からの「労働条件変更要求」への制裁としての解雇等に当たるものとして、「労働条件の水準」に起因する非解雇型雇用終了事案という概念を設け、その内容ごとに分析を行う。

1 労働条件変更

労働条件に起因する非解雇型雇用終了事案71件（8.3％）のうち、使用者側が労働条件を変更したことが退職の原因となっているものは58件（6.8％）である。さらにその内訳を見ると、配置転換・出向に係るものが24件（2.8％）、雇用上の地位変更に係るものが5件（0.6％）、労働条件引下げに係るものが25件（2.9％）、休職・自宅待機等に係るものが4件（0.5％）である。

(1) 配置転換・出向

(i) 配置転換（勤務場所）

配置転換（勤務場所）に係る非解雇型雇用終了事案は12件（1.4％）であり、2008年度（12件、1.0％）と件数は変わらないが割合は高まっている。

・10006（正男）退職勧奨・配置転換・いじめ（不参加）（医療福祉、不明、無）
　再三にわたる退職強要を受け、拒否すると東京勤務を命じられ、無理といっても聞き入れられない。会社側によれば、もともと東京勤務で採用されている者。

・10009〜10011（3件）（非女）自己都合退職・配置転換（各15万円で解決）（製造、1-9人、無）
　工場閉鎖を理由に本社工場への配転命令を受けたが、転勤困難なため退職を余儀なくされた。勤務地限定だが会社側が解雇回避のために配転を命令したもの。

・10041（正男）自己都合退職・配置転換（打切り）（運輸、1000人以上、有）
　他営業所への転勤の内示を受け、考えさせて欲しいというと退職の方向と

なり、不本意ながら退職届を提出した。会社側によれば組合の了解を得た通常のローテーション人事であり、会社や組合が慰留しても本人が退職の意思表示をしたもの。

・10045（正男）自己都合退職・いじめ・有休・メンヘル（9万円で解決）（他サービス、200-299人、無）
　有休を希望通り取らせず、徹夜明け連続出勤など会社のために無理して協力してきたのに「協力しない」と威圧ストレスを加えられ、納得できない理由で遠方の他事業所への配転を命じられ、退職に追い込まれた。この間のストレスで排尿に支障を来し、再就職も決まらない。

・10089（正男）退職勧奨・配置転換（打切り）（製造、1000人以上、無）
　家を新築したばかりなのに転勤を命じられ、転勤を拒否したら懲戒解雇となり退職金は支払われないと言われ、2時間以上「もう居場所はない」「家のローンを抱えているのに退職金が出ないと困るだろう」と追い込まれ、退職の意思はなかったのに退職すると言ってしまった。

・10143（正女）自己都合退職・配置転換・いじめ（12.5万円で解決）（卸小売、1-9人、不明）
　店長からパワハラを受け勤務していたが、部長から店長のやり方に不満があるなら他店に異動するよう求められ、退職せざるを得なくなった。会社側によれば、本人が日頃から店長に反抗的な態度を繰り返し、事実に反する店長を貶めるような発言で職場の人間関係を損なう行為をしたため、企業秩序を回復するため配転を提案したもの。

・20047（非女）自己都合退職・配置転換（10万円で解決）（卸小売、300-499人、無）
　店舗を閉鎖するので他店での勤務を打診されたが、終業時刻が遅く残業もあるので通勤困難であり、やむを得ず退職すると会社に告げたが、実質解雇である。会社側によれば、そもそも店舗の閉鎖は申請人が十分な売上げを上げなかったためであり、申請人から雇用継続の申出があれば他の店舗で雇用を継続できた。

・20075（正女）自己都合退職・配置転換（10万円で解決）（生活娯楽、1000人以上、無）
　遠隔地店への異動を命じられ、10歳の子供との二人暮らしのため遠距離転勤は無理だと説明したが認められす、やむなく退職した。会社側によれば、接客対応が不適格と判断し、教育のために転勤を命じた。通勤が困難な場合は会社寮の用意があった。

・20143（正男）退職勧奨・配置転換（16万円で解決）（卸小売、30-49人、無）
　勤務地として指定された市に住居を移転したのに、採用後本店で2週間の研修中に研修期間をさらに2か月延長すると言われ、移転費用の支給を求めても聞き入れて貰えず、退職願の提出を求められたため辞めた。会社側によれば、研修期間中の家賃2か月分を補償する予定だったが、申請人が突然退職した。

・30261（正男）自己都合退職・配置転換（不参加）（運輸、500-999人、無）
　会社から出社するなと言われ、遠方への配置転換が理由で退職した。

(ii) 配置転換（職務）

　配置転換（職務）に係る非解雇型雇用終了事案も12件（1.4％）であるが、2008年度（4件、0.3％）よりも増加している。

・10012（正男）自己都合退職・配置転換・いじめ（取下げ）（卸小売、10-29人、有）
　営業本部長から頭を殴られ蹴られ、クズ、カス呼ばわりされ、体調不良となり、業績最下位のためセールスから事務に職種変更され、退職せざるを得なくなった。会社側によれば、頭をなでた程度、サポートする他の職員の負担が大きいため職種変更した。

・10061・10064（2件）（非男）退職勧奨（打切り）（宿泊飲食、不明、無）
　レストラン中華料理担当の調理師、総支配人から中華部門を廃止するので退職かコンビニ弁当部門の試験に合格すれば工場に入れると退職勧奨された。

その後の話し合いで和食・洋食部門の補助として勤務するように言われたが、料理部門が違うと道具、味付け等基本が異なるので退職せざるを得ない。

・10078（正女）自己都合退職・配置転換（打切り）（医療福祉、30-49人、不明）
　看護師として働いてきたが、「病棟で働いていただくには、病院に信用を失わせるようなことを起こしかねない」と言われ、「掃除婦が一人辞めたから掃除婦で働いてもらいます」と言われ、侮辱的左遷人事に対し「馬鹿にしないでください。辞めます」と言って退職届を書いた。

・10103（正女）自己都合退職・配置転換（不参加）（医療福祉、50-99人、無）
　入居者介護からデイサービスに異動したところ、利用者の送迎車の運転も業務に含まれると言われ、運転は怖いので断ったが皆も運転しているのだからと送迎車の運転を命じられ、恐怖のあまり「それでは辞める」と言い、退職届を出した。

・10112（非男）自己都合退職・配置転換（不参加）（卸小売、不明、無）
　パートさんが「今日は頭が痛い」と言ったのに対し何気なく「生理じゃないの」と言ってしまい、店長から呼び出され、パートさんが納得しなければ部署異動と言われ、プライドがあるから辞めると言ってしまった。会社側によれば、本来懲戒の対象であるセクハラ発言に対する店長の寛大な判断を逆手にとるのは残念。

・10148（派男）（対派元）自己都合退職・配置転換（2万円で解決）（他サービス、不明、不明）
　娯楽用機器の組立作業に従事していたが、作業が遅いと言われ、他の組立作業に異動となり、納得できず退職。会社側によれば、申請人の作業スピードが遅いためラインが止まってしまうことが複数回あり、作業時間を計測して生産に支障が出るとの判断に至り、雇用継続のため異動を提案したもの。

・20014（正女）自己都合退職・いじめ・配置転換（10万円で解決）（製造、

100-149人、無）

　精密機器部門に入社したのに、食品部門に配置転換され、同部門の主任から「あなたの作ったものは全部不良品だ」等といじめを受けて、退職に追い込まれた。会社側によれば、精密機器部門で受注が減少し、食品部門で人員不足が生じていたため、同部門でリーダーとして育てようと配慮したもの。いじめはなく言葉のとり違いに過ぎない。

・20089（正女）自己都合退職・配置転換（不参加）（医療福祉、150-199人、無）

　保育士として採用され、産休・育休を経て保育士として復帰する予定でいたところ、介護職しか働く場所がないと無理な職種変更を命じられたため、やむを得ず退職せざるを得なかった。

・30222（非男）自己都合退職・配置転換・いじめ・障害者差別（打切り）（宿泊飲食、300-499人、有）

　難聴の障害があり、管理部門で勤務していたが、総支配人から宴集会部門への異動を命じられ、始終耳鳴りがしている状態なので事務職なら可能だがこの職責は受けられないと答えると、「人事は紙切れ一枚で決まるもの」と言われ、退職を余儀なくされた。会社側によれば、聴力の問題を抱えていることは知っていたので、客先に出るのは部下にやらせ、マネジメント力を発揮して欲しいと考えたもの。難聴という障害に関わる配置転換事案であるが、いじめ・差別とも言い切れない面もある。

・30365（非女）自己都合退職・配置転換（4万円で解決）（宿泊飲食、30-49人、無）

　勝手にシフトを改ざんしたとして、嘘を言うような人間にフロントを任せられないと、フロント業務からルーム清掃への変更を命じられ、そのまま帰った。

・30413（非女）自己都合退職・労働条件引下げ・配置転換（40万円で解決）（金融、1000人以上、無）

　これまで内部事務担当だったのに、内部事務、窓口事務、案内事務のいずれにも従事しなければならないという契約内容の変更を求められ、拒否したら、

「年末までしか仕事をさせられない」と言われ、退職せざるを得なかった。会社側によれば、内部事務を本店に集約するのに伴い、3業務区分をなくすのが目的で、実質的には変更がないことを説明したが、拒否するので本店への転勤を提示したが、それも拒否した。

(2) 雇用上の地位変更

・10138（正女）自己都合退職・賃金引下げ（取下げ）（医療福祉、150-199人、無）

　正社員看護師として勤務してきたが、10日間ほど体調を崩して入院療養して復帰したところ、施設長から欠勤する者には正社員勤務は無理だとして、一方的にパート勤務を強要され、月給30万円から時給1500円に引き下げられ、生活が維持できないため退職した。会社側によれば、復帰後意欲が全く見られなかったため。

・20107（正男）自己都合退職・労働条件引下げ（不参加）（金融、不明、無）

　取引先の社長から「会社に対する不満を仕事依頼先の人にぶつぶつ言っている。このままで大丈夫か」と言われたので、正社員からアルバイトへの降格を通告された。退職せざるを得ないので会社都合とするよう求めたが拒否された。

・20138（試女）自己都合退職・労働条件引下げ（10万円で解決）（卸小売、30-49人、無）

　正社員として採用されたのに、試用期間中に一方的にその後1日5時間のパートにするといわれ、生活があるので辞めざるを得なかった。会社側によれば、注意に対して反抗的な態度で他の社員ともぶつかり、「試用期間が終わっても正社員はちょっと」といったら怒りだして辞めていった。

・30148（試女）自己都合退職・労働条件引下げ・外国人差別（打切り）（卸小売、1000人以上、無）

　3か月の試用期間後、客からクレームが数件届いているという理由で短時間パートへの転換を打診され、退職せざるを得なかった。また採用後に帰化して

いるのに、外国人登録証とパスポートのコピーの提示を求められた。会社側によれば、日本語が理解できないためコミュニケーションが取れず、クレームが出されたため、短時間勤務を打診した。

・30282（正女）自己都合退職・労働条件引下げ・社保料（取下げ）（教育、不明、無）
　産休から復職し、子供の養育のための時短勤務で正社員からパートに降格となり、経済的に損害を受けたため退職した。また産休中の社会保険料の会社負担分も支払わされた。

(3) 労働条件引下げ

(i) 賃金引下げ

・10020（正男）自己都合退職・賃金引下げ（打切り）（医療福祉、不明、不明）
　事務長として入社後、社会保険への加入と年俸500万円を拒否され、契約違反のため退職した。会社側によれば、申立人は自分から売り込んできたが、年俸に合意せず契約を締結していない。

・20001・20002（正女）労働条件引下げ・退職勧奨・いじめ（不参加）（医療福祉、10-29人、無）
　日勤者は3人も要らないと言われ交代で休むように強要され、辞めざるを得なかった。会社側によると、週6日勤務は会社としても困るので1日どこかで休みをとって欲しいと言ったら、他の職員まで引き連れて本人から辞めていった。

・20099（試男）自己都合退職・労働条件引下げ（打切り）（農林業、10-29人、無）
　日当、勤務時間、住居、用具など、求人票と実際の待遇が異なり、改善要望をしたが聞き入れられずやむを得ず退職した。会社側によれば、申請人は緑の雇用の資格がなく、国の補助が出ないのに認識がずれていた。

・20124（正男）自己都合退職・賃金引下げ（打切り）（建設、10-29人、無）
　求人票は日給8000円、賃金明細書は7000円だったのに、一方的に5000円に

減額されたため、即日退職した。差額を求める。会社側によれば、横着で仕事をせず、客からも苦情が多く、皆が迷惑していたため、朝礼で「作業のできない人は大幅に賃金を下げるか戦列を離れてもらう」と言い、本人も「分かりました」と言った。監督署の指導で最低賃金分は払ったので、それ以上は応じられない。

・30192（正男）自己都合退職・賃金引下げ・年次有給休暇（10万円で解決）（医療福祉、1-9人、無）
　経営状況悪化を理由に基本給が減額され続けたため、退職した。また有休も取得できなかった。会社側によれば、全従業員参加のミーティングや文書で説明を行った。

・30205（非女）自己都合退職・賃金引下げ・いじめ（5万円で解決）（医療福祉、50-99人、無）
　実際に仕事をしているのに休憩を取ったものとして労働時間を記録され、同僚からシフトを改ざんされるなどの嫌がらせを受け、退職に追い込まれた。会社側によれば改ざんも嫌がらせもない。

・30231（正男）自己都合退職・賃金引下げ・いじめ（不参加）（不動産物品賃貸、200-299人、無）
　社長より会社の経営状況が大変なので給与を25％減額すると言われ、会長からの高圧的な言動もあり精神的に耐えられなくなり退職した。

・30441（正男）退職勧奨・賃金引下げ（82.5万円で解決）（情報通信、10-29人、無）
　受注額の減少を理由に賃金を7.2万円引き下げられ、社長からの退職勧奨もあり、辞めざるを得なくなった。賃金の引き下げは説明し合意を得ている。また退職勧奨はしていない。

(ii) 労働時間短縮に伴う賃金引下げ

・10028（非女）労働条件引下げ・いじめ（不参加）（卸小売、1-9人、無）

　体調不良で休んだら、勤務時間を減らされ、店長から「不眠症で薬漬けの人を雇った覚えはない」といじめを受け、「退職を希望するなら鍵を返却せよ」と言われ、鍵を返却した。会社側は退職と判断。

・20039（非女）自己都合退職・労働条件引下げ（15.64万円で解決）（卸小売、500-999人、無）

　1日6時間勤務を一方的に1時間30分短縮され、社会保険から抜かれたため、生活ができないので退職せざるを得なかった。会社側は合意したものと認識していた。

・20127（非男）自己都合退職・労働条件引下げ（不参加）（複合サービス、50-99人、無）

　勤務シフトが決まった後にリーダーが勝手に出勤日を変更したため、本来週4日勤務なのに勤務日数が削られ、賃金が減り、生活の予定も大幅に狂わされたので、やむなく退職せざるを得なかった。

・20146（非女）自己都合退職・労働条件引下げ・いじめ（10万円で解決）（宿泊飲食、10-29人、無）

　店長から一方的にシフトを減らされ、「作業が遅い」との言いがかり等パワハラを受けた。シフト増を申し出て、元に戻すと約束されたのにシフトが戻らず、退職せざるを得なかった。会社側によれば、勤務態度が悪く、同僚からの苦情もあり、シフトが組めなかったため、店長がシフトを減らした。パワハラの認識はなく、注意指導である。

・30063（非女）自己都合退職・労働条件引下げ（打切り）（卸小売、1-9人、無）

　経営状況悪化で2店を1店に縮小した際、1日の労働時間が半分となり、日数も22－24日が15日となり、説明と改善を求めたところ、「使ったってるやろ、

なんでお前にそんな偉そうに言われなあかんねん」と言われた。会社側によれば、業務縮小にあたり、2人いるパートに労働時間を分け合い、人員整理を避けるためにしたこと。当初から労働時間について約束はなく、毎月話し合いで決めてきた。

・30105（非女）自己都合退職・労働条件引き下げ・いじめ（不参加）（卸小売、200-299人、無）
　入社時の労働時間は週48時間であったが、経理部長と総務部長に週5時間で働くよう通告され、また入社以来経理課長に侮辱、ひどい暴言、個の侵害を受けてきたため、このままでは生活できないので退職した。

・30151（非男）自己都合退職・労働条件引下げ（不参加）（製造、不明、無）
　1週6日で勤務していたが、専務に突然週3日勤務にすると言われ、もう決めたことなので選択の余地はないと言われて、生活が成り立たないので辞めざるを得なくなった。

・30226（非男）自己都合退職・労働条件引下げ（3.5万円で解決）（卸小売、1000人以上、無）
　週末のみ勤務していたが、平日も働くため他店への応援勤務をしていたが、なんの相談もなく中止され、退職した。会社側によれば、エリア再編成のため別エリアとなったためで、説明済み。

・30306（正男）自己都合退職・労働条件引下げ・メンヘル（打切り）（宿泊飲食、200-299人、無）
　業務量ゆえのストレスで不安神経症になり、上司から「業務ができていない、これが業者であれば損害賠償ものだ」と言われ、精神的に大きなショックを受け、リストカットして自殺を図り、治療中。職場復帰したものの、皿洗いか草引きの二者択一を提示され、週3日勤務に応じていた。その後体調も良くなり、出勤日数を増やして欲しいと頼んでも応じて貰えない。会社側によれば、勤務日数を増やすには医師の確認が必要で、勝手に勤務日数を増やして万一

同じようなことがあれば責任の取りようがない。

・30339（非男）自己都合退職・労働条件引下げ（打切り）（他サービス、不明、無）
　1日7時間労働だったのに、突然1日3時間を通告され、経済的に無理なので退職した。会社側によれば、もともと1日3時間の日常清掃だったのを申請人の希望で1日7時間の定期清掃にしたが、作業指示に従わず作業態度が粗い等の報告を受けたため、1日3時間勤務に戻って欲しいと伝えたもの。

・30376（非女）自己都合退職・労働条件引下げ（不参加）（宿泊飲食、10-29人、無）
　夜23時－朝7時勤務をしていたが、伝票の記入ミスが見つかったので夜3時－朝7時の4時間勤務にすると一方的に言われ、辞めざるを得なくなった。

(iii) 労働時間の延長

・10090（非女）普通解雇・労働条件引下げ（打切り）（生活娯楽、1-9人、不明）
　施設利用者に対する言葉や態度が乱暴なので辞めてもらおうとしたが、話し合って勤務を続けることにしたが、終業時刻を8時→9時に遅らせることに本人が納得せず、本人が辞めると言った。本人は不当解雇と主張。

・20147（非女）自己都合退職・労働条件引下げ（不参加）（運輸、10-29人、有）
　今まで6か月更新だったのに2か月更新になり、さらに深夜業務が出来なければ雇用することは出来ないと言われ、まだ働きたかったのに辞めざるを得なかった。

(iv) 年休取得拒否

・30237（正女）退職勧奨・年次有給休暇（30万円で解決）（不動産物品賃貸、100-149人、無）
　幼なじみがオリンピックに出場するので年休を5日間請求したが応じられないと言われ、どうしても休むなら考えるよう言われ、やむを得ず退職した。会社側によれば、申請人から休暇が取得できないなら退職を考えていると持

ち出したのであり、会社側から退職勧奨したのではない。

(v) 社宅退去

・10024（親男）退職勧奨（10万円で解決）（農林、不明、無）
　親族ゆえ事務所兼社宅に住み込み（家賃なし）で就労していたが、近隣トラブル多く売上げ減少の原因となり、外国人研修生を雇うからと社宅退去を求められ、住居の見通しのないまま退職した。

(vi) 通勤手段変更

・20118（非女）自己都合退職・通勤手段・いじめ（11万円で解決）（宿泊飲食、1000人以上、無）
　同僚の自家用車に相乗りして通勤していたが、上司から突然相乗り出勤を止めるよう通知され、自宅が遠距離で電車通勤は無理なのでやむなく退職を申し出た。会社側によれば、3名が同一車両で通勤するため常に3名同時の休みを希望され、業務シフトで特別対応してきたが、それが困難となり、他の労働者からの不満もあり、優遇を続けることはできない。また、交通事故遭遇時のリスクを回避したいこともあり、電車通勤をお願いしたもの。

(4) 休職・自宅待機等

(i) 休職

・10140（非男）自己都合退職・休職（打切り）（卸小売、不明、不明）
　レジから2万円紛失していることを発見し報告したところ、オーナーから「申請人が盗んだ要素がある」として無期限の休職を通告され、抗議しても相手にされない。会社側によれば、レジの違算は釣銭誤りでも発生するため申請人を犯人扱いしていない。とりあえず自宅待機してもらい、ビデオの確認等を行い、復帰を求めたが申請人が断った。

(ii) 自宅待機

・10042（非男）自己都合退職・自宅待機・メンヘル（50万円で解決）（卸小売、10-29人、無）
　採用通知後5日間の研修は受けたが、2ヶ月間も自宅待機を強いられ、精神的に追い詰められて自律神経失調症になり、退職することとなった。使用者側の段取りや説明が不十分であったケース。

・30125（派女）（対派元）自宅待機（8万円で解決）（他サービス、500-999人、無）
　受付業務対応が悪く、個別研修を繰り返しても必要最小限のレベルに達することは難しいと判断し、他の仕事が決定するまでの間自宅待機するよう命じた。申請人は休業手当を払えば良いというのには納得がいかない。

(iii) 労働者からの内定取消

・30146（内男）内定取消（13万円で解決）（情報通信、10-29人、無）
　採用内定の連絡を受け、入社日も決まったので在籍していた会社を退社したのに、「担当する仕事がなくなった。他の仕事を探すのに少し待って欲しい」と言われ、何回か連絡したが入社は確約できないと言われたので不安を感じ入社を辞退した。会社側によれば、他の仕事を探していたところ。内定を取り消したのは労働者側であるが、自己都合内定取消を強いられたというべき状況である。

2 労働条件の水準

(1) 雇用上の地位

・20023（非女）正社員登用（不参加）（医療福祉、10-29人、無）
　6年前に「今は職員採用できないが、今後退職者が出れば職員にすることも可能」といわれてパート職員になったが、退職者が出ても採用されるのは別の人ばかりで6年経ち、今になって「この先職員になれる可能性は低い」と言

われ、退職せざるを得なくなった。会社側によれば、看護師、保健師等資格職は正規職員にしなければ人材の確保ができないので、事務職員はパートで対応せざるを得ない。

(2) 労働時間

(i) 労働時間

・20108（正女）自己都合退職・労働時間（70万円で解決）（生活娯楽、500-999人、無）
　店の開店時間が10時-22時のため、8時半から24時半まで休みなしの長時間労働で体調を崩して1週間休み、職場環境の改善を申し入れたが改善されず、辞めざるを得なかった。会社側によれば、長時間労働は認めざるを得ないが時間管理しておらず実態は分からない。

・20121（非男）自己都合退職・労働時間（10万円で解決）（生活娯楽、1000人以上、不明）
　人員不足のための長時間労働（年間時間外労働847時間、年間休日58日）で過労により体調を崩し、また勝手に申請人の名前で36協定を監督署に提出されたため、退職を決意したが、退職願を書き換えられた。会社側によれば増員を図ってきた。36協定については当時の支配人を厳重注意した。

・30026（正男）自己都合退職・メンヘル（不参加）（卸小売、10-29人、無）
　営業として勤務してきたが交通事故のため内勤となり、労働時間が長くなって強いストレスのためうつ病になり3か月休職し、その後いったん復職したが症状が酷くなり、退職したが、会社の経営状態のため退職金が支給されなかった。しかし、うつ病の原因は会社の長時間労働とストレスであり、退職金相当額を求める。

・30296（非男）退職勧奨（5万円で解決）（運輸、1-9人、無）
　スクールバスの送迎に従事、週休2日になるようなシフトの組み方を求めたところ「それやったら辞めて貰うしかない」と言われた。会社側によれば、

辞めて貰うといった覚えはない。申請人は自ら退職した。

・30328（非男）自己都合退職・労働時間（不参加）（運輸、1000人以上名、有）
　9時出勤なのに、職場の上司から早く来るよう言われ、8時40分に出社し、勤務表にその時刻を記入したら、出勤時刻は9時といわれ、言い争いになり、気分を害し、当日退職した。

・30333（内男）自己都合退職（不参加）（医療福祉、50-99人、無）
　採用5日目の昼過ぎ、明日は何時に出勤すればいいかと聞いたところ、連絡があったのが夜の10時で、度が過ぎていると思い退職に至った。

(ii) 休日

・20066（非女）自己都合退職・いじめ（不参加）（卸小売、1-9人、無）
　週6日勤務の約束だったが週7日勤務となり、体調を崩したので休みを欲しいというと「自己管理ができていないせいだ」と言われ、同僚が心配して帰宅させてあげてくださいと言っても「忙しいから無理だ」と言われ、オーナーに対する恐怖で出勤することができなくなり、辞めざるを得なかった。

(iii) 夜勤

・20053（派女）（対派元）退職勧奨・いじめ・メンヘル（打切り）（医療福祉、150-199人、無）
　特養ホームで派遣就労したが、夜勤が多く体調を崩して休み、派遣元に自宅近くで夜勤のない施設を紹介して欲しいと依頼したが、夜勤のある有料老人ホームを紹介され、夜勤は無理ですと伝えたところ、「これ以上難しいようなら、一身上の理由で退職願を提出してください」と言われ、提出したが納得いかない。会社側によれば、書面では問題なしだったのに、入社2日目に病気と主張して休まれ、派遣先にも迷惑をかけた。

(iv) 時間外訓練

・20204（正男）自己都合退職・他の労働条件・いじめ（不参加）（生活娯楽、100-149人、無）

　仕事がうまく出来ないことを理由に、朝晩業務前と後に1時間ずつ練習をさせられ、体調不良時に業務終了後練習せずに帰宅したところ、店長に無視されて仕事をさせて貰えず、総店長に呼び出され、続けるなら、毎日の朝晩の練習に加え、月、水、金の強制練習会参加が条件だといわれて、自主退職を強要された。

(3) その他

(i) 配置転換希望拒否

・30081（非男）自己都合退職・配置転換希望（7万円で解決）（製造、100-149人、有）

　先輩が洗車場のパイプをぐらぐら揺らす行為をしていたので上司に報告し、女性のいない職場に転勤させて欲しいと言ったのに、入社してすぐの転勤は無理だと言われ、辞めざるを得なくなった。会社側によれば、申請人は幼い頃女性にいたずらされたので女性が怖いと言い出して転勤を求めたが女性のいない職場は熟練者しか作業できない職場なので出来ないと答えた。すると無断欠勤して大声で業務妨害をするようになった。

(ii) 交通事故

・30294（正女）自己都合退職・交通事故（不参加）（医療福祉、1000人以上、無）

　業務中上司の運転に同乗して交通事故に遭い、身体的に通勤が困難なため退職を申し出、強引に引き留められたが、診断書がなければ会社は何もできないと言われ退職した。

(iii) 盗難

・20157（非女）盗難（不参加）（宿泊飲食、1000人以上、無）

鍵付きロッカーがないため棚の上にバッグを置いていたら盗難の被害に遭ったが、会社には責任がなく本人が悪いという口調で対応され、退職した。

Ⅱ 職場環境に起因する非解雇型雇用終了

以上Ⅰで見てきた労働条件に起因する非解雇型の雇用終了事案に対して、いじめ・嫌がらせに典型的な職場環境の劣悪化が原因となって退職に追い込まれた事案は、124件（14.5％）と相当の多数にのぼる。2008年度には99件（8.7％）であったので、割合からすれば倍増に近い増え方である。そこには、発言制裁型、物理的暴力、差別、能力を理由としたいじめ・嫌がらせ、態度を理由としたいじめ・嫌がらせ、職場の人間関係など、解雇型雇用終了事案における「態度」の重みに対応するような事案が数多く並んでいるが、その圧倒的に多くのケースにおいて、会社側がいじめの事実を否定し、あるいはいじめとされる行為自体は認めてもそれがいじめであることは否定することが多い。実際にいじめ・嫌がらせ自体の存在が疑わしいような主観的な事案も少なからずある。

このように、いじめ・嫌がらせ事案の分類はなかなかに困難な面があるが、本書では2011年度の6労働局におけるいじめ関連あっせん事案についての内容分析と類型化が行われたことに鑑み（『JILPT資料シリーズNo.154　職場のいじめ・嫌がらせ・パワーハラスメントの実態－個別労働紛争解決制度における2011年度のあっせん事案を対象に－』）、同報告書における類型化をほぼそのまま使うこととした。これは、2011年に厚生労働省の「職場のいじめ・嫌がらせ問題に関する円卓会議」の提言が示した行為類型をベースにしたものである。これに従って分類したところ、以下のように精神的な攻撃、とりわけ主に業務に関連した発言に多くが計上されるという結果になった。前著では異なる類型化をしていたためにその間の推移を示すことはできない。

1　身体的攻撃：17件（2.0％）
　（1）　直接的な身体的攻撃：15件（1.8％）
　（2）　物理的脅し：2件（0.2％）

2 精神的な攻撃:74件(8.7%)
   (1) 主に業務に関連した発言:60件(7.0%)
   (2) 主に業務に関連しない発言:14件(1.6%)
3 人間関係からの切り離し:8件(0.9%)
   (1) 能動的な切り離し:2件(0.2%)
   (2) 受動的な切り離し:6件(0.7%)
4 過大な要求:8件(0.9%)
   (1) 事実上遂行不可能な要求:4件(0.5%)
   (2) 心理的に抵抗のある要求・行為:4件(0.5%)
5 過小な要求:5件(0.6%)
   (1) 仕事を与えないこと:4件(0.5%)
   (2) 程度の低い仕事を命じること:1件(0.1%)
6 個の侵害:3件(0.4%)
   (1) 私的なことに関わる不適切な発言:2件(0.2%)
   (2) 過剰な管理:1件(0.1%)
7 経済的な攻撃:3件(0.4%)
   (1) 経済的な不利益を与えること:1件(0.1%)
   (2) 労働者の権利を行使させないこと:2件(0.2%)
8 行為不明:6件(0.7%)

　なお、こうしたいじめ・嫌がらせの類型化は非雇用終了事案でも同様に行っているが、解雇型雇用終了事案においても数多くのいじめ・嫌がらせ事案があり、また労働条件を主たる訴えとするものにもいじめを副次的に訴えるものも少なくないので、それらもこの類型に再分類して件数を示すと以下のようになる。何らかの形でいじめ・嫌がらせが関わっている事案は275件(32.2%)に上るが、そのうち過半数の160件(18.8%)が精神的攻撃に係るいじめであり、身体的攻撃に係るものも37件(4.3%)と決して少なくない。

	解雇型雇用終了	非解雇型雇用終了	職場環境	雇用終了以外	職場環境	合計
身体的攻撃	7	18	17	12	8	37
精神的攻撃	44	79	74	37	23	160
切り離し	2	8	8	2	2	12
過大な要求	1	12	8	1	0	14
過小な要求	2	6	5	0	0	8
個の侵害	7	3	3	1	0	11
経済的攻撃	8	8	3	2	0	18
その他不明	4	6	6	5	5	15
合計	75	140	124	60	38	275

(1) 直接的な身体的攻撃

(i) 経営者、上司、同僚等

・10025（正女）自己都合退職・いじめ（不参加）（金融、不明、有）
　所長より暴力行為や屈辱的な嫌がらせを受け、労災申請時も労基署へ行ったことを叱責され、「只だったら病院に行くのか。只でなかったら行かないのか。その程度の痛みなのか」とまで言われ、退職せざるを得なくなった。

・10027（非男）自己都合退職・障害者差別・いじめ（打切り）（製造、不明、不明）
　知的障害者として就労中、同僚2名から金属バットや金属製角材で脛部や臀部を繰り返し殴られ、他の労働者は笑ってみていた。1年間恐怖心を持って働いたが精神的に無理になり退職。

・10029（派男）（対派元）自己都合退職・いじめ・懲戒処分（不参加）（他サービス、不明、不明）
　派遣先上司が本人の傘を捨てたことでトラブルになり、腕をつかまれ体を壁に押しつけられたので警察に被害届を出した。暴力の被害者なのに派遣元から譴責処分を受け、出勤できず退職を決意した。会社側によれば、以前から派遣先上司が傘を片付けるように再三注意していたが、一向に改善されないため整理整頓したもの。また譴責処分は出勤率が悪いため。

・10087（正女）いじめ・メンヘル（取下げ）（運輸、1-9人、不明）
　社長からセクハラ、暴言、侮辱、精神的身体的な攻撃を受け、精神科に通院、自殺未遂に追い込まれ、話し合いもできないまま退職。

・20058（非男）自己都合退職・いじめ（2万円で解決）（卸小売、1-9人、無）
　炎天下の作業でバテ気味でだるそうにしていたところ、社長がいきなり胸ぐらをつかみ揺すったため負傷し、医者に行ったところ7日間の加療を要するとの診断を受け、退職に追い込まれた。会社側によれば、だらだらとやる気がなく、客から「声をかけたが寝ていた」と苦情があったので、「立て」と言って立たせただけ。

・30015（非女）退職勧奨・いじめ（5万円で解決）（卸小売、1-9人、無）
　注文を受けた客からキャンセルされ、上司に言われて客に電話をして切ったとたんに後頭部を殴打され、その後これでも辞めないのかこれでもかと理不尽極まりないいじめを受け、病院に行き治療と通院が必要との診断を受け、退職を申し出た。会社側によれば空のペットボトルで机を叩いただけであり、申請人には客から苦情が殺到していた。

・30080（正男）自己都合退職・いじめ・休職・メンヘル（打切り）（運輸、不明、有）
　上司から、はさみを投げつける、暴力的発言、仕事のミスをしつこく責めるなどパワハラを受けるようになり、うつ病を発症し、休職することになった。会社側によれば、パワハラは一切なく、仕事のミスを指導したのみ。

・30090（正男）退職勧奨・いじめ（打切り）（製造、30-49人、無）
　会社の懇親会で副社長から前髪をつかまれ、顔面を殴打され、「会社を辞めろ！明日から会社に来るな！」と退職勧奨を受けた。会社側によれば、懇親会後の3次会で申請人が上司への不満を述べ、大声で壁を叩き、「辞めてやる」と発言し、社長が確認して退職の運びとなった。申請人は全く覚えていないとのこと。双方の主張がかけ離れている。

・30109（正男）自己都合退職・いじめ・配置転換・メンヘル（不参加）（製造、200-299人、無）

　朝礼の場で上司と同僚から暴力を受け、以後無視や嫌がらせを受け、申請人の排除を目的に複数事業所間の交代勤務を頻繁に命じ、うつ病を発症し、退職に追い込まれた。会社側によれば些細なもめ事であり、上司の注意も通常の業務指導の範囲内であり、また複数作業場間の距離は徒歩数分で同一事業所と解している。さらに、内縁の妻が死去という理由で6日間有休を取得したが、これが虚偽であることが判明した。

・30143（正男）自己都合退職・いじめ・競業避止義務（取下げ）（卸小売、不明、無）

　日報が提出されていない、俺の顔に泥を塗った等という理由で複数回にわたり社長に殴られ、罰金と称して複数回にわたり1000円を取られ、会社に行くのが怖くなって郵送で退職手続を取った。ライバル会社に勤めることができなくなるための秘密保持義務の競業避止義務の部分の訂正を求める。会社というよりも不良グループのボスの感がある。

・30298（正男）自己都合退職・いじめ（30万円で解決）（製造、1-9人、無）

　社長の息子（取締役）から、頭を叩く、蹴る、等の暴力、暴言を受け、身の危険を感じ欠勤、退職に追いやられた。会社側によれば、申請人は毎日飲酒して赤ら顔で出勤し、何度も事故を起こしそうになったり、月に数回遅刻し、製品不良が出ても機械を止めず、そのたびに教育、指導、注意を根気よく行ってきたが、暴行、暴言は一切ない。

・30312・30313（非男）いじめ（不参加）（運輸、1000人以上、有）

　朝から晩まで違法な指揮命令を受け、暴力（蹴られたり、首を絞めたり、足を踏む）、暴言（殺す、淀川に埋めたろか）、脅迫（辞めてしまえ、給料なしや）など毎日いじめ嫌がらせを受けた。

・40036（非男）自己都合退職・いじめ（不参加）（医療福祉、1-9人、無）

　組織的悪質ないじめ・嫌がらせを受け、精神的に追い込まれて「退職さ

てもらいます」と言ったら暴力をふるわれた。会社側によれば、申請人は会社や社員の批判をするので他のヘルパーが腹を立て、手首を握った程度であり、申請人が異常な人間である。

(ii) 顧客等第三者

・10101（正女）自己都合退職・いじめ・メンヘル（不参加）（医療福祉、100-149人、無）

　持病があると伝えたのに男性閉鎖病棟に配置され、勤務中患者の暴力で頭痛が発生し、異動を求めたが異動されず、毎日殴る蹴るの患者、突進してくる患者がおり、恐怖で退職を余儀なくされた。

(2) 物理的脅し

・30155（正女）自己都合退職・いじめ（20万円で解決）（製造、300-499人、無）

　上司である部長から職場で不必要な身体的接触をされ、椅子を不必要に動かすなど精神的苦痛を受け、また職務評価で覚えのない低い評価をされ、退職に至った。会社側によればセクハラの認識はないが、「どうや」と声をかけるつもりで椅子を数度動かしたことはある。資格試験を受検しなかったので1ランク下げたが、評価は正当である。ただし説明しなかったことは申し訳ない。

・30348（非女）自己都合退職・いじめ・メンヘル（100万円で解決）（製造、500-999人、無）

　会社側からのあっせん申請。職場のトラブルで被申請人が班長に抗議したところ、ヘルメットを足元に投げつけられ、謝罪はあったが被申請人は休職し、話し合いの結果以前の就業場所では働きづらいとのことで契約期間満了で退職で合意した。ところがその後、辞めたくて辞めたわけではないと1年分の休業補償を求められた。被申請人は退職後不眠症等のため受診した。申請人会社が傷病手当金の申請をしてくれていれば1年以上給付金を貰えたはず。

2 精神的な攻撃

(1) 主に業務に関連した発言

・10002（正女）退職勧奨・いじめ（15万円で解決）（卸小売、不明、無）
　社長から「休むな」「いちいち聞くな」等と罵声を受け続け、退職に追い込まれた。会社側によれば、注意をしても指示に従わずおしゃべりが多く協調性に欠けるので解雇予告しようとしたら辞めるといった。

・10017（非女）いじめ・メンヘル（20万円で解決）（宿泊飲食、1-9人、無）
　調理補助として採用され、管理栄養士から大声で怒鳴るなどパワハラを受け、精神的苦痛で体調を崩し、通院休養で退職を決意。会社側からは、病院患者の給食なので間違いがあってはならず、そのために厳しくなっていた。

・10050（非女）自己都合退職・いじめ（不参加）（製造、30-49人、無）
　工場長や上司からいじめを受け、社長に退職を申し出たところ、職場同僚と協調できないからという理由で処理され、受け入れられない。会社側によれば、工場長は「仕事の指示が聞けないのであれば要らないよ」と言ったが、言葉の綾である。

・10057（非男）自己都合退職・いじめ・メンヘル（10万円で解決）（運輸、10-29人、無）
　パソコン作業は初めてだったのに、常務から「小学校低学年以下や」「幼稚園児でもできる」「お前40歳だろ」「使い物にならない」等と大声で言われ、病院でうつ病と診断され、退職した。会社側によればその発言はパワハラではなく場を和ませるようなものであり、他の労働者は気にならなかった。

・10068（正女）自己都合退職・いじめ（5万円で解決）（医療福祉、10-29人、無）
　同僚との関係、ケアマネージャーや顧客からの苦情から、社長が「謝りに行きなさい」「あなたみたいな性格はいない」「現場で働きなさい」と責め、「嫌です」「だったら辞めます」と返事して退職した。

・10074（正男）退職勧奨（20万円で解決）（漁業、30-49人、不明）
　漁師として勤務、網修理作業で足を取られ左肘を痛打、靱帯損傷し全治3か月で休み、翌月電話したら「理事長と仲間が怒っている。連絡もなしで職場へ戻れるのか」と言われたので退職した。会社側によれば、事故は本人の責任で、本人は被災してから何日も連絡が取れず、その間代わりの人夫を確保する必要が生じ、損失が出た。なお、労災保険を使っていない（会社が労災扱いにできないといった）。

・10153（正男）自己都合退職・いじめ・メンヘル（不参加）（卸小売、500-999人、無）
　発送業務に遅れが生じ、他部署に応援を要請したところそのリーダーに「腹を切って死ね」と恫喝され、そのリーダー直属の部下を監視役としてつけられ、うつ病を発症し、勤務が困難となって自己退職した。

・20004（非女）自己都合退職・いじめ・メンヘル（10万円で解決）（他サービス、300-499人、無）
　ヘルニアの持病を伏せて入社したが、再発して麻痺や指が痺れる症状が出て、指揮者から「動作が鈍い、いくら言ってもミスが止まらない」といじめを受けるようになり、うつ状態となり、吐血して胃潰瘍で休業、精神的苦痛からリストカットしてしまい、辞めざるを得なくなった。会社側によれば、雇入れ面接時に健康状態を確認したのに、意図的に事実を隠して入社しており、申請人の身体や健康状態に配慮した労務指示をすることは不可能。

・20010（正男）自己都合退職・いじめ（不参加）（宿泊飲食、30-49人、有）
　社長からの嫌がらせが酷く退職に追い込まれた。会社側によると、業務上叱ることもあったが反省するのではなく反抗的な態度を見せた。

・20040（正女）自己都合退職・いじめ・メンヘル（打切り）（製造、30-49人、無）
　入社当時から先輩事務員によるいじめを受け続け、出勤と休業を繰り返し、うつ病と診断され休職し、退職せざるを得なかった。会社側によれば、指導として言ったことをいじめと受け止めている。指導が厳しかったかも知れな

いがいじめとは思っていない。

・20042（非女）自己都合退職・いじめ（20万円で解決）（卸小売、300-499人、有）
　入社2週間目よりほぼ毎日1年にわたり、「こんなこともできないのか」「使えない奴は要らない」などと集団によるパワハラを受け続け、幾度となく上司に相談したが全く取り合って貰えず、社内コンプライアンス部に相談してもパワハラがさらに悪質になり、耐えきれなくて退職を余儀なくされた。会社側によればパワハラの事実は確認できず、日頃の勤務態度や仕入計上業務における事務ミスの多さなど問題が多く、職場改善を図った。

・20049（非女）退職勧奨・いじめ（打切り）（製造、1000人以上、不明）
　職場でもめ事を起こし、休んだ後出社すると、上司から「洗い物や掃除をやらないそうだが、それも大事な仕事だ」「一生懸命やっていると思っているのは自分だけじゃないのか」と言われ、退職せざるを得なかった。

・20102（正男）退職勧奨・いじめ・メンヘル（不参加）（卸小売、30-49人、無）
　配置替えで物理的に無理な条件の業務を押しつけられ、体調を悪くし、担当変更希望を再三申し入れたが聞き入れて貰えず、経営者と同席していた社会保険労務士から「一身上の都合で退職するように。君は明らかに発達障害だよ」と言われ、「テメエの出処進退はテメエで考えて結論を出すもんだ。他人様に言われて出すもんじゃねえ。テメエ何様のつもりだ」と怒鳴りつけ、この日を境にショック状態に陥り、うつ病の診断を受け、退職に至った。

・20114（非女）自己都合退職・労働条件引下げ・いじめ・メンヘル（不参加）（卸小売、1000人以上、有）
　店長から新規採用者に申請人のことを犯罪者と紹介され、抗議したら謝罪はあったが、嫌がらせが酷くなり、不眠症となって退職せざるを得なくなった。また、体調を崩して休んだら労働時間・日数を減らされ給料が半減した。会社側によれば、従業員不正を確認するため全従業員に対して未購入品の確認をしたのに対し、本人が犯罪を疑われたと抗議したもの。また時間・日数の変更は、

体調不良で1ヶ月半休んだ後本人の体調を配慮して同意の上で変更したもの。

・20128（非女）自己都合退職・いじめ・メンヘル（打切り）（複合サービス、30-49人、有）
　先輩女性職員から業務上、業務外で、言葉、態度によるいじめを受け、緩和していたうつ病が一気に悪化し、自殺を試み、退職せざるを得なくなった。会社側によれば全職員に確認したがいじめの事実はなく、うつ病については本人が既往病歴を隠していた。

・20130（正女）自己都合退職・いじめ・メンヘル（不参加）（卸小売、1000人以上、無）
　上司の主任、課長から徹底的に無視されたり、根拠のない事柄で叱責を受けるなどの陰険な嫌がらせを受けるようになり、病気になり、支店長に訴えたが対処して貰えず、退職した。会社側によれば、申請人は基本的な報告ができず、繰り返し指導しても改善の意思がなく毎回同じ失敗を繰り返した。また申請人の自律神経の不安定は高校時代からである。

・20137（非女）自己都合退職・いじめ（15万円で解決）（他サービス、1-9人、無）
　シフト変更で大きな連休をもらったことにリーダーから繰り返し「あなたは我が儘だ」等と暴言、侮辱、無視を受け、体調を崩し辞めざるを得なくなった。会社側によればシフトのトラブルは何回もあり、当事者に確認したがいじめはなく、個人的な好き嫌いの問題で会社に防止義務はないが、円満解決のためにお見舞い金を払うとした。

・20142（正女）退職勧奨・いじめ・メンヘル（30万円で解決）（医療福祉、30-49人、無）
　私語や職場から不在になること、勤務への不平不満が多く、総師長が面接しているうちに、申請人を辞めさせたいという強い意思を感じ取り、退職せざるを得ないと言ったところ、直ちに退職届を書かされ、睡眠障害で服薬治療を余儀なくされた。会社側によれば、申請人の抱える問題を聞いて勤務態

度の改善を求めようとしたに過ぎず、退職を勧奨してはいない。

・20149（派男）（対派元）自己都合退職・いじめ・年次有給休暇（不参加）（製造、1000人以上、無）
　派遣元担当者に仕事上の悩みを相談し、派遣先に伝えてもらうよう依頼したところ、派遣先の課長を辞めさせろと言ったことにされてしまい、精神的に追い詰められ、退職せざるを得なくなった。

・20156（正女）退職勧奨・いじめ・メンヘル（不参加）（医療福祉、1000人以上、無）
　勤務当初から施設長や主任のいじめを受け、別施設への配置替えを希望したが受け入れて貰えず、「そういう人はここに置くわけにはいかない」と言われ、精神的に追い詰められ睡眠薬を服用するようになり、退職せざるを得なくなった。

・20159（正女）いじめ・メンヘル・残業代（10万円で解決）（製造、30-49人、無）
　社長から日常的に大声で怒鳴られ、菓子製造用のボウルが投げつけられることもあり、偏頭痛、群発頭痛で休み、遅刻、早退を繰り返し、ユニオンに相談して残業代とパワハラについて要請を行ったら、会社側があっせん申請をした。

・20189（非女）退職勧奨・いじめ（不参加）（他サービス、10-29人、無）
　社長から突然「いろいろ言わないでおとなしく辞めろ」と言われ、これまで専務から日常的に些細なミスを大げさに叱責するなど耐え難いいじめを受けてきたため、出社しなくなったが、離職票を発行してくれず、問い合わせると退職届が出ていないからと言われた。異議申立をしたところ、名誉毀損で訴える等と脅しを受けた。

・30019（非女）いじめ（5万円で解決）（卸小売、1-9人、無）
　急な体調不良で数回欠勤したが、統括店長から「欠勤により会社に損害が出たらお前が補償するんだろうな」と言われて、出勤するのが怖くなり、産業医の診断で就業できない状態と判断され、期間満了で終了した。会社側に

よれば、そういう発言はなく、欠勤の注意は指導の範疇である。

・30025（正男）自己都合退職・いじめ（打切り）（金融、300-499人、無）
　主任から「辞めろ」とか、テレアポの仕事をしようとすると「すんな」と言われ、就労意欲が失われ、退職に追い込まれた。会社側によれば、いじめの事実はなく、本人から上司に退職の申出がされた。

・30039（非女）自己都合退職・いじめ（3万円で解決）（宿泊飲食、1000人以上、無）
　勤務時間が1日1-2時間と激減していたので店長にシフトの改善を申し入れたら、「今すぐ死ね」「人間のくず」と言われ、「あなたがいるので迷惑しており、そのためのこの店は赤字になった」と罵倒され、「辞めるのか、勤めるのか」と凄い剣幕で迫られ、退職せざるを得なかった。会社側によれば、店長は「もう少し仕事が出来るようになったら増やす。教えるから頑張ろう」と言ったのであり、その際感情的になって「アホか」とは発言したが、「死ね」「くず」は絶対に言っていない。

・30069（非男）自己都合退職・いじめ（7.3万円で解決）（製造、50-99人、無）
　社長から「女性事務員2人があなたと一緒に仕事をしたくないと言っている」と言われ、上司からも指導がなかったため退職に追い込まれた。会社側によれば、申請人は挨拶も会話もせず、やる気が見られず、ボーと座ったままで何をしているか分からない。仕事の仕方は教えたはず。

・30086（非男）自己都合退職・いじめ（50万円で解決）（運輸、100-149人、有）
　上司から「ここから出たらどないなるかわからんぞ」と暴言を受け、退職せざるを得ない状況に追い込まれた。会社側によれば、配送先を間違え、行かないと言い出し、どうしても行くよう指示したら出ていってすぐに戻ってきて退社してしまった。

・30118（非女）自己都合退職・配置転換・いじめ・メンヘル（不参加）（卸小売、1000人以上、有）

同僚との不仲が原因で申請人だけが肉体労働を強いられる部署に異動させられ、現場リーダーに朝礼時皆の前で「申請人のような人は要らない」と言われ、精神的苦痛を受けて睡眠障害で通院をはじめ、退職に至った。

・30122・30123・30124（正男）退職勧奨・いじめ（取下げ）（製造、1-9人、無）
　知識も実績もない新採従業員（30123,30124）に社長が外国出張を命じたが、現場での仕事ができず業者からクレームを受けることになり、社長から「君の仕事はない」と言われ退職せざるを得なくなった。また、30122は社長に対して経験を積んで一人前にしてから出張させるべきと進言したところ、社長に疎んじられるようになり、退職を余儀なくされた。

・30126（正女）自己都合退職・いじめ・メンヘル（不参加）（他サービス、10-29人、無）
　役員会に2度呼び込まれ、仕事のことその他いろいろ言われ、情緒不安定になり辞職に追い込まれた。

・30135（非女）自己都合退職・いじめ（打切り）（医療福祉、不明、無）
　業務改善のための数々の提案を行っているのに看護部長は一切聞く耳を持たず、パワハラでやる気がそがれ退職に至った。会社側によれば、パワハラの事実が不明。看護部長は申請人を別病院から誘った人物であり、申請人の能力を評価していた。

・30140（正女）自己都合退職・いじめ（不参加）（卸小売、10-29人、無）
　社長から、同僚の前で、来週から女子社員を雇ったからいつ辞めてもいいよ、今日でもいいしと言われ、自己都合退職させられた。会社側によれば、一度退職を申し出、次の日に撤回し、その後2度目の退職願なので本人の意思を尊重して受理した。

・30141（非女）自己都合退職・いじめ（8.4万円で解決）（医療福祉、100-149人、無）
　看護学校に通うためにパートになったが、看護師長から「もう働けないの

なら辞めたら。あなたのためだけにシフトは組めない」、事務長には「ここまでしてやったのに恩を感じないのか」と言われ、病気の治療をしながら働いてきたのに、精神的ショックで退職した。会社側によれば、叱咤激励はしたが精神的圧力をかけたことはない。

・30147（正女）退職勧奨・配置転換・いじめ（50万円で解決）（医療福祉、300-499人、無）
　専務から「相談しても返答しない」といじめ・暴言を受け、退職を申し出たが慰留され、別事業所に異動したが、そこでも同僚から「同情を求めて異動してきたのではないか」「売上げが落ちた」等と言われ、精神的ストレスから体調を崩し2日間休み、所長から「ここで働くのは厳しいのと違う？」と言われた。会社側によれば、退職勧奨した事実はなく、いじめも確認できない。

・30156（非女）自己都合退職（3万円で解決）（他サービス、不明、無）
　異動先で洗い場を一人で担当させられ、ホールの女性に「早くしろ」と言われて腹が立ち、退職届を出した。会社側によれば、申請人の意思により退職手続をしている。

・30157（非女）自己都合退職・いじめ（不参加）（製造、500-999人、有）
　グループリーダーから「馬鹿か、頭は考えるためにあるんですよ」「言われたとおりにやれ、口答えするな」と言われ、悩み相談担当の課長に相談したが、いじめが前よりも酷くなり、体調不良で通院することになり、退職を余儀なくされた。

・30162（正女）自己都合退職・いじめ（60万円で解決）（他サービス、10-29人、無）
　会社からのあっせん申請。被申請人（労働者）がほぼ毎日会議室に呼ばれ、部長から机を叩きながら「こんな仕事もできないのか」と大声で叱責を受け、退職に至ったことから、100万円の慰謝料請求と謝罪を求める書面が郵送されてきた。机を叩いての叱責や職務能力を否定する発言の事実を確認し、話し合いをしようとしたが、被申請人から面会を断られた。被申請人によれば精

神的不安から会社関係者との面会は避けたい。

・30172（正男）退職勧奨・いじめ・メンヘル（打切り）（卸小売、1000人以上、無）
　エリアマネージャより「使えない」「邪魔だ」「ストレスが溜まるだけ」と日々罵倒され、誰もいない部屋でひたすら作業をさせ「出てくるな」と言われ、抑うつ状態となり、「辞める辞める言う奴に限って辞めない。迷惑がかかるだけだから何も言わずとっとと辞めてくれ」と言われた。会社側によれば、申請人は来訪者を恫喝罵倒するなど問題行動があり、改善に向けた指導を行った。また申請人は問題が発生して指導をするとしばしば辞職を切り出しており、退職勧奨はしていない。

・30183（非女）自己都合退職・いじめ・盗難（不参加）（製造、不明、無）
　突然店長から店の人件費削減と罵声を浴びせられ、辞めざるを得なくなった。また、会社の管理不足のため貴重品が盗難に遭った。

・30203（非女）退職勧奨・いじめ（不参加）（生活娯楽、10-29人、無）
　社長からやる気がなければ辞めていいよといやみを言われ、退職を余儀なくされた。

・30214（正女）退職勧奨・いじめ（不参加）（卸小売、10-29人、無）
　就業中部長より継続的にパワハラを受け、止めるよう訴えると侮辱と罵詈雑言を浴びせられ、翌日から来なくていいと言われ、無視して出社すると、部長は社長に上申してその日のうちに申請人が荷物をまとめて帰るように強制し、結局退職となった。

・30223（非男）自己都合退職・いじめ（3万円で解決）（卸小売、10-29人、無）
　オーナーから「以前のように接客しろ」と恫喝されるなどパワハラを受けて退職した。会社側によれば、通常行われている業務指示を申請人がパワハラと解釈しているに過ぎない。

・30232（正男）自己都合退職・いじめ（不参加）（医療福祉、不明、無）
　同僚や看護師から度重なる誹謗中傷に耐えられず意に反して退職した。

・30314（非女）自己都合退職・いじめ（不参加）（卸小売、10-29人、無）
　おつりの渡し間違いであったにもかかわらず、店長から売上金横領の濡れ衣を着せられ、一方的に申請人と客が共謀して売上金を盗んだと責め立てられた。客の証言により嫌疑は晴れたが、店長の言動で深く傷つき、体調不良で勤務を続けられなくなり退職した。

・30316（派女）（対派先）自己都合退職・いじめ（打切り）（金融、1000人以上、有）
　派遣先女性社員よりお茶出しを押しつけられる、仕事を教えて貰えない、私服に襟がついてない等と言われ、電話を3コール以内に取らなかったと叱責されて過呼吸になり、休んだ後出勤すると席がなくなっており、退職に追い込まれた。会社側によれば、業務を円滑に遂行するために必要な発言であり不当なものではない。また継続勤務を示したが申請人が拒否した。

・30350（非女）自己都合退職・いじめ（8万円で解決）（卸小売、300-499人、無）
　体調を崩して欠勤の連絡を入れた時に「じゃあもういいよ。俺が出るよ」と言われ、感情的になり辞めてもいいと言った。その後事務から「辞めなくてもいい」と言われたのに、課長から「戻すことはできない」と言われた。セクハラも受けた。会社側によれば、引き留めたのに辞めると決めたのは申請人である。

・30388（正女）退職勧奨・いじめ・メンヘル（不参加）（卸小売、不明、無）
　部長から、人前で怒鳴る、自分のミスを申請人のせいにして始末書を書かせる等のパワハラを受け、精神を病んでメンタルクリニックに通い、抗不安剤を服用し、怒鳴られたショックで過呼吸状態になり気を失ったこともあり、最後に「辞めてしまえ」と怒鳴られ、朝起き上がることもできず、自殺したい衝動に駆られた。

・30392（正女）自己都合退職・いじめ（不参加）（医療福祉、不明、無）
　代表より一方的に3時間に及ぶ叱責を受け、その後も無視されるなどの嫌がらせを受け、体調を崩し、辞めざるを得なくなった。

・30397・30398（正女）退職勧奨・いじめ（不参加）（製造、10-29人、無）
　「お前らは仕事をするな」「会社も辞めてくれていい」と強い口調で罵倒され、働けない状態に追い込まれた。

・40003（非女）自己都合退職・いじめ（5千円で解決）（宿泊飲食、30-49人、無）
　職場の上司から継続的にいじめを受け、精神的苦痛で退職した。会社側によれば、継続的に行ってきた教育指導はいじめに当たらない。あっせんの結果、申請人の体調不良に対する見舞いの趣旨で5千円の解決金で合意した。

・40006（正女）自己都合退職・いじめ（打切り）（宿泊飲食、1-9人、無）
　若い女の子が鍋を持とうとしていたら「そんな重いものは持たなくていいから」と申請人に持たせるなど、上司によるいじめ・嫌がらせを受け、退職せざるを得なくなった。会社側によれば、若い女の子はホール係であり、申請人は厨房係であり、鍋を運ぶことは厨房係の仕事である。他にも、申請人は再三遅刻、中途退社を繰り返し、予約時刻に客に飲食物の提供ができず迷惑をかけたこともある。あまりにもでたらめな勤務態度に対し、辛抱強いチーフが呆れ返った。

・40007（非男）自己都合退職・いじめ（打切り）（複合サービス、300-499人、有）
　同僚から継続的にいじめを受け、精神的苦痛に耐えられなくなり、出勤することが不可能となり、退職した。会社側によれば、悩んでいる様子もなく、突然休まれ対応に苦慮した。

・40009（正女）退職勧奨（打切り）（医療福祉、50-99人、無）
　看護師長から、「利用者から苦情があり、言葉遣いが悪いからあなたにはこの仕事が合わない」と言われた。翌日クビかと聞いたら「そうではない、注意

しただけだ」と答えた。会社側によればその通り、苦情に基づき注意したもの。

・40029（非女）自己都合退職・いじめ（打切り）（医療福祉、200-299人、無）
　「学習能力ないなあ」「今までどんな仕事してきたの」「蹴ってもいい？」と悪口を言われ、仕事をする意欲が無くなり精神的に追い詰められて退職を決意。会社側によればいじめの事実は存在しない。

・40037・40038（正女）自己都合退職・いじめ・メンヘル（取下げ・不参加）（医療福祉、10-29人、無）
　サービス提供責任者に「あんた介護の経験が25年もあって何してきたん？何にもできんのんじゃね」と言われて涙が止まらず早退し、うつ状態と診断され、退職せざるを得なくなった。

(2) 主に業務に関連しない発言

・20035（正女）自己都合退職・いじめ（不参加）（金融、1000人以上、不明）
　勤務初日に社員駐車場に自家用車を駐車したところ、先輩から「新人は車の置き方も知らない、そこは私が停める場所だ」と全職員の前で罵倒され、職場いじめを理由に退職を申し出たが、いじめの事実を認めない。会社側によれば、その先輩は本人にではなく上司に申し出、上司から本人に指示したもの。職場にいじめの事実はない。

・20178（非女）退職勧奨・いじめ（6.3万円で解決）（卸小売、1000人以上、不明）
　会社には電車通勤と届けていたが、子供の送迎のため自動車通勤し、客用駐車場に駐めたところ、店長から激しく叱責され、退職を強要され、やむなく退職せざるを得なかった。

・30053（非男）自己都合退職・いじめ（20万円で解決）（製造、10-29人、無）
　作業中、現場責任者に「こんな仕事所詮バイトやろ」「正社員なられへんカス」と言われ、こんなことを言われてまで仕事を続けられないと思い退職した。会社側によれば、それは申請人に対してではなく、短期間で退職していった

者のことを言ったのだが、申請人が誤解した。

・30104（正男）退職勧奨・賠償（不参加）（宿泊飲食、200-299人、無）
　店舗内でかばんの盗難事件があり、責任を負わされ、金銭要求もされ、退職に追い込まれた。会社側によれば、盗難について面談は行ったが、責任追及や金銭要求はしていない。

・30150（非女）退職勧奨（20万円で解決）（他サービス、30-49人、無）
　会社の備品紛失事件が続き、身に覚えがないのに「自身の身の潔白が証明できないのなら仕事を辞めるほかないやろ」と言われ、つい「辞めます」と言ってしまった。会社側によれば、事情聴取はしたが、犯人扱いしていないし、退職勧奨もしていない。

・30201（派女）（対派元）自己都合退職・いじめ（打切り）（他サービス、500-999人、無）
　研修で繰り上げ内定だと言われ、生理痛で休む際にも毎回こんな感じですかとセクハラ的な発言をされ、謝罪を求めたが謝罪されない。会社側によれば、症状を問い合わせるのは雇用主として当たり前の行為である。

・30234（正女）退職勧奨・いじめ（20万円で解決）（医療福祉、150-199人、無）
　従業員が多数いる中で、社長から、同僚を誹謗中傷し、風紀紊乱したとして、退職届と始末書を書かされた。会社側によれば、社内恋愛禁止、社員同士の飲酒禁止のルールを破ったので始末書を取ったところ、自分で退職すると吹聴したので、その意向を確認したもの。

・30343（正男）退職勧奨・いじめ・メンヘル（謝罪・離職理由変更で解決）（製造、50-99人、有）
　支店長から「お前は支店の仲間じゃない」「俺が言ったらクビにすることできるんやぞ」等のパワハラを受け、社長に改善を求めたが退職を勧奨され、やむなく退職した。会社側によれば、申請人は髪の長さでトラブルになるな

ど社会人としての適性が欠けており、「不適当な業務をしていると辞めざるを得なくなるよ」程度の発言はした。

・30434（非女）自己都合退職・いじめ（20万円で解決）（宿泊飲食、1-9人、無）
　調理中店長にやけどをさせられた上、マネージャと男子アルバイトに「NG」「一緒に働きたくない」などと陰口を言われ、耐えられずに退職した。会社側によれば、やけどは申し訳なかったが、労災申請等誠意を持って対応している。指導は厳しかったかも知れないが、いじめはない。

・40015（正女）自己都合退職・いじめ・メンヘル（打切り）（医療福祉、200-299人、無）
　所長等から「社会人失格」「学生以下」「バカじゃないの」等のパワハラを受け、自律神経失調症で欠勤し、退職せざるを得なかった。会社側によればパワハラの事実は確認できない。

・40023〜40026（非男1名、非女3名）自己都合退職・いじめ（各1.5万円で解決）（宿泊飲食、10-29人、無）
　朝食スタッフ4名が、他のスタッフから「明日からもう来なくていい」と暴言を吐かれ、退職した。会社側によれば、権限のないスタッフとの口喧嘩であり、その後無断欠勤している状態。

3　人間関係からの切り離し

(1) 能動的な切り離し

・20028（正男）自己都合退職・いじめ・メンヘル（打切り）（運輸、50-99人、無）
　責任者となって天狗になり、横柄な態度をとったことが原因で、仲間からやってないことをやったように言いふらされ、口をきかず、目を合わせないといったいじめを受け、ノイローゼになったが、社長は「くだらねえ」と、取り合ってくれず、退職した。会社側によればいじめの事実は認められず、むしろ派遣労働者など自分より弱い立場の者に横柄な態度をとり他の労働者

の不満を買っていた。

・30429（非女）自己都合退職・いじめ・メンヘル（20万円で解決）（卸小売、10-29人、無）
　主任から怒鳴られ、同僚から会話に入れて貰えない、告げ口をされる等の嫌がらせを受け、生理も止まり、心療内科と産婦人科で治療を受け、退職せざるを得なくなった。会社側によれば、パート社員間で感情の縺れがあったことは認識しているが、申請人の対人面での努力不足もあった。

(2) 受動的な切り離し

・10082（正女）自己都合退職・いじめ・メンヘル（打切り）（運輸、不明、有）
　主任（上司でない）から会話をしない、手伝ってくれない等のパワハラを受け、上司に改善を求めたが、「我慢して欲しい」と言われ、軽度の抑うつ神経症で通院していたが、主治医の強い勧めで退職した。

・10097（非女）自己都合退職・いじめ・メンヘル（10万円で解決）（他サービス、100-149人、無）
　コールセンターのオペレーターとして勤務。スーパーバイザー等から、対応に困っているのに後ろで見ているだけといったいじめを受け、精神科を受診し、退職せざるを得なかった。会社側は調査の結果嫌がらせの事実を認めず。

・20076（非女）自己都合退職・いじめ（打切り）（複合サービス、500-999人、有）
　支店に異動したところ、先輩格の職員に、挨拶もなくニコリともせず仕事も教えてくれないなどいじめを受け、出勤できなくなり退職した。会社側によれば、人間関係に問題ありとは相談されたが嫌がらせの主張はなかった。

・20090（非女）自己都合退職・いじめ（打切り）（卸小売、1000人以上、有）
　店長から業務上必要なデータ入力の指導が受けられず、研修会に出席させないなど存在を無視したり、化粧品以外の他商品のレジ打ちをさせられるなどのいじめを受け、不本意な退職を余儀なくされた。会社側によれば申請人

の求める内容が分からず、また担当売り場以外のレジ打ちは当然。

・30225（正男）自己都合退職・いじめ（10万円で解決）（不動産物品賃貸、1-9人、無）

　直属上司の威圧的な恫喝が始まり、その上司をはじめとする他の従業員からも無視されるようになり、精神的圧迫で勤務が続けられない状態に追い込まれ、退職した。会社側によれば、恫喝や無視はなかった。

・30292（非女）自己都合退職・いじめ・メンヘル（不参加）（金融、10-29人、有）

　営業部長から「今日は覆面調査が来る。申請人はロビーにも窓口にも近づくことは許さん。見られるだけで点数が下がる」と言われて仕事をさせて貰えず、ショックで何日も寝られず、心因性不眠と診断され、退職を余儀なくされた。

4　過大な要求

(1) 事実上遂行不可能な要求

・10005（正男）自己都合退職・いじめ（打切り）（情報通信、不明、無）

　上司の課長から度重なる誹謗と仕事を自分一人に押しつけられ、精神的苦痛から退職を余儀なくされた。

・10145/10149（非男）自己都合退職・いじめ・メンヘル・時間外手当（不開始/打切り）（宿泊飲食、30-49人、無）

　長期にわたり支配人から悪質かつ執拗なパワハラを受け続け、深夜業を含む1日16時間の過重労働に従事させられ続けたため、精神疾患に罹患し、退職を余儀なくされた。当初時間外手当要求の申請を行い、それが対象外として不開始となった後、その部分を除いて再度あっせん申請。

　会社側によれば、24時間営業ホテルにおける隔日16時間勤務であり、仮眠を入れると実質1日6.5時間である。夜勤明けに別ホテルで掛け持ちしているのは言動が矛盾している。早退や無断欠勤を繰り返したため、解雇として処理している。

・30018（正男）退職勧奨（22万円で解決）（宿泊飲食、10-29人、無）

飲食店で社員は店長と申請人だけだったが、店長が異動し常駐は申請人だけになった。店長でもないのに売上げや20人のパートの管理に責任を持たされ、常務から「店がうまくいっていないのではないか？責任を取れ」と責められ、辞めざるを得なかった。会社側によれば、常務は店長になるだけの自覚を持って欲しいという意味合いで話しただけであり、本人の意識がついていかなかった。労働力の大部分が非正規化し、正社員は管理者でなくても管理者としての意識と行動を求められる状況が窺われる。

(2) 心情的に抵抗のある要求・行為

・20018（正男）退職勧奨・その他労働条件（180万円で解決）（宿泊飲食、1-9人、無）

調理師として勤務してきたが、社長から調理中の煙草を止めるように言われたので、「それではやってられない」と答えると、「では退職届を書け」と言われ、「それは書けない、解雇にしろ」と言い、未だに解雇通知書も出さない。会社側によれば、以前から「辞めてやる」と繰り返しており、自己都合退職である。

・30163（正男）自己都合退職・いじめ（不参加）（製造、1-9人、無）

面接で即日採用となり、スーツ姿であったのに倉庫の簾を運ぶよう専務から指示され、できないと伝えると「俺が運べるのだからお前もやれ」と言われ、精神的苦痛から退職した。会社側によれば、作業着を貸して運び方を教えた。

・30238（正男）自己都合退職（打切り）（製造、10-29人、無）

「謝るか辞めるかどちらかにしろ」と言われやむなく退職したが、会社都合で退職すると再就職に不利になると虚偽を言われ、離職票の退職理由が自己都合とされたため、給付制限がかけられた。会社側によれば、工場長に反抗的な態度を取るので社長が「謝ってくれ」と言ったが、申請人は「それならこの会社におられへん」と言って辞意を表明したもの。

・30250（正男）自己都合退職・いじめ（84万円で解決）（製造、50-99人、無）
　評価を不当に下げられ、業務改善プログラム（PIP）に取り組まされ、その他の嫌がらせに耐えかねて退職した。会社側によれば、申請人はその職責を果たすことができないのでその能力改善のためPIPを開始したもの。嫌がらせは一切しておらず、申請人が退職を申し出るのを一貫して退職せずに努力するよう勧めてきた。

5　過小な要求

(1) 仕事を与えないこと

・30013（正女）退職勧奨・いじめ（不参加）（医療福祉、不明、無）
　上司から「申請人が嫌い、顔を見るとイライラする」と言われ、挨拶しても睨まれ、仕事も与えられなくなり、相談役から、かわいそうだから嫌がらせによる特定受給者にしてあげると言って退職を勧められ、辞めざるを得ない状況に追い込まれた。

・30044・30045（派女）（対派元・対派先）自己都合退職・いじめ（不参加）（他サービス、不明、有）（他サービス、不明、有）
　派遣社員としてテレマーケティング業務に従事していたが、派遣先からWEBサイト作成業務を命じられ、その割合が8－10割となり、派遣法抵触の不安から、派遣先社員に世間話で話したところ、それが派遣先社内に漏れ、契約外業務が一切禁止され、退職せざるを得なくなった。会社側によれば、申請人の報告を受けて、派遣先に契約外業務をさせないように申し入れた。申請人は形の上では派遣法違反を告発した形であるが、本意としては契約外業務をそのまま続けたかったのに辞めさせられたと感じており、この問題の複雑微妙さを物語っている。

・30256（非男）自己都合退職・いじめ（不参加）（不動産物品賃貸、1-9人、無）
　入社4日目より社長から毎日1～2時間立たせたままでいじめられ、1日平均4～6時間は暴言や罵倒を繰り返し、仕事も与えられず、心身ともに限界状態

(2) 程度の低い仕事を命じること

・30112（非男）退職勧奨（15万円で解決）（不動産物品賃貸、500-999人、無）

申請人の年齢や体調を配慮してマンション管理人を2人体制とし、勤務を月半分程度とし、新人に引き継ぎを命じられ、担当者からの連絡が新人の携帯に入るようになり、新人がシフトを作るようになり、やるせなくなって退職届を郵送した。

6 個の侵害

(1) 私的なことに関わる不適切な発言

・10004（正女）自己都合退職・いじめ・メンヘル（10万円で解決）（教育、10-29人、無）

主任教諭から結婚について「こんな大変なときに」と嫌がらせをされ、心療内科に通院し、退職を余儀なくされた。

・30197（非男）自己都合退職・いじめ（不参加）（生活娯楽、1000人以上、無）

副主任から両親のことを頭がおかしいなどと言われ、退職せざるを得なくなった。会社側によると、申請人の勤怠不良から店舗運営に支障が出たため、出勤シフトを減らしたところ、申請人の両親から昼夜を問わずクレームがあり、子供の勤怠不良を認識していない両親の非常識や営業妨害とも言える深夜の電話攻撃に対し、つい発言したもの。

(2) 過剰な管理

・20125（正女）自己都合退職・いじめ（3万円で解決）（建設、1000人以上、有）

上司から執拗な付きまとい（ストーカー）行為を受けたため、会社に適切な対応を求めたが他にも対応してくれず、品質保証部から施設部の掃除担当にさせられ、早期退職優遇制度に応じて退職した。会社側によれば、上司の監視、付きまといの事実はなく本人の妄想である。

7 経済的な攻撃

(1) 経済的不利益を与えること
・20069（正男）自己都合退職・いじめ・その他の労働条件（不参加）（製造、10-29人、無）

　社長、工場長から理不尽な叱責と罵倒を受け続け、また社長から責任者として不適格だから役職手当の10万円は残業代で稼げと給与を減額され、退職に至った。

(2) 労働者の権利を行使させないこと
・10083（非女）自己都合退職・いじめ（不参加）（運輸、10-29人、有）

　配送中バイク事故で全身打撲したのに、労災保険ではなく健康保険を使うよう上司から指示され、抗議した結果労災保険が適用されたが、「なぜ転倒したのか、病院で指示に従わず労災事故にしたことで悪い印象を与えた」と責められた。完治前に人手が足りないと復帰したのに、バイクの使用を認められず自転車で配達させられ、事業所ぐるみのいじめと感じ退職した。

・20104（正女）自己都合退職・いじめ・他の労働条件（不参加）（医療福祉、1-9人、無）

　院長夫人から、「子供の健康保険は父親の保険に入るものだ」という理不尽な理由で、申請人の子供を健康保険の被扶養者から外すよう求められ、市役所からその理由を再三尋ねられ保険証交付に1ヶ月半かかり、その下では働けないと退職せざるを得なくなった。

8 行為不明

・10079・10080（正男・非女）自己都合退職・いじめ・退職金引下げ（取下げ）（卸小売、不明、無）

　長年勤務してきたが、新社長から度重なるいじめ・嫌がらせを受け、やむ

なく退職したが、退職金が減額されていた。

・20196（非男）自己都合退職・いじめ（取下げ）（生活娯楽、1-9人、不明）
　内容不明。いじめによる自己都合退職の事案。

・30116（派男）（対派先）自己都合退職・いじめ（不参加）（製造、不明、無）
　派遣先で陰湿ないじめ・嫌がらせ行為が行われ、体調も悪化したので退職した。

・30371（正男）自己都合退職・いじめ（不参加）（宿泊飲食、不明、無）
　店長、料理長から幾度となく暴言、暴力、パワハラを受け、退職に追い込まれた。会社側によれば全く逆で、勝手に退職して連絡もしない。

・30412（正女）自己都合退職・いじめ・賞与（不参加）（情報通信、10-29人、無）
　適切な指導もなく嫌がらせも受けたため、退職届を出したが、賞与が支払われず、請求しても6分の1の額しか支給されない。

Ⅲ　懲戒処分

・10059（正女）自己都合退職・懲戒処分（打切り）（運輸、200-299人、無）
　バス運転手、路上（S字カーブの狭路）で対向車と鉢合わせし、相手と睨み合い、30分立ち往生させたとして減給処分を受け、精神的苦痛から退職に追い込まれた。本人によれば、相手が電話中だったため。会社側によれば、相手から会社に抗議の電話が入った。

・10126（正女）自己都合退職・懲戒処分（25万円で解決）（医療福祉、不明、無）
　パワハラを受けたため証拠を残すために録音機を仕掛けたが、それが見つかって1週間の出勤停止処分を受け、自主退職を強いられた。会社側によれば、録音機を仕掛けた場所は患者の情報を取り扱う部署であり、機密情報の管理を定める就業規則違反として懲戒処分に付したもので、本人は当初処分に納得していた。

・20013（正男）自己都合退職・懲戒処分（3万円で解決）（運輸、50-99人、無）
　タクシー運転手として、失礼、危険な応対で客から苦情が相次ぎ、乗車拒否ととられかねない重大な違反行為もあったため、懲戒解雇相当だが出勤停止16日間の懲戒処分とされ、退職した。出勤停止は最長7日以内のはず。

・20094（正女）自己都合退職・懲戒処分（打切り）（他サービス、1-9人、無）
　受託事業の委託元に専務理事の独断専行を訴えたら、守秘義務違反だとして懲戒免職に値すると言われ、理事長に訴えても相手にされないので、退職せざるを得ない結果となった。会社側によれば、受託しようとした矢先に委託元に個人的反対意見を述べ、注意しても聞き入れず専務理事とのぎくしゃくに発展した。会社側は謝罪なしの金銭解決に前向きであったが、申請人が謝罪なしを拒否。

Ⅳ　傷病・障害等

1　精神疾患

・30334（正男）自己都合退職・メンヘル（不参加）（不動産物品賃貸、1-9人、無）
　入居者の変死事件に立ち会い、医師よりPTSDと診断され、それでも頑張って仕事をしていたが、早急に退職しないと病状が悪化すると言われ、退社した。

・30442（正男）自己都合退職・メンヘル（不参加）（製造、10-29人、無）
　事実無根のストーカー行為を理由に退職させられた。会社側によると、申請人は女子従業員にストーカー行為を働き出し、警察に相談して帰るように言ったところ殴りかかった上、精神の病で通院しているが薬を飲んでいないことが分かり、いったん被害届を出さず、申請人が退職することで合意したが、今度は「死」などと書いた葉書を送りつけてきている。

2 精神障害

・10127（非男）自己都合退職・障害者差別（25万円で解決）（製造、不明、不明）

　発達障害（アスペルガー症）があり、精神障害者手帳2級を所持。障害者枠で採用されたが、職場環境に慣れず不眠が続き、所属長に配慮をして欲しいと相談したところ、人事部も含めて叱責罵倒され、休職し、退職に追い込まれた。会社側によれば、支援センターと連携してサポート体制を構築してきたが、「仕事を教えてもらっていない」「仕事の待ちがある」等の不満を述べ、「もう嫌だ、もう働きたくない」と言って退職したもの。

3 外国人差別

・20006（正女）自己都合退職、外国人差別、労働条件引下げ（46万円で解決）（医療福祉、1000人以上、無）

　ケアマネージャの資格があるのにケアマネの仕事をさせて貰えず、現場の仕事をさせられたのは外国人差別である。会社側によれば、差別はしていないが、細かなコミュニケーション能力が劣り、ケアマネに向かなかった。業務割当において職業資格を重要と考える外国人と資格を重視せず現場調整中心の日本人の感覚のずれが露呈したケースと言える。

V　コミュニケーション不全

　雇用終了の理由が労働者側なり使用者側にあるというよりも、労働者と使用者の間のコミュニケーション不全が結果的に雇用終了という自体をもたらしたのではないかと思われるケースが2件ある。もちろん、コミュニケーション不全という観点から見れば、「態度」を理由とする雇用終了事案の中にも、職場のトラブルや不平不満のボイスを理由とするもののように、労使間に何らかのコミュニケーション不全が遠因になっていると思われるケースが多い。ここではあくまでも「売り言葉に買い言葉」に典型的な労使間のコミュニケーション不全が非解雇型雇用終了の原因となっていると思われるもののみを挙げる。

・20061（非女）自己都合退職（取下げ）（製造、500-999人、無）

　腰痛を恐れて重いものを運ぶのを無理だと言ったら、「特別扱いできない」と言われたので、売り言葉に買い言葉で「そこまで言うならぎっくり腰になるか辞めるしかない」と言って鍵を置いて帰ったところ、辞めると判断して退職の手続をとったと言われ、頭にきて退職届を出してしまった。辞めると言ったが本心ではなかったと訴えたが認められず、退職させられた。会社側によれば、本人の意思で退職したのであり、既に後任者を採用している。

・20151（非男）自己都合退職（20万円で解決）（宿泊飲食、10-29人、不明）

　寮の食事時間に遅れて買い物から帰ったら片付けられており、経営者から「食事に出られないなら連絡しろ」と言われて口げんかとなり、「辞めろということか」と言って他に泊まったら自主退職とされた。

三　雇用終了以外の事案

　前著では分析対象には含めなかったが、労働局あっせん事案の中には解雇型、非解雇型いずれのタイプの雇用終了事案にも含まれない紛争も多く見られる。ここではそれらを概ね非解雇型雇用終了事案の分類に沿った形で類別し、順次分析していく。ただし、雇用終了自体を争ってはいないが退職に伴って生じたさまざまなトラブルが争点となっている諸事案はまた別の類型とするので、ここで雇用終了以外の事案として分類されるものは全部で153件（17.9％）となる。その内訳は、労働条件関係が102件（12.0％）、職場環境関係が38件（4.5％）である。

I　労働条件

1　労働条件変更

（1）配置転換・出向

（i）配置転換（勤務場所）

・10047（正男）配置転換・いじめ（打切り）（製造、1000人以上、有）
　同僚から暴行傷害を受け、工場長等が事件をもみ消し、抗議したところ遠距離通勤となる配転命令を受けた。会社側は暴行の事実を否定し、無断欠勤であると認識。

・20093（正女）配置転換・休職（不参加）（医療福祉、50-99人、無）
　不穏な入所者にスポンジを渡して「これでも食べてな」と言ったという理由で、異動を命じられ、仕事もないし居場所もなく休職扱いすると言われた。

・30066（非女）配置転換・いじめ（不参加）（製造、200-299人、有）
　課長からセクハラを受けるようになったので訴えたらパワハラを受け、別工場が忙しいからと異動を命じられたが、度々仕事がなくなるし、簡単な仕事で不愉快なので訴えても改善されない。

・30274（正男）配置転換（不参加）（製造、300-499人、不明）
　事業部長からスキルアップのため遠隔地の工場への配転内示があったが、病気を患っているので、就業環境を変えたくない。

・30285（正男）配置転換・メンヘル・休職（不参加）（製造、1000人以上、有）
　人員整理があり、配置転換を希望して遠隔地に配属されたが、転勤によるストレスでうつ病になり、休職している。産業医より復職許可を貰ったが、病み上がりの身なので元勤務地でリハビリ勤務を希望する。会社側によれば、自宅通勤範囲内での業務確保は困難であり、異動命令は通常の人事権の範囲内で適正なもの。

(ii) 配置転換（職務）

・20030（正男）配置転換・賃金引下げ・休職・メンヘル（不参加）（製造、200-299人、無）
　交通事故を起こし、その後自殺未遂で入院、休職していたが、時給850円の

洗車係への配置転換を提示された。会社側によれば、車の運転は絶対にさせられない。

・20106（非女）配置転換・いじめ（打切り）（製造、100-149人、無）
　配属されたグループのリーダーにパワハラを受け、他のパートと喧嘩をしたとして他の課をたらい回しされ、不本意な異動でダメージを受けた。長年の苦痛を部長に文書で訴えたが、まともに聞いて貰えず無視された。会社側によれば、当時の役職者が異動の理由を正確に申請人に伝えていなかった。

・30055（正男）配置転換・休職・メンヘル（下記解決）（運輸、不明、有）
　顧客先で金銭紛失事件があり、執拗な事情聴取のため精神疾患を患い、休職した。顧客に高額な金銭を届ける外務職は恐怖感があるため、内務職での復職を申し出たのに、外務職への復職を通知された。会社側によれば、復職の可否は現行職についてのみ行うので、内務職での復職は検討の余地なし。本事案は、申請人が配置転換を望んでおり、会社側がそれを拒否しているという構図である。あっせんの結果、外務職に復職させるにあたり、一定期間内務作業に従事させるなど配慮するとの内容で合意した。

・30213（非男）配置転換・賃金引下げ・いじめ（不参加）（製造、不明、無）
　トラックの運転手として職種を限定して採用されたが、一方的に労働条件を変更し不服を申し出ると職種の変更をされた。また有期契約の更新に当たって一方的に基本給を減額された。

・30233（正男）配置転換・賃金引下げ・懲戒処分（打切り）（建設、300-499人、無）
　営業職から営業事務に職種変更され、減給された。また、懲戒処分の取り消しを要求する。会社側によれば、営業職としてトラブルやミスが多く、退職勧奨を繰り返し、異動させたもの。給与減は、配置転換に伴い見なし残業代がなくなったため。申請人がユニオンに加盟して団体交渉を行い、異議を留めて受け入れるとして概ね合意ができていたが、申請人が脱退したもの。

・30389（正男）配置転換・いじめ・メンヘル（不参加）（情報通信、1000人以上、有）
　外勤取材記者から内勤パソコン作業への異動を命じられたが、かつて業務内容が生理的に合わずに倒れ、適応障害の疑いと診断された部署であり、近づくだけで吐き気がするのに、その経緯を軽視し、時短勤務で倒れたらまた考えると言っている。

・30451（非男）配置転換・賃金引下げ・メンヘル（打切り）（医療福祉、50-99人、無）
　時給1000円のヘルパーとして採用したが、スタッフと利用者からクレームがあり、欠勤後障害の有無を尋ねたら、採用時に申告しなかった病気があることを明かしたので、時給800円でトイレ掃除等の仕事をさせられ、抗議したら他の仕事となった。会社側によれば、病気を隠して入社したため。

(iii) 出向・転籍

・20183～20186（親男）在籍出向・賃金引下げ・懲戒処分（打切り）（製造、10-29人、無）
　社長の息子である2人兄弟についてそれぞれ労使双方からあっせん申請された事案。2人の勤務態度が不良のため、他の従業員や客からクレームがあり、解雇したところ、労働審判で復職という結果になり、月額賃金を他の従業員並みに下げられ、出向を命じられたが拒否しているため譴責処分をした。同族企業における家族間トラブルであるが、会社側はそれを親族優遇から公正な会社運営へと捉え、労働者側は権利侵害と捉えている。

(2) 雇用上の地位変更

・20197（正男）労働条件引下げ（6万円で解決）（建設、1-9人、不明）
　1か月遡ってパート扱いにされ、基本給が12万から9万とされた。また、社会保険料の会社負担分も勝手に賃金から差し引かれた。会社側によれば、申請人が掛け金を全額負担することで了解を得ていた。

・30001（非男）賃金引下げ（打切り）（卸小売、10-29人、無）
　月20万円のアルバイトとして勤務していたが、社労士からこれまでと同様と示された契約書に内容を確認せずにサインしたが、契約書が日雇い日給制に変わっており、仕事がなく給料が入金されない。確認せずにサインした自分も悪いが納得できない。会社側によれば、申請人は問題を起こしたが、特大車の運転手がいないために雇用せざるを得ず、契約書は社労士立ち合いの下で丁寧に読み聞かせて申請人が自署押印している。仕事の有無にかかわらず月20万の固定給制から、仕事にある時だけ日雇いで給料を払う形態への転換であり、実質的には近年欧州で拡大しているゼロ時間契約と類似している。

・30075（正女）配置転換・労働条件引下げ（下記で解決）（医療福祉、200-299人、無）
　別クリニックへの異動を命じられたが、そこの8:00-18:00の勤務は保育所送迎があるので時間をずらしてもらいたいと求めたところ、時間が足らないため一方的に非常勤にされ、8:45-17:00となっているが、時間をずらして常勤に戻して欲しい。会社側によれば、病院における患者とのトラブル対応から別クリニックへの異動を命じたもの。8時に出勤できない以上、例外を認めて常勤とすることは出来ない。あっせんの結果、就業規則で定められた勤務条件通りに勤務できる条件になれば速やかに常勤職員としての身分変更を行い、退職金計算上非常勤期間は通算すること、最大限常勤の労働条件を考慮した新たな労働条件を提示する、との内容で合意した。

・30184（非男）労働条件引下げ・休職（不参加）（運輸、不明、有）
　1年契約を更新してきたが、交通事故に遭い休職している。そのため6か月契約とされ、次の契約は3か月契約にすると言われ、やむなくサインした。

・40001（非女）労働条件引下げ（打切り）（他サービス、30-49人、無）
　試用期間2か月経過後は正社員にするという条件だったのに、2か月のアルバイト契約とされた。会社側によれば、正社員として従事すべき業務に就くことを申請人が拒否したためである。

・40018（正男）定年等（打切り）（建設、10-29人、無）
　従来の65歳定年を60歳定年にしたとして、定年後再雇用として一方的な労働条件の切り下げをされた。従前の労働条件のまま65歳までの雇用を求める。会社側によれば、60歳定年である。

(3) 降格

・30438（正男）配置転換・賃金引下げ（取下げ）（製造、不明、無）
　中国子会社で総経理として勤務し、帰国時の経緯が問題とされ、役職を解かれ一般職に降格され、さらに工場倉庫への配置転換を命じられ、月額給与を21万円に減額された。

(4) 労働条件引下げ

(i) 賃金引下げ

・10109（非女）賃金引下げ（不参加）（生活娯楽、50-99人、無）
　正社員として長年勤務し、定年後契約社員として再雇用されていたが、休暇の取り過ぎと言われ口頭で時給を下げられ、さらにお客さんのクレームが多いとして口頭で時給が下げられた。抗議しても社長が決めたことと説明を拒否され、就業規則を見せるように申し出てもそんな書類はないと言われ、ついに契約社員からアルバイトにされた。

・20113（正男）賃金引下げ（取下げ）（卸小売、10-29人、無）
　社員でも上司でもないコンサルタントから細かな説明が一切なく雇用契約書にサインしてくれと言われサインしたが、申請人一人だけ大幅な賃金減額になっている。

・20115（正男）賃金引下げ（取下げ）（宿泊飲食、30-49人、無）
　仕事に積極的姿勢がなく、虚偽の発言があったことなどから、基本給23万円を22.5万円に減給された。

・20160（正男）賃金引下げ（打切り）（運輸、1-9人、無）
　入社時には売上げの25％を歩合給として支給する約束だったのに、一方的に引き下げられ、また売上げから必要経費を差し引いて支給率をかけるようにされたのは納得いかない。会社側によれば、当初から経費を差し引いた額に25％をかけて歩合給とすること、支給率は変動しうることを説明し、了解を得ていた。支給率の引き下げは経営上の理由である。
　会社は、支給率を25％で計算した差額の支払いまでは譲歩したが、申請人は経費を差し引かない売上げに対する25％を主張し、打切りとなった。

・20161（非女）賃金引下げ・いじめ（5万円で解決）（卸小売、1-9人、無）
　有給休暇を取得したために契約手当が支給されず、賞与が他の者の半額とされた。また上司からパワハラを受けた。会社側によれば、契約手当は付随的性格なので必ず払う必要はない。

・30014（派男）（対派元）賃金引下げ（取下げ）（他サービス、不明、無）
　部長から基本給約20％カット＋時間外勤務18時間を含む条件での更新を言い渡され、拒否したところ、検討猶予期間として1か月元の契約条件でサインしたが、部長から「承諾できなければ雇止めする」旨を脅迫された。申請時点では雇用終了に至っていないが、労働条件引下げに係る変更解約告知の事案である。

・30029（非男）賃金引下げ（不参加）（卸小売、50-99人、無）
　希望月給30万円を提示して業務を行うことになったのに、26万円でお願いしたいと言われやむなく受諾し働いてきたが、本来の希望額との差額を求める。会社側によれば、30万円は本人の一方的な希望に過ぎず、契約は26万円で合意している。

・30085（正男）賃金引下げ・いじめ・メンヘル（取下げ）（建設、1-9人、無）
　突然給与を45万円から28万円に17万円も減額するといわれ、さらに営業統括部長からヒラの営業に降格といわれ、すべて申請人の責任とするパワハラ

により、うつ病が重度化した。

・30108（非女）賃金引下げ（取下げ）（医療福祉、100-149人、無）
　正職員として勤務してきたがパートタイマーになった。賞与の支給にあたり、パートであることを理由に1万円だけの支給であった。パートになったからといって金額を減らすという説明を受けたことはない。賃金引下げ事案であるとともに、パート差別事案としての性格も有する。

・30175（正女）賃金引下げ（不参加）（金融、1000人以上、有）
　解雇について争いがあり、解雇取消しで職場に復帰したが、本社から誤って申請人の退職通知が全顧客に発送されたため、顧客の解約が相次ぎ、給与手当等が大幅に低下した。本社のミスなのに、規定通りの給与査定とするのは納得できない。

・30323（正男）賃金引下げ（不参加）（製造、10-29人、有）
　年俸制の査定がランク5→1.5と大幅にダウンし、実質的に100万円近い減額となる。チャレンジシートで計画した業務内容が達成されていないと言うが、改修作業に追われ拡販どころではなかった。シート作成時に改修作業をチャレンジ項目にしたいと希望したが上司に却下された。日本的成果主義における目標設定の恣意性の問題が露呈しているとも言える。

・30324（正男）賃金引下げ（5万円で解決）（運輸、50-99人、有（非））
　夏期賞与が満額支給されなかった。会社側によると、会社業績を考慮して、組合との交渉により、組合員については1か月分、非組合員については一律5万円とされたものであり、申請人は庶務係長で非組合員。

・30379（正女）賃金引下げ（不参加）（医療福祉、1000人以上、無）
　業績は伸びているのに、冬の賞与でマイナス考課され5万円低下した。

・30414（正男）賃金引下げ（不参加）（運輸、200-299人、無）
　トラック運転手として勤務し、業績運行収入総売上の2％が支給されると求人票にあったのに、0.35％しか支払って貰えず、差額の1.65％の支払いを求める。

・40005（正男）賃金引下げ（打切り）（医療福祉、10-29人、無）
　同意なく一方的に月給制を年俸制に切り換え、その年俸額を切り下げられた。会社側によれば、高額所得者に払う分を他の低賃金にあえぐ労働者に分配するという考えで実施し、説明して納得して貰っていたはず。

・40010（正男）賃金（2万円で解決）（宿泊飲食、10-29人、無）
　他の正社員には夏期・冬期の賞与を払っているのに、申請人には払わない。会社側によれば、賞与は経営状況により、また個々の勤怠状況によって決定するので、申請人に払う必要はない。

(ii) 労働時間短縮に伴う賃金引下げ

・10056（非男）労働条件引下げ（18.2万円で解決）（運輸、30-49人、無）
　新聞発送作業の機械化等により、作業が早く終わるようになったので、勤務の実態に合わせて1日の所定労働時間を8時間から6時間に2時間短縮し、それに伴い月間4.2万円の賃下げとなった。本人以外は労働条件改定に同意。

・30134（非男）配置転換・労働条件引下げ・いじめ（不参加）（運輸、不明、有）
　本意でない人事異動とパワハラにより精神的暴力を受け、閑散期を理由に週2日の勤務を命じられ、生命、財産を脅かされている。

・30251（非男）労働条件引下げ（25万円で解決）（運輸、50-99人、無）
　週5日勤務の1日7時間だったが、5～6時間にされ、抗議すると今度は週4日の1日5時間にすると言われた。会社側によれば、得意先の業務内容で仕事量が減少しており、やむを得ない。

・30420（正男）労働条件引下げ（下記の解決）（運輸、1000人以上、無）

　病気で通院していることを理由に、トラック運転の仕事量を大幅に減らされ、収入も大幅に減少している。辞めさせようとしているなら不当だ。会社側によれば、安全配慮義務がある以上、病気の治癒を最優先して貰いたい。完治が証明されれば従前の仕事量に戻していく。辞めさせようという意図はない。あっせんの結果、申請人の同席を得て会社が主治医と産業医に申請人の健康状態について意見聴取を行い、その結果申請人のトラック運転業務について健康状態に問題がないと判断でき、かつ申請人が業務上のミスを生じさせなければ、以前の勤務体系のトラック運転業務に戻すことで合意した。

・30448（非男）労働条件引下げ（打切り）（他サービス、100-149人、無）

　月16日勤務であるのに、勤務日数を1-3日勝手に減らされた。会社側によれば、求人募集は週4日程度としており、ローテーションで多少変更することは申請人に説明しており、問題はない。

(iii) 賃金の精算

・30228（正男）出向手当（打切り）（製造、1000人以上、有）

　出向手当の誤支給があったとして、14か月前に遡って77万円の返金を求められたが、14か月も気がつかなかった会社の落ち度である。会社側によれば、不当利得に当たるので全額返還すべき。

(5) 休職・自宅待機等

・10117（正男）休職（打切り）（運輸、30-49人、無）

　トラックの運転手。作業中に落下し腰椎骨折で休業している。復帰しようとしても社長が今後一切トラック乗車させないと言って仕事がない。会社側によれば、本人は労災事故以外にも、取引先から態度が横柄、酒臭いとクレームがあり、客の手前トラック乗務はさせられない。車庫内の清掃の仕事ならある。変更解約告知的な休職である。

・10130（正男）休職（打切り）（医療福祉、30-49人、無）
　業務上の疾病のための療養休暇は3年間取得できるはずなのに、休職扱いとなり、就労可能診断書を出しているのに1年後に復職させた。その間の賃金を要求。会社側によれば、業務上ではなく大震災の自然災害によるものであり、3年療養休暇は適用されない。復帰可能の診断書提出後に入院したため復帰は不可能と判断したもの。

・30171（正男）休職・メンヘル（50万円で解決）（製造、30-49人、無）
　交通事故に遭い、休職しているが、その診断書に外傷後てんかん発症リスクありと記載されていたため、復職させられないと言われている。会社側によれば、てんかんによる事件が発生しており、中小企業で事件を起こせばたちまち会社は潰れることになり、社員の生活を守るためにも、てんかんリスクが消えるまでは復職を認めることはできない。あっせんの結果、金銭解決で雇用終了することに合意した。

・30408（正男）休職（不参加）（建設、30-49人、無）
　電話で会社に来ないでくれと言われ、出社停止状態のまま、荷物の引き取り連絡が来たが、理由について何の説明もない。

・40031（正男）休職（打切り）（教育、300-499人、有）
　3年近く病気休職中。主治医から復職可能との診断書が出たのに、復職させて貰えない。会社側によれば、リハビリ出勤を開始したが、申請人が突然意識不明になり救急車で搬送され、職場復帰プログラムが中断した。休職事由の消滅が確認できない限り復職はできない。

2 労働条件の水準

(1) 賃金

・20032（正男）昇給昇格・いじめ（不参加）（建設、10-29人、無）
　勤続5年になり、社員が1名辞めたことを契機に、社長に給与アップを求め

たが、希望からかけ離れた回答であった。また、社長はオメエ、オイと呼び、こんなこともわからねえのか威圧的に声を荒げるなどパワハラを行っている。

・20086（正男）賃金・管理職手当（不参加）（他サービス、50-99人、無）
　管理職として勤務し、管理職手当が払われてきたが、1日12時間働いており、その労働に対して不足している。また突然基本給が下げられた。残業代や休日手当も支払われていない。

・30033（派男）（対派元）賃金（5万円で解決）（他サービス、1-9人、無）
　入社時の時給は1100円で、3か月経ったら昇給する約束であったのに5か月後に1150円になっただけである。会社側によればそもそもそんな約束はしていない。本人の申し入れ通り時給を上げている。

・30050（正女）賃金（不参加）（卸小売、150-199人、無）
　退職時に、ある手当が支給月に在籍しないと支給されないと初めて聞かされた。就業規則を知らされておらず納得できない。会社側によれば、就業規則は事務所に備え付けている。

・30100（正男）賃金（取下げ）（製造、不明、無）
　夏期賞与が業績低下を理由に寸志程度になるといわれたが、納得できない。

・30224（非女）賃金（取下げ）（医療福祉、不明、無）
　定年再雇用され、所定労働日数が週5日から週4.5日となったが、実際は週5日勤務していたのに、賞与査定の際週4.5日で査定され納得できない。会社側によれば、週0.5日分は時間外勤務扱いで割増賃金を払っており、賞与の対象とはならない。

・30288（正男）賃金（取下げ）（製造、1-9人、無）
　赤字経営を理由に厳しい労働条件で働いてきたが、業績が回復してきたので賞与相当分の一時金を求める。

・30366（非女）賃金（不参加）（医療福祉、50-99人、無）
　定年再雇用され、所定労働日数が週5日から週4.5日となったが、実際は週5日勤務していたのに、0.5日分に対して調整手当2万円しか払われていない。

(2) 労働時間

(i) 労働時間

・20139（正男）労働時間・いじめ（打切り）（運輸、50-99人、有）
　入社以来、拘束時間や労働時間が超過し、休憩時間、休息時間、休日が満足に取れず、それに対する賃金も正当に支払われてこなかった。またその違法性を指摘したところ、執拗にパワハラを受けるようになり、精神的苦痛は甚大である。会社側によれば、申請人の主張する時間外労働は休息時間であり、労働時間に当たらない。申請人によれば休息時間も手待ち時間のような状態であった。あっせんで労働時間性の認定は出来ないので、金銭の支払いで自己都合退職する案が提示されたが、合意に達せず。

・20144（正男）労働時間（打切り）（建設、10-29人、無）
　経理課長として勤務してきたが、残業代、深夜業手当、年給買取を要求。支払われなければ裁判に訴える。会社側によれば管理監督者であり、深夜業手当と年給買取には応じると回答したが、折り合いつかず。

・20145（正男）労働時間・いじめ（打切り）（運輸、50-99人、有）
　入社以来、拘束時間や労働時間が超過し、休憩時間、休息時間、休日が満足に取れず、それに対する賃金も正当に支払われてこなかった。またその違法性を指摘したところ、執拗にパワハラを受けるようになり、精神的苦痛は甚大である。

・20164（非女）労働時間（打切り）（運輸、1000人以上、有）
　残業を命じられたが時間管理がされておらず、割増賃金が支払われなかった。

会社側はセキュリティカードに基づき差額分を支払ったが、申請人は社長の謝罪を要求し決裂。

・30317（正女）労働時間（30万円で解決）（医療福祉、10-29人、無）
　使用者からのあっせん申請。被申請人労働者が時間外手当を請求しているが、被申請人が居残りをしていたか不明であるし、仮に居残っていたとしても時間外労働を行わないよう業務命令をしていた。労働者側によれば、仕事が多く所定時間内では終わらなかった。

・30330（非女）労働時間（不参加）（医療福祉、不明、無）
　採用時の契約は週28時間だったが、休職者が出たため週36時間となり、休職が復職したため戻すことになったが、申請人が週30時間以上を要求し、欠勤を続けている。

(ii) 休憩時間

・20025（正男）休憩時間（50万円で解決）（学術専門、100-149人、有）
　新聞社のデスクが休憩時間がとれていないので休憩時間相当額の残業手当を要求してきたが、デスク業務は記事の出稿がなければ仕事がないはずと、会社側があっせん申請。手待ち時間でも労働時間ではないかとの考え方に基づき金銭解決。

・30052（非男）休憩時間（4万円で解決）（建設、200-299人、無）
　料金収受員として勤務中、休憩時間中に労働をさせられていたので、未払い相当の補償を求める。会社側によれば、休憩時間中に勤務を命じていない。

(iii) 年次有給休暇

・20031（非男）年次有給休暇（1.5万円で解決）（宿泊飲食、1000人以上、無）
　年休の日数も連絡がないためずっと取得できず、退職2日前に年休取得を申

請したが拒否された。会社側によれば申請がないため年休を与えることができなかった。退職時の2日分については、代替従業員の確保ができないため認めなかったが、その分の賃金は払う。

・20057（非男）年次有給休暇（10万円で解決）（他サービス、300-499人、無）
　退職に当たり有給休暇の残日数を買い取ることを合意したにもかかわらず、最終的に買い取りの義務はないとして拒否された。会社側によれば有休の買い取り制度もなく、ただ現場の担当者と行き違いがあった。

・20060（正女）年次有給休暇（取下げ）（製造、10-29人、不明）
　6月30日付の退職届を郵送したら会社のマニュアルに違反しているのと引き継ぎもあるので7月15日までの出勤を求められ、その指示に従い有休が10日残っているので消化したいと申し出たところ、6月30日までで良いと言われた。

・20063（正男）退職勧奨・年次有給休暇（6.6万円で解決）（運輸、1000人以上、有）
　勧奨退職に応じた際、支店長から年次有給休暇をすべて消化すれば2月中旬から出勤しなくて良いと言われたのに、実際には業務多忙を理由に3月末の退職日まで出勤させられ、20日分の年休が未消化となった。会社側は申請人から年休の申請がなかったと主張したが、付与について配慮が欠けていたことを認め、4日分に相当する金額で解決。

・20109（非女）年次有給休暇（1万円で解決）（医療福祉、30-49人、無）
　退職にあたり年次有給休暇を申請したがパートにはないと断られ、その後10日間取得できると分かったが既に申請できなくなっていた。会社側によれば有給を付与しないと言ったことはなく、本人が勤務最終日に申請してきたもの。

・20155（派女）（対派元）年次有給休暇（9.2万円で解決）（他サービス、50-99人、無）
　部長に「有休はないんですか」と聞いても、その都度「ない」と言われ、休んだ時は賃金が引かれていた。未取得14日分の買い取りを求める。

・20167（派男）（対派元）年次有給休暇（11.5万円で解決）（他サービス、1000人以上、無）
　派遣先の都合で派遣契約が終了すると通告されたので、契約終了日までに取得可能な有給休暇の申請をしたところ、それを消化するための日数分だけは派遣契約期間を延長すると言われたのに、その後連絡がなく、結果的に取得できないまま契約終了となった。

・20170〜20172（正男）退職勧奨・年次有給休暇（不参加）（製造、10-29人、無）
　退職勧奨を受け、退職の意思表示をした翌日、有給休暇を6日取得したいと伝えたら、3人とももう社員ではないから有給はないと言われた。また就職先の話を進めていた同業者から、被申請人から申請人らを雇い入れるなと言われたと連絡を受けた。雇用終了自体は争点になっていないが、集団的紛争の匂いがする事案である。

・30002（非男）年次有給休暇・共済掛金（不参加）（運輸、1000人以上、有）
　退職まで共済掛金を支払っているのに無共済であった。掛金の返済を求める。また、退職時有休の消化を申し出たが拒否された。

・30011（正男）年次有給休暇（打切り）（他サービス、200-299人、無）
　一身上の理由で退職する際、有休が38日分残っていたので申し出たが、後任との引き継ぎを理由に認めて貰えず、取得できないまま退職することになってしまった。会社側によれば、まず引き継ぎ書を出して、それに基づいて引き継ぎをするよう言ったが、なかなか引き継ぎ書が出てこず、有休を取ろうと思えば取れたはずなのに取らなかったもの。

・30027・30028（正女）年次有給休暇（2.9万円、7.6万円で解決）（生活娯楽、1-9人、無）
　一身上の都合で退職する際、店長と話し合って、退職後8日間／21日間有休消化することにしたのに、退職後知らないと拒否された。会社側によれば、退職日以後の有休消化はあり得ない、3月末まで働いてもらいたいのでそれ以

後に有休を取るとプラス8日後／21日後が退職日になると伝えたもの。

・30056（正男）年次有給休暇・賃金引下げ（不参加）（金融、1000人以上、有（非））
　有給休暇を承諾なしに削除された。また賞与の支給額が他の同等管理職より著しく低かった。

・30074（正女）年次有給休暇・いじめ（不参加）（建設、1-9人、無）
　社員間の嫌がらせで精神的限界のため退職したが、有休消化処理で合意したのに話が変わった。会社側によれば、有休の申出はなく、支払いの義務はない。急な退職で業務に損害が出ている。

・30248（正男）年次有給休暇（打切り）（製造、300-499人、無）
　入社後一度も有休を取得せず、退職の際40日すべて取得したいと伝えたが前例がないと認められず、19日分しか取得できなかった。

・30257（正男）年次有給休暇（不参加）（運輸、30-49人、有）
　自己都合退職を申し出、有休について運行管理者に確認したら「買い取って貰えるだろう」ということだったのに、その後返答がなく、裏切られた。

・30260（正男）年次有給休暇（不参加）（宿泊飲食、1000人以上、有）
　退職にあたり39日分の有休取得を願い出たが運営に支障が出るとして22日分しか認めて貰えず、17日分が取得できなかった。

・30287（派男）（対派元）年次有給休暇（4万円で解決）（他サービス、100-149人、無）
　退職に際し有休残日数を確認したところ、即答できず後日連絡と言われ、待っていたら退職当日に日数を知らされ、行使が不可能となった。会社側は他の派遣先の提案をしていた。

・30303（非女）年次有給休暇（不参加）（医療福祉、不明、無）

退職前、看護師長に有休を取りたいと言ったが、引継ぎの都合があるので取れるかどうか分からないと言われ、11日分未消化となった。

・30394（正男）年次有給休暇（不参加）（宿泊飲食、1000人以上、無）
退職時に有休の残日数を現金で支給してくれない。

・40028（派男）（対派元）年次有給休暇（不参加）（他サービス、10-29人、無）
派遣先を辞め、その後派遣元からの紹介の条件が折り合わず派遣元を辞めたが、その際有休残日数分の支払いを求めた。

(3) 安全衛生

・30227（非女）その他の労働条件（不参加）（卸小売、1000人以上、不明）
有給休暇のことを労基署に相談したら、きつい仕事のシフトが多くなり腕が痛むようになりシフトを一つ減らさざるを得なくなった。さらにきついシフトのせいで腕、指などに炎症が起き、軽い業務しかできなくなった。

・30369（非女）安全衛生・いじめ（不参加）（医療福祉、100-149人、無）
害虫駆除のため職場に大量のバルサンを焚いていたため、白煙の中で業務をすることになり、体調を悪くし、窮状を訴えても取り合ってくれない。会社側によれば、申請人の申し入れを受けて労災の申請手続を行っている。

3 その他

(1) 健康診断

・10034（正男）健康診断未実施（40万円で解決）（運輸、1-9人、無）
C型肝炎で入院、休職中で、治療をしなければならない。医師は「年1回の健診があれば悪化しなかった」と言っている。法令で義務づけられた健康診断を実施しなかった会社の責任である。会社側によれば、本人の過度の飲酒が原因。健診未実施は会社の落ち度。

(2) 交通費

・10108（正女）交通費（打切り）（卸小売、30-49人、無）

　面接時、入社後1か月は研修期間でアルバイトであり、交通費が支払われるとの説明を受けて勤務していたのに、1か月近く経ってから「言い忘れてましたがアルバイトに交通費は出ません」と言われ、納得できず退職した。

(3) 転居

・10150（非女）転居・いじめ（打切り）（教育、不明、無）

　遠方自宅マンションに転居しようとしたところ、それでは再就職に不利だからと会社近くへの転居を勧められ、賃貸住宅を借りたが、これは交通費を払うのが惜しいからであり、賃貸料負担を強いられた。またパワハラ、セクハラを受けた。会社側によれば、紹介であって強制ではない。

(4) 労働者からの借金

・20020（正女）賃金引下げ・その他の労働条件（打切り）（他サービス、1-9人、無）

　会社の新事業立ち上げで労働者から借金をし、それは返済したが、同時期の賃金が既済か未済かをめぐって紛争となった。労働契約書も給与明細書もない口頭での金のやりとりで、会社への貸付金と時給を変更したか否かなどが混乱しているケース。

(5) 求人の虚偽表示

・20048（正男）その他の労働条件（不参加）（運輸、10-29人、無）

　入社後労働条件に不安を覚え、職安求人票記載の労働条件について確認したら「嘘です」と言われ、「詐欺だ」と言ったら「詐欺と言われれば詐欺です」と認めた。通勤手当、賃金支払日、賞与、時間外労働、就業時間、休日、退職金共済等ほぼすべてが虚偽記載である。

(6) 紹介予定派遣

・30096・30097（派女）（対派元）その他の労働条件（各6.5万円で解決）（他サービス、1000人以上、無）

紹介予定派遣における直接雇用時の労働条件が、派遣元で示されたものと派遣先で聞いたものがまったく異なり、勤務を辞退した。会社側によれば、紹介予定派遣であることは伝えており、直接雇用時の未確定な情報を説明する必要はない。

(7) 盗難

・30060（派女）（対派元）盗難（15万円で解決）（他サービス、300-499人、無）
　会社の指示通りに私物を棚に置き作業していたら、貴重品を含む私物が鞄ごと盗難に遭った。前週にも他の人の財布が無くなる事故があったのに注意喚起がなかった。会社側によれば注意したはず。

(8) 教育訓練

・30160（試女）教育訓練（取下げ）（他サービス、1000人以上、無）
　海外研修を受けていたが、研修指導者に不合理な理由で怒鳴りつけられ、場の雰囲気を乱したと言いがかりをつけて帰国を命じられ、国内研修への変更を命じられた。海外研修への復帰を求める。要望が受け入れられたので取下げ。

(9) 食事代

・30253（非男）食事代（不参加）（宿泊飲食、不明、無）
　他の従業員には昼食補助があったり、昼食代が手当として出ていたのに、申請人だけは差別されてきた。

(10) 交通事故費用

・30340（非男）交通事故費用（不参加）（建設、不明、無）
　会社から呼び出されて仕事に行く途中単車と接触事故を起こし、物損の賠償30万円を要求されている。業務上の事故なので会社が出すべき。会社側によれば、報告書も証明書もなく、そもそも事故の信憑性を疑う。

Ⅱ　職場環境

1　身体的攻撃

(1) 直接的な身体的攻撃

(i) 経営者、上司、同僚等

・10086（正男）いじめ（不参加）（卸小売、30-49人、不明）
　主任から、会社のものがなくなったのはお前のせいだ、お前が会社にいてお荷物と言われ、ビンタをされ、頭や背中を殴られるなどの暴力を受け、体中に痣ができた。左半身に障害があり、受けた暴力がもとで障害が悪化し、仕事を休んでいる。

・20005（派男）（対派元）いじめ（不参加）（他サービス、不明、有（非））
　派遣先で同僚派遣社員から暴行傷害を受けたため、会社に対応を求めたが介入できないと言われ、泣き寝入りのまま。会社側によれば派遣先、申請人、同僚との間で何回も真摯に面談を行っている。

・20036（正女）いじめ・雇用管理改善（取下げ）（医療福祉、1-9人、無）
　院長からものを投げつけられそうになったり、拳を振り上げて追い詰めるような行為をされ、長年にわたり職員からいじめを受けているのに連携の問題とすり替えられ、酒席に出て連携をとるよう強要された。

・30212（正男）いじめ・メンヘル（不参加）（建設、500-999人、有）
　現場に宿泊出張で勤務した際、常駐していた3名から暴言やいじめを受け、現場代理人からは膝蹴りの暴行を受けた。会社に報告したが無視され、精神的に不安定な状況で勤務していたら不安障害の診断を受けるに至った。

・30276（正男）いじめ（不参加）（運輸、1000人以上、有）
　次長に客から苦情が来ていると言われ、反論していると、同僚に先輩らし

くしろと怒鳴られて身体ごとぶつけられ、頭、肘などを強打した。

(ii) 顧客等第三者

・10023（正女）いじめ・メンヘル・休職（打切り）（医療福祉、不明、不明）
　閉鎖病棟の介護職、患者に暴行され、PTSDで鬱状態となり労災認定を受けた。その後突然休職を命じられ、労働可能との診断書も認められず、仕事に復帰できないままとなっている。

(2) 物理的脅し

・20055（非男）いじめ・メンヘル（30万円で解決）（卸小売、1-9人、無）
　上司から「舐めてんでしょう」「覚悟しとけ」等業務指導の範囲を逸脱した言動や、それに伴って机を叩く行為を執拗に受けた結果、神経衰弱症との診断を受けた。その後上司と二人で仕事をすることを聞いたとたん勤務時間中に吐血し以後働くことができなくなった。

・40013（正女）いじめ（下記合意で解決）（教育、300-499人、有）
　入口ドアで申請人が部屋に入ろうとした際、男性とすれ違った際に肩がぶつかり、「ドアを開けた方が先に出るのが常識だろうが」と罵倒された。この件を職場のハラスメント委員会に申し立てたところ、嫌がらせはなかったとの結論となった。あっせん申請の対象は、すれ違いの際の行為ではなく、それを嫌がらせと認めなかった会社側の対応である。あっせんの結果、書面を撤回することで合意。

2 精神的な攻撃

(1) 主に業務に関連した発言

・10107（非男）いじめ・メンヘル（打切り）（卸小売、不明、無）
　統合失調症の持病があり、勧誘が行き過ぎだとして上長から暴言を浴びる等のパワハラを受け、休業せざるを得なくなり、退職は避けられない。会社側によれば、本人が会社備品を持ち出したり（窃盗）、同僚店員に暴行傷害を加えたり、カードの不正申し込みをしたため指導したところ、逆上し退職し

ますと言って立ち去ったもの。

・10121（正男）いじめ・メンヘル（11.5万円で解決）（医療福祉、50-99人、無）
　レク委員会で同僚に怒鳴られ、看護部長に訴えても取り合って貰えないなどにより、出社しようとすると頭痛、吐き気の症状が出て心療内科を受診、自宅静養を命じられ、休職中で、退職することにした。会社側によると、元々精神的な疾病を有しているとは認識していなかった。

・20021（正女）いじめ・メンヘル（50万円で解決）（医療福祉、不明、有）
　職場異動による重圧から抑うつ状態になり休職、臨時職員となったが正規に戻りたいといったら強い口調で罵倒され、過呼吸になりその場に倒れ、休職を余儀なくされた。会社側によれば、申請人の夫の暴言が原因であり、泣き出したり急に帰ったり影響を受けている。家族も引き離そうとするが、本人が離れない。

・20044（正女）いじめ（打切り）（医療福祉、10-29人、無）
　提案した仕事から突然外され、いじめ加害者を担当とされたり、指示通りやっているのに他職員の前で怒鳴りつけられるなど不当に非難叱責された。会社側によれば申請人は声が小さいため何を言っているか分からずイライラしたことはあるが、怒鳴ったり拳を振り上げたことはない。

・20097（非女）いじめ（不参加）（他サービス、100-149人、無）
　先輩、同僚からパワーハラスメントを受け、所長から「このまま仕事を続けるのは微妙だ、自分で辞めるか会社が決めるか考えるように」と言われ、会社に任せると返答したら、「クビにはしない」と言われたが、パワハラはエスカレートし、人間関係もめちゃくちゃになっている。同僚は「これはパワハラじゃない」と拒否しており、本社からの「職場の雰囲気を乱すような言動はしない」との誓約書に署名させられた。会社側はいじめの存在を否定。

・20141（正女）いじめ・メンヘル・休職（34万円で解決）（教育、150-199人、無）
　採用時にどんどん提案せよと言われたので先輩職員に提案を行うも「今ま

で通りにやればいい、何も知らないくせに」といわれ、体調を崩し、業務遂行が不可能となり休職となった。会社側によればパワハラの事実はなく、むしろ申請人が勝手な行動を取るため職場の雰囲気を悪化させてしまい、ミスを注意されても認めず、急に休むことになっても引き継ぎをしないなど、責任ある仕事を任せられなくなった。

・20150（正男）いじめ・メンヘル（打切り）（製造、200-299人、有）
　上司から舌打ちしたり罵声を浴びせられ、机の上にゴミを置かれたり嫌がらせがエスカレートし、精神的におかしくなって妻が心療内科に通院してもらっている薬を呑まないと会社に出社できず、現在も服用している。会社側によれば担当者同士の確執であり、双方に原因が存する。確執の相手方の配転を検討中だが、業務の特殊性からグループ内でも配転先を直ちに見つけることが出来ない状況。

・20169（派女）（対派元）いじめ・メンヘル・休職（不参加）（卸小売、1000人以上、不明）
　生理痛で退社しようとしたら副所長に怒鳴られ、お客様の前で店長で怒鳴られるなど、パワハラ、セクハラにより、通院治療中で、休職期間3か月を過ぎても復職不可能な状態である。会社側によれば、申請人は自己中心的な言動と感情の起伏の激しさからコミュニケーションが取りにくく、周囲のスタッフとのトラブルが絶えない状況であったのを、店長、副店長がフォローしているという状態であった。

・30041（非男）いじめ（不参加）（製造、500-999人、有）
　長年、製造課長からパワハラを受け続け、精神的ストレスが頂点に達した。会社側によればパワハラの事実はない。

・30058（非男）いじめ（1万円で解決）（医療福祉、150-199人、無）
　上司の主任から指導という名のいびり・いじめを受け、配置転換先でも「態度がでかい」「新人のくせに生意気だ」等と言われ、勤務が出来ず、退職しか

選択肢が残されていない。会社側によれば、先輩職員による指導への反発が強く、「申請人とは働けない」というのが職場の意見である。

・30068（正男）いじめ（不参加）（運輸、不明、無）
　配送中、駐車場で別業者とトラブルになり、クレームがきたが、会社から一方的に申請人が悪いと言われ、従業員からも白い目で見られている。

・30082（正男）いじめ・メンヘル・休職（不参加）（卸小売、200-299人、無）
　支店長より、営業成績の理由により毎月のように叱責罵倒され、朝礼時に全社員の前で叱責されて精神的に大きなダメージを負い、精神科でストレス関連障害、うつ病と診断され、自宅療養中である。

・30154（正女）いじめ・メンヘル・休職（22.6万円で解決）（医療福祉、200-299人、無）
　直属上司から毎日のように、業務上の失敗、忘れ物などを起こすと、机を叩き、カルテ、ペン、名札などを投げつけられ、言葉の暴力で怒鳴られて、心臓がどきどきし、手が震え、業務に支障をきたし、遂には心療内科の診断により休業しており、職場復帰できない状況。会社側によれば、職場復帰を前提に申請人の復帰を待っているところであったが、あっせんの結果自己都合退職で金銭解決することとなった。

・30167（正女）いじめ・メンヘル・休職・配置転換（打切り）（医療福祉、500-999人、無）
　看護師長からヒステリックに「教育係にばかり仕事をさせて」「リーダーを手伝いもせず」と罵倒され、適応障害と診断され自宅療養となり、復職場所は保育室かデイケアと言われ、看護師を募集しているが納得できない。会社側によれば、申請人は従前から適応障害やうつ病であり、看護部は夜勤があるので復職は困難。

・30173（正女）いじめ・メンヘル（不参加）（複合サービス、不明、無）
　常務理事に総務課長と業者との不適切な関係を報告していたところ、総務課長が参入し、申請人に向かい職務怠慢、横領と言われた。その直後神経症を発症し、勤務できない状態が続いている。

・30433（正男）いじめ（雇用終了で解決）（卸小売、30-49人、無）
　新しい販売促進法としてホームページを制作公開したことに社長が激怒し、バカ、アホといった暴言を受けた。会社側によれば、許可なくホームページを立ち上げ、そこには違法性が感じられる危険な内容が書かれていた。

(2) 主に業務に関連しない発言
・10096（非女）いじめ・メンヘル（17万円で解決）（他サービス、不明、不明）
　入社後研修中、研修担当者から年齢を言いふらしたり、「希望とは異なる部署に配置して辞めさせてやる」「招かざる客である」等といじめを受け、病気になり1年半休職、産業医の診断を求められたが受診しないまま会社から退職を求める退職届が送られてきた。

・10102（正男）いじめ・メンヘル（35万円で解決）（生活娯楽、不明、無）
　上司のチーフやリーダーから「顔がふてくされている」「くそ野郎の顔をしている」等常識を外れた暴言を連日のように浴び、精神的に苦しくなり、うつ病の前段階との診断を受け、休養中。退職する覚悟だがこのまま許せない。

・10123（正男）いじめ・休職・メンヘル（50万円で解決）（製造、30-49人、無）
　同僚からパワハラを受けたため適応障害になり、欠勤を経て休職扱いとなった。職場復帰は不可能。会社側によれば、同じ班長同士の引き継ぎ時の諍いであり、業務に関係のない私的な感情の縺れであってハラスメントではないと判断。

・30088（正女）いじめ・メンヘル・休職（不参加）（医療福祉、150-199人、無）
　異動先に挨拶しても無視するような難しい先輩がいて、その先輩からいじめを受け、うつ状態になり仕事に行けず、神経内科に通っている。

・30132（非女）いじめ・メンヘル（取下げ）（医療福祉、10-29人、無）
　入社後社長からむりやり食事に誘われて愚痴を聞かされ、暴言を吐かれて精神的苦痛を受け、うつが悪化して働けない状態になった。会社側によれば申請人は勤務前からうつの持病があり、申請は責任転嫁。

・30290（非女）いじめ・メンヘル（不参加）（卸小売、500-999人、無）
　同僚にきつい言葉で怒られ、ある日声が出なくなり自殺未遂をしてしまった。会社側によれば、パート同士のトラブルは店長が配慮していた。自殺未遂は退職後であり、申請人は入社前からうつ病であった。また、申請人の夫が異常な対応をしており、警察に相談している。

・30307（正男）いじめ・メンヘル（打切り）（卸小売、200-299人、無）
　部長から「お前なんか必要ない」「帰れ、帰れ」と言われるなどパワハラを受け、自律神経失調症となり、3か月の休養が必要との診断が出た。会社側によればパワハラの事実は確認できない。いつでも戻ってきて良い。

3 人間関係からの切り離し

(1) 能動的な切り離し

・10085（非女）いじめ（取下げ）（運輸、500-999人、無）
　同僚から「化粧が濃い」「気味が悪い」と私に言われたと言いふらされ、「あんな女と口をきくな」と言われた。上司と何回も話し合いをしたが、「言った言わないは日常的にある問題だから対応できない」と言われ、体調を崩して休職中である。

・30254（非女）いじめ・メンヘル（打切り）（教育、不明、無）
　申請人の悪い噂を流すなどハラスメントに遭い、理事長以下で話し合いを持ったが解決に至らず、精神的苦痛でフラッシュバックもある。会社側によれば、申請人は具体的な内容の説明がなく「私がパワハラと感じたらパワハラなんだ」というだけである。

4 その他の嫌がらせ

・20117（非男）いじめ・メンヘル（15万円で解決）（卸小売、1000人以上、有）
　入社してまもなく、賞味期限切れの商品をお土産として何度も渡され、職場で無視され、朝礼であからさまに不快な対応をされ、プライベートに執拗な介入をされ、店長・上司に何回も相談したが解決せず、嘔吐を繰り返し、休職している。退職を前提に金銭解決。

・30037（非女）いじめ（打切り）（不動産物品賃貸、1000人以上、有）
　マンション管理人として勤務。勤務先マンションにエアガンのＢＢ弾、錆び付いた女性用ヘアピン、工業用ゴミが頻繁に落ちているようになり、ハローワークの求人情報に勤務先マンションの管理人の求人が掲載されていた。会社側は、嫌がらせの事実を否定。

5 行為不明

・30269（正女）いじめ・休職（不参加）（製造、50-99人、無）
　先輩社員からいじめを受け、医師より休職を命じられ、常務と両親とで話し合いをしたが職場復帰の要求に応じて貰えない。

・30419（正女）いじめ・休職（不参加）（製造、10-29人、無）
　上司からいじめを受け、会社が改善してくれなかったので休職中。会社側によれば、泣きながらいじめられたと訴えに来たが、かなり前から同じことを繰り返しており、「あなたも反省することがあるよ」となだめたが取り合わなかった。

・30425（正女）いじめ・配置転換（打切り）（製造、1000人以上、無）
　社内いじめやパワハラで苦しんできたが対応されず、申請人のみ異動辞令が出された。会社側によると、事情を聞いたが申請人主張の状況は確認できず、逆にいじめたとされる人から名誉毀損で訴えたいと主張する人も出てきている。

Ⅲ　懲戒処分

・30198・30273（正女）懲戒処分（取下げ、不参加）（金融、1000人以上、有）
　支部長の許可の下、廃棄寸前のプリンタを私用で使ったとして厳重注意を受けたが、納得がいかない。

Ⅳ　賠償

・10094（試女）賠償（不参加）（製造、10-29人、不明）
　社長車を運転中接触事故を起こし、修理代16万円を負担させられた。

・20071（正男）賠償・整理解雇（40万円で解決）（運輸、1-9人、無）
　業務運転中自損事故を起こし、継続雇用を望むなら200万円の損害賠償を求められ、やむなく200万円支払ったが、その4か月後取引先の倒産で整理解雇された。整理解雇自体は争わないが、200万円の損害賠償は過大である。会社側によれば、申請人が継続雇用し賃金を支払うことで損失の穴埋めを図ったつもりだったが解雇でそれが不可能になり、迷惑をかけた。

・20112（正男）賠償・自己都合退職・いじめ（取下げ）（建設、1-9人、無）
　現場での暴力が原因で退職の意思を伝えた後に業務用に使用していたトラックのブレーキが故障し、管理不足と言われ、退職日に振り込まれた給与から修理費が差し引かれていた。請求書を郵送したが、払うつもりはないと電話連絡があった。

・20120（正男）賠償（打切り）（建設、1-9人、無）
　社有車のブレーキが故障したため労働者に修理代15.5万円を請求したが、2万円しか払えないと言われた。会社側の申請。

・20202（非男）賠償・自己都合退職・いじめ（2.1万円で解決）（他サービス、10-29人、無）

第3部　日本の雇用紛争の内容分析（労働局あっせん事案から）

先輩から厳しい口調で罵倒され、出勤できなくなり、無断欠勤したら違約金を一方的に控除された。会社側は、無断欠勤に対する違約金は本人に告げており了解したものと考えていた。

・30174（正男）賠償（不参加）（運輸、不明、無）
　軽トラックを移動させようとしたところ、ブロック塀に接触させてしまい、会社から社用車の修理代金として4.1万円を払うよう言われた。

・30258（正男）賠償・自己都合退職・いじめ（双方賠償請求取下げで解決）（建設、1-9人、無）
　現場の人手不足を社長に相談したら、「1.5人分働け」と言われ、退職する意思を伝えたら暴言を吐かれた。その後、就業規則に自己都合退職は60日前に届け出ることとされていることを理由に35万円の損害賠償請求を受けた。逆にパワハラの損害賠償を請求する。会社側によれば、申請人が急に辞めたため単価の高い代替要員を雇わざるを得なくなり、35万円はその増分費用の半額である。辞職自体を理由とする損害賠償請求の事案である。

・30373・30396（非男）賠償（双方賠償請求取下げで解決）（運輸、1-9人、無）
　同一事案について、労働者側、会社側からあっせん申請。業務中物損事故を起こして退職後、未払い分の賃金を請求したところ、車の修理代として約100万円の賠償請求をされた。会社側は当初損害を請求しないと言っていたようだが、申請人が退職して未払い賃金請求してきたので請求に転じたようで、結局双方が請求取下げで決着した。

・30405（正男）賠償（不参加）（運輸、不明、無）
　接触事故を起こし、修理代26万円を月2万ずつ天引きされ、さらに追突事故を起こし、保険の免責分20万円を払うよう会社から請求されたが納得できない。

・40020（正男）賠償（打切り）（運輸、1-9人、無）
　業務上起こした事故の修理代金等の全額52万円を賠償させられたが、損害

の半分は事業主が負担すべきである。会社側によれば、専務が重量オーバーになるから積むなと命令して他の従業員に指示したものを、大丈夫と言って自分で積み、対向車とすれ違い時かなりのスピードを出していたために、自分で起こすべくして起こした事故である。

四　退職をめぐるトラブル

(1) 使用者側の退職拒否・希望退職拒否

・30004（非女）いじめ（不参加）（卸小売、10-29人、有）
　人間関係や仕事内容が合わないため退職の申出をしたところ、受理されず、その後パワハラで精神的苦痛を受けた。

・30377（正男）自己都合退職・退職金（職場復帰で解決）（製造、30-49人、無）
　経営不振を理由に希望退職者募集（基本給3か月分の一時金）が行われたので申し出たが、社長は希望退職を認めず、退職するなら通常の退職手続を取るよう言われた。会社側によれば、従業員中不可欠の人材が退職しないよう承諾要件を設けている。申請人は代替の効かない人材なので退職して欲しくない。あっせんの結果、申請人が職場復帰し、少なくとも半年間は勤務すること、その後退職する場合は上記一時金を払うことで合意した。労働者側の辞職を復職で解決した珍しい事例である。

(2) 退職撤回の拒否

・40032（正男）自己都合退職（打切り）（医療福祉、300-499人、有）
　「膝が痛いので今日で辞めます」と言って退職届を出し、理事長決裁まで行われたところでその撤回と復職を求めたが、会社側が応じない。会社側によれば企業の常識としてあり得ない。今後求人の際に応募すれば偏見なく選考する。

(3) 退職時期

・10069・10070（正女）自己都合退職（退職日変更）（医療福祉、10-29人、無）
　3月末で退職を申し出たら3月30日付けで退職届を出すよう指示されたため、厚生年金の加入期間から除外された。退職日を3月31日とすることで合意。

・20007（非女）自己都合退職・労働条件変更・いじめ・メンヘル（45万円で解決）（医療福祉、10-29人、無）
　契約書に則り60日後付けの退職願を出したところ、3日後付けの退職届を書かされた。院長に掛け合ったが、能力不足やミスの指摘をされ、プライドが傷つき円形脱毛症や難聴の症状が出た。会社側によれば、インシデント報告は医療人として当然であり、また申請人の態度は精神科医院として患者や他の職員が不穏当と思われるものであった。

・20103（正女）退職勧奨（35万円で解決）（卸小売、10-29人、無）
　結婚するので1か月後の退職を申し出たところ、規則で3か月前申請となっていることから、3か月後退職とされたが、その後職場で泣いていたり、遅刻が増えたり、商品を破損し放置するなど、業務に集中していないので、当初希望の退職日で良いと言われ、退職となったが、本意ではない。会社側によれば、結婚話がうまくいっておらず、継続の意思があれば継続雇用するつもりだったが、本人が断ったもの。

・30103（派女）（対派元）休業手当（20.7万円で解決）（他サービス、200-299人、無）
　欠勤を繰り返したため、（派遣元の認識では）2ヶ月前倒しで雇用終了とし、休業手当の支払いを労働者に申し出たが、労働者側が解雇であるとの認識で残り2か月分の給与全額を支払うように求めた（使用者側の申請）。

・30443（正女）自己都合退職（不参加）（金融、1000人以上、有）
　2月末退職を申し出たのに、1月末退職とされた。会社側によれば、退職申出後勤労意欲が減退しているので、すぐ退職することも可能であると伝えた

ところ、本人意思で退職したもの。

(4) 賞与
・20105（非女）自己都合退職・賞与（打切り）（医療福祉、500-999人、無）
　退職願を出したところ、有休を消化して5月末で退職してはどうかと言われてそうしたが、6月の賞与が貰えなかった。会社側によれば、6月の賞与支給まで在籍して退職という話もしたが、「そこまでずうずうしくできない」との返事により5月末の退職としたもの。

・30136（正女）自己都合退職・賞与（不参加）（医療福祉、50-99人、無）
　病気のためやむを得ず退職したが、賞与が日割り計算で支給されるはずなのに、退職後支給日に在籍していなかったという理由で支給されなかった。会社側によれば就業規則に明示し、カンファレンスルームにいつでも見られるよう配置している。

・30137（非男）賞与（不参加）（他サービス、500-999人、無）
　体調不良のため退職したが、就業規則にボーナスの支給日在籍条項があることを確認しないまま退職に至り、ボーナスが貰えなかった。

・30164（正男）賞与（不参加）（不動産物品賃貸、300-499人、無）
　退職10日前が賞与支給日であったが、業績評価において会社に損害を与えたという理由で不支給とされた。

・30229（正男）自己都合退職・賞与・いじめ（4万円で解決）（卸小売、10-29人、無）
　店長の暴言をエリアマネージャに相談したが改善されず、不信感が募り退職したが、在籍基準日には在籍していたのに賞与が支給されなかった。会社側によれば、業績が落ちており、将来に期待できない退職者に対して支給する考えはない。

・30352（正男）賞与（不参加）（金融、300-499人、無）
　退職後賞与の支給が少なく、支給対象期間に成果を挙げたのに納得できない。

・30406（非男）退職勧奨・賞与（打切り）（教育、10-29人、無）
　理事長より正当な理由なく退職勧奨を受け、年度途中で退職することとなったが、年俸制であるから当然支払われるべき賞与が支払われない。会社側によれば、退職の5か月後を退職日として不就労期間の給与も解決金として払うことで合意済みであり、賞与はその合意に含まれていない。

(5) 退職金等

・10131（非男）退職金（不参加）（建設、10-29人、不明）
　32年勤続して、退職したのに退職金を払うそぶりもない。以前退職した社員は退職金をもらっている。会社側によれば、本人は32年勤続というが6回にわたり辞めたり入ったりしている。最近は上司の言うことも聞かず、退職金は貢献度によって支給すると決めている。

・20011（正女）退職金（50万円で解決）（製造、1-9人、無）
　入社時に退職金があると説明されていたのに、経営不振を理由に解雇通告されたとき、「退職金制度はない、仕事ぶりを考慮して功労金を出す」と言われ、監督署で就業規則を開示してもらい、その退職金規程に則って支払うよう求めた。会社側によれば、経営事情からとても払えない。

・20022（正男）退職金（取下げ）（運輸、10-29人、無）
　定年退職したが、退職金の一部のみで就業規則の定める全額が支払われない。

・20043（正女）退職金（48万円で解決）（製造、10-29人、無）
　会社の業績悪化で会社都合退職したが、慰労金が払われただけで、監督署で退職金規程を見せて貰い、文書で支払いを求めた。会社側によれば経営事情からとても払えない。

・20095（正男）退職金（20万円で解決）（製造、10-29人、無）
　自己都合退職したが、支払われた退職金が就業規則の基準率表による計算と大差があり、納得できない。会社側は別表の基準率で支給してきたと主張。

・20131（正男）退職金（取下げ）（製造、50-99人、無）
　会社都合で退職する際、社長は退職金を払うと言っていたのに、その後計算中という返答になり、2年後に改めて要求すると「中途採用だから払わない」と言われた。

・20133（正男）退職金・いじめ（打切り）（他サービス、30-49人、無）
　役員をしていて退職したが、退職金が支払われず、また「お前と話したくない、顔も見たくない」等の嫌がらせを受けた。会社側によれば、責任者として売掛金2千万円を支払えば退職金も支払う。

・20166（正男）退職金（180万円で解決）（建設、1-9人、無）
　以前退職金は1年あたり10万円を考えていると返答があったのに、確認すると「退職すると聞いたので、今までの話はすべて白紙だ」と言われ退職金が払われない。

・20203（正女）退職金（不参加）（金融、50-99人、無）
　会社都合で退職し、その際退職金として130万円払うという文書による約束があったが、2回に渡り計25万円しか払われず、催促しても返答がない。

・30010（非女）自己都合退職・慰労金（30万円で解決）（製造、10-29人、無）
　勤務中会社で倒れ、病院で目覚めた。病院でてんかんと言われた。しばらく休職していたが、失業保険を受給するため退職を申し出た。退職金制度がないとしても、労災申請もして貰えず、慰労金を請求したが、20万円が振り込まれたが納得できず返金した。会社側によれば、特別支払う必要はないが誠意は見せる。

第3部 日本の雇用紛争の内容分析（労働局あっせん事案から）

・30049（正男）退職勧奨・退職金（不参加）（情報通信、30-49人、無）
　退職勧奨による退職なのに自己都合退職とされたため受給できない雇用保険に相当する額を求める。また退職金の支給額について在職中の勤務評価による額が納得できない。

・30071（正男）退職金（不参加）（医療福祉、1-9人、無）
　申請人の退職時に退職金を一度に支払うことが出来ないからといって、賃金を毎月4万円減額し、毎月4万円を退職金名目で支払うと一方的に告げられた。異議を述べたが話し合いに応じようとしない。

・30107（正女）退職金（取下げ）（学術専門、10-29人、無）
　業績不振を理由として整理解雇された。解雇については納得しているが、退職金については納得できない。他の事務員は勤続年数に応じた退職金を給付されるのに、申請人は出産後の優遇措置を理由に給付されなかった。

・30194（正男）退職勧奨・退職金（不参加）（製造、1-9人、無）
　社長から退職勧奨を受け、500万円支払うと口頭で言われたのに、実際には330万円しか支払われなかった。

・30346（正男）退職金（取下げ）（製造、30-49人、有）
　支払われた退職金額が労働組合を通した退職金早見表と異なっている。

・30349（正男）退職勧奨（不参加）（学術専門、不明、無）
　退職勧奨を受け不本意ながら退職したが、その際プラス1か月分を支払うと言われたのに支払われていない。

・30407（正男）退職金（5万円で解決）（他サービス、300-499人、無）
　通知書に昇格が書かれていたのに、退職後に退職金が支払われなかった。会社側によれば通知書は記載間違いであり、そのことは申請人も分かっていたはず。

(6) 退職時の精算

・20016・20017（親女・親男）自己都合退職（8万円/3万円で解決）（建設、1-9人、無）
　弟が社長、姉とその子が労働者。所得税をごまかしていると言われ、嫌気がさして会社に行かなくなったが、帳簿書類を持ち出されたため、給料の精算ができない（使用者側からのあっせん申請）。

・20129（正女）その他の労働条件（13.3万円で解決）（医療福祉、1000人以上、無）
　育児短時間勤務の期間、会社側が時間を短縮しないままで賃金を支払っていたため、その遡及控除残金を支払うよう、退職時に求められた。会社側はミスを認め、支払い免除で解決。

・20179（正男）過誤払い（3万円で解決）（生活娯楽、10-29人、不明）
　住居の移転を繰り返した結果、交通費の過払い状態が発生していたとして、退職の1か月前になって突然21.7万円控除された。会社側によると過払いは28か月55.3万円に上ったが、確認を怠ったこともあり21.7万円を徴収することにしたもの。

・30239（非女）通勤手当（3千円返金で解決）（生活娯楽、1-9人、無）
　退職後社長から通勤手当過払い分として約8千円の返金を求められたが納得できない。

・30390（正男）立替払い（142.7万円で解決）（製造、30-49人、無）
　自己都合退職した際、入社時より立替払いしていた経費を返却するとの約束をしたのに返却されない。会社側はこれまでの不適切な処理を反省し、請求額を上回る額で解決。

・30437（非女）業務上事故（不参加）（医療福祉、不明、無）
　看護師として勤務中、業務上の事故により左手第2指のケガをし、障害が残ったことへの賠償を求める。

(7) 教育訓練費用

・30070（正男）退職勧奨・教育訓練（1.7万円で解決）（製造、300-499人、有）
　希望退職募集に応募して退職したが、退職前に技能検定を受検し、合格後に受検費用を会社が負担することになっていたのに、負担して貰えない。会社側によれば、この制度は在籍者の職務遂行能力の向上のための制度であって退職者支援制度ではない。希望退職した者の費用を会社が負担することはできない。

(8) 住宅費

・30204（正男）住宅費（10万円で解決）（医療福祉、1-9人、無）
　採用の際、労働者から住居提供の要望があり、退職までの家賃を立て替えて払っていたので請求するとの、会社側からのあっせん申請。労働者側によれば、住居は会社が提供し、自己負担なしの条件で入社した。今になって立て替えしていたというのは言いがかりで認められない。

(9) 雇用保険

・30099（正男）雇用保険資格（不参加）（運輸、1000人以上、無）
　雇用保険加入年齢を超えているが、会社からは資格継続しているので貰えるとの書面をもらっていたのに、一転して資格なしといわれた。

・30102（非女）離職票発行時期（取下げ）（生活娯楽、500-999人、無）
　退職後離職票が届くのが遅れたため、再就職一時金が受給できなかった。

・30309（正男）雇用保険資格（不参加）（製造、1-9人、無）
　雇用保険に加入するようお願いしたが受け入れてくれず、その後雇用保険料を天引きされていたので、退職時被保険者証を求めたところ、雇用保険に入っていなかったという返答だった。

(10) 社会保険

・30302（正女）社会保険資格（不参加）（運輸、不明、無）
　会社の仕事がなくなり退職勧奨を受けて退職したが、13年間社会保険に加入させて貰えなかったことによる年金の損失分の補償を求める。

○　制度対象外事案

(1) 賃金不払い

・10067（正男）賃金不払い（製造、不明、不明）
　「今会社には給料を支払う余裕がないので、これだけで我慢して欲しい」と毎月15万円以上が未払い。制度対象外事案であるので監督署において申告処理された。

・30117（正男）賃金不払い（情報通信、1-9人、無）
　1年4か月にわたって給料未払いを繰り返された。会社側によれば、リーマンショックの影響で現在不動産収入しかないため、全額一括払いはできず、月2-3万円ずつ分割で払いたい。本来賃金不払いは制度対象外事案であるが、既に監督署に申告し、是正勧告されているが未だに支払われない事案であり、会社側がおそらく分割払いで妥協を図るためにあっせんに応じたのであっせんが開始されたが打切りとなったもの。

(2) 労働時間性

・10104（正女）労働時間性（運輸、不明、不明）
　会社からのあっせん申請。元労働者から退職時に未払い残業代の請求があったが、労使間で労働時間の考え方に食い違いがある。元労働者はタイムカードの出勤から退社までの時間というが、会社側は残業命令もなく指揮命令下にない時間は労働時間ではないと考える。制度対象外事案なので不開始。

著者紹介

濱口　桂一郎（はまぐち　けいいちろう）
　労働政策研究・研修機構　主席統括研究員
　主な著書に『働く女子の運命』（文春新書、2015年）、『日本の雇用と中高年』（ちくま新書、2014年）、『若者と労働』（中公新書ラクレ、2013年）など。

日本の雇用紛争

2016年1月29日　初版発行

著　　　者	濱口　桂一郎	
編集・発行	労働政策研究・研修機構	
	〒177-8502　東京都練馬区上石神井4-8-23	
販　　　売	労働政策研究・研修機構　研究調整部成果普及課	
	〒177-8502　東京都練馬区上石神井4-8-23	
	電話　03-5903-6263	
印刷・製本	有限会社ボンズ企画	

©2016　JILPT　ISBN 978-4-538-41158-3　Printed in Japan